New Testament Key

# Bible Key

바이블 키 성경대학 **신약의 키**



**초판 1쇄 펴냄** | 2015년 1월 6일
**5쇄** | 2025년 2월 21일
**지은이** | 송영목
**펴낸곳** | 도서출판 생명의 양식
**등록** | 1998년 11월 3일, 제22-1443호
**주소** | 06593 서울특별시 서초구 고무래로 10-5(반포동) 2층
**전화** | 02)533-2182
**팩스** | 02)533-2185

**총판** | 생명의 말씀
**전화** | 02)3159-7979
**팩스** | 080)022-8585

**교열** | 이기룡, 손언약
**북디자인** | 이성희

ISBN 978-89-88618-75-2 03230


www.edpcks.org

바이블 키 **성경대학**

# Bible Key
## New Testament Key 신약의 키

New Testament Key

New Testament Key

New Testament Key

생명의 양식
THE BREAD OF LIFE

N e w T e s t a m e n t K e y

# 바이블 키 신약 서문

바이블 키 신약 지도자 매뉴얼의 주요 특징은 신약 각 권의 특징을 최근 자료를 참고하여 부각시킨 것입니다. 신약 27권은 천국이라는 종말론적 실체를 도래시키신 예수님의 인격과 사역을 공통분모로 삼기에 통일성이 분명히 있지만, 동시에 각 권이 가진 독특성도 간과할 수 없기 때문입니다.

신약 전체를 관통하는 하나님 나라라는 광맥을 염두에 두면서, 각 권의 문학적, 역사적, 신학적 독특성을 고려한다면 각 권의 메시지를 파악하는데 큰 도움이 될 것이다. 더불어 중요한 신약 신학적 논의는 별도로 다루었습니다. 이 논의는 신약 성경을 해석함에 있어서 어떤 주제가 주요 이슈가 되었는가를 보여줍니다.

한편으로 신약 연구는 복음의 본질에서 이탈하여 교회를 섬기는 것과 무관하게 파괴적인 작업으로 변질되기도 했지만, 다른 한편으로 건전하고 알찬 연구가 많이 수행되어 성경 저자가 본문을 통하여 1차 독자에게 전달하고자 하는 메시지를 찾는데 괄목할만한 발전을 이룩해 왔습니다. 바이블 키 신약 지도자 매뉴얼을 통해서 간결하지만 심도 있는 신약 연구가 목회자로부터 이루어지기를 소망합니다.

송영목 교수 | 고신대학교

대한예수교 장로회(고신) 총회교육원이 오랜 기간 동안 심혈을 기울인 성경교육 프로젝트 바이블 키가 시간이 지날수록 하나님을 아는 지식이라는 결실을 맺고 고신 교회 안팎으로 영향을 미치게 됨을 축하합니다. 이번에 바이블 키 지도자 매뉴얼을 우리 교단의 젊은 구약과 신약의 학자들이 집필하여 출판하게 됨을 기뻐하며 적극 추천하는 바입니다.
_**전광식 박사**(고신대학교 전 총장)

'바이블 키 성경탐구'는 평신도들이 1년 동안 성경 자체에 대하여 체계적으로 공부할 수 있도록 구성되어 있습니다. 이 과정을 통해 신구약 전체를 보다 쉽고 재미있게 이해할 뿐만 아니라 성경에 관한 새로운 눈이 열리게 될 것입니다. 또한 가르치는 교역자들도 성경에 관한 내용을 잘 정리할 수 있을 것입니다. _**현유광 박사**(고려신학대학원 명예교수)

성경연구에 있어 가장 좋은 방법은 성경을 직접 읽고 핵심 내용을 조목조목 살피는 것입니다. '바이블 키'는 이 두 가지 모두를 만족시키는 좋은 교재입니다. 교역자와 성도 모두에게 추천합니다. _**정주채 목사**(향상교회 은퇴목사, 바른교회 아카데미 이사장)

성경공부의 가장 좋은 방법은 처음부터 차근차근 읽어 내려가는 것입니다. 그런 면에서 바이블 키는 신앙성장의 내실을 다질 수 있는 좋은 교재라 생각되어 추천합니다. 교역자와 성도들이 하나님의 말씀을 함께 조목조목 잘 가르치며 배울 수 있을 것입니다.
_**김상수 목사**(안양일심교회 원로목사, 《바보목사》저자)

성경을 공부하는 데는 여러 가지 방법이 있지만 제 개인적인 경험으로는 '바이블 키'나 큐티처럼 성경을 직접 대면하여 하나님과 자신과 세계를 보는 것이 좋은 방법이라 생각됩니다. _**박상은 장로**(샘안양 병원장)

많은 그리스도인들이 말씀묵상은 많이 하면서도 성경을 지속해서 꾸준히 공부하지는 않습니다. '바이블 키'는 성도들이 성경을 쉽고, 편리하게 공부할 수 있도록 도와주는 안내서가 될 것입니다._**이상룡 선교사**(성경번역선교회, 네팔선교사)

'바이블 키' 성경탐구는 체계적인 성경공부를 통해 신앙과 인격의 성숙과 삶의 변화를 이끌어 줄 수 있는 실제적인 방법입니다. 한국교회에 성경공부와 함께 제자훈련 교재로 강력히 추천합니다. _**송길원 목사**(행복발전소 Hi-Family 대표)

N e w T e s t a m e n t K e y

# 차례



N e w T e s t a m e n t K e y

## 복음서



## 역사서



## 서신서



## 묵시예언서

Bible Key

New Testament Key

New Testament Key

New Testament Key

New Testament Key

New Testament Key

New Testament Key

# 신약 성경 안내

# 1

New Testament Key

1

New Testament Key

# 신약 성경 안내

## 신약 성경(the New Testament)

성경에 관해 언급하기 전에 단순하지만 분명한 명제로 시작하자: "예수님은 전체 성경 계시의 중심이다." 따라서 신약 성경처럼 구약 성경도 예수님 중심으로 읽어야 한다.[1] 예수님의 고난과 부활은 구약 전체의 중요한 초점이다. 구약 전체는 그리스도를 향하여 움직이고 있다. 따라서 구약은 예수님을 위하여, 예수님에 의하여 존재한다. 구약은 중동의 한 땅에서 종교적으로 잡다한 부적격자들과 더불어 일하신 하나님의 기록이 아니다. 그렇다고 종교적으로 영감을 받은 영웅들의 이야기도 아니다. 구약은 우리가 땅 끝까지 전해야 할 복음이다. 구약은 왕, 선지자, 제사장이신 그리스도의 사역을 맛보기로 보여준다. 구약은 자기 죄로 죽은 수많은 인간의 실패를 통해서, 왜 하나님 자신이 친히 사람으로 오셔서 언약을 영원히 성취하시고 우리를 죄에서 구원하셔야 하는가, 그리고 왜 그분 자신만이 우리의

---

1) 구약의 그리스도 중심적인 구원계시사적 해석에 대해서 필자의 『신약해석학: 구원계시사적 해석을 중심으로』(신언, 2007)를 참고하라.

필요에 관한 답인지 보여준다. 지금 곧 종말에 하나님은 독생자를 영단번의 속죄 제물 보내셨고, 부활과 승천으로 말미암아 천상천하의 영원한 권세를 맡기셨다. 유대인과 이방인이 예수님 안에서 하나가 되어, 열방의 경배를 받으실 것이다(시 22:27). 이 복음이야말로 구약 전체의 영광스러운 주제이며, 우리의 영원한 노래가 된다. 그림자와 예언의 시대인 구약을 지나고 계시의 암흑기인 신구약 중간기를 거쳐, 신약 시대의 동이 텄다.[2] BC 168년경 시리아의 안티오커스 에피파네스(BC 175-163) 왕이 유대주의를 말살하려고 '언약의 책'을 불살랐던 사실을 언급하면서 1 마카비 1:56-57은 구약을 '언약의 책들'이라 부른다(참고. 요세푸스, 유대고대사 12:250-5). 옛 언약(구약)의 확립이 언약의 책들과 동반해서 일어났기 때문에, 새 언약(신약)의 확립과 관련된 새 언약 문서가 있을 것이라는 초대교회의 기대는 합리적이었다. 이런 기대는 신약 교회 속에 신약 성경의 빠른 수용을 설명해 줄 뿐 아니라, 신약 성경이 실제로 구약과 동등한 정경이었음을 인정했다. 새 언약의 중보자이신 예수님은 구원은 물론 새 언약의 문서 모음집인 신약 성경의 원천이시다.[3] 신약 성경의 기록자들은 자신들이 성경을 기록하고 있음을 알았을 것이다(참고. 벧후 1:19-21). 바울은 자기가 쓴 편지가 교회에서 구약 성경처럼 권위 있는 말씀으로 읽혀질 것을 명령했다(골 4:16). 사도 요한은 승천하신 예수님으로부터 받은 환상을 성령 안에서 보고 기록한 후, 독자들에게 가감하지 말 것을 경고했다(계 22:18-19). 이제 성경 위에 서는 대신에, 성경 아래에 겸손히 서서 새 언약의 문서들을 살펴보아야 한다.

## 신약 성경의 배경[4]

### 바리새파

바리새인들은 유대교 안에서 가장 큰 그룹으로, 요세푸스에 의하면 예수님 당시에 약

---

2) 신약 성경의 언어인 코이네(koine) 헬라어의 특징에 대해서는 필자의 『헬라어강독의 원리와 실제』(CLC, 2008)를, 신구약 중간기의 역사와 사상은 필자의 『앎과 삶의 중심이신 그리스도』(고신대출판부, 2010)를, 구약의 기독론적 해석을 위해서는 Iain M. Duguid, *Is Jesus in the Old Testament?* (Phillipsburg: P&R, 2013)를, 신약의 구약 사용에 관해서는 필자의 『신약과 구약의 대화』(CLC, 2010)를 참고하라.
3) 참고. M. Kline을 인용하는 안드레아스 쾨스텐버그 외, 『신약개론: 요람, 십자가, 왕관』(CLC, 2014), 70-71.
4) 이 단락은 필자의 『앎과 삶의 중심이신 그리스도』, 182-198을 요약한 것임.

6,000명으로 추산된다. 원래는 의식상의 부정을 피하기 원한 자들로서 '구별된 자', '경건한 자', '열심을 가진 자들'이었으나, 복음서에 의하면 예수님으로부터 자주 부정적인 평가를 받았다. 바리새파의 기원은 바벨론 포로기 혹은 중간기의 하시딤으로 거슬러 올라간다. 회당에서 율법을 읽고 기도하던 유대인들 가운데, 바리새인들은 토라를 해석하고 일상생활에 적용하는데 열심이었다. 바리새인들은 중요하게 여긴 구전('장로들의 유전')을 모세로부터 전해진 것으로 믿었다. 특히 '제의적 정결'과 '십일조'에 관한 구전을 중요시 했다(참고. 마 23:23; 눅 18:12). 바리새인들은 안식일이 시작되는 금요일 저녁에 소그룹으로 모여서 함께 먹고 성경을 읽고 기도했다. 그들은 성전의 제사장 제도를 인정했지만 부정한 것으로 믿었고, 따라서 그것을 개혁하려고 시도했다. 하지만 바리새인에게는 정치적인 힘이 거의 없었다. 대다수의 바리새인은 산헤드린의 회원이 될 수 없었지만 바리새인 중 엘리트인 '서기관'은 산헤드린 회원이 될 수 있었다. 서기관의 직업은 다양했다: 상인, 성전 요새의 사령관, 천막 제조자, 삼빗 제조자, 일일노동자. 서기관들은 망토의 일종으로서 장식용 수술이 달린 치렁치렁한 긴 예복을 입었는데, 사람들은 그들이 지나갈 때 '랍비', '아버지', '으뜸가는 분', '주'라고 불렀다. 회당에서도 서기관은 귀빈석에 앉았으며, 율법에 무지한 사람의 딸은 서기관과 결혼할 수 없었다. 바리새인 출신 바울은 산헤드린 소속이었을 것이다(행 26:10). 바리새인에게 정치적인 힘이 없었기에, 바리새인 바울은 대제사장의 허락을 받아서 그리스도인을 박해했다(행 9:1-2). 바리새인과 헤롯당원들(이들은 바리새인의 정결에 대한 가르침을 지지했을 것임)이 동시에 언급되는 이유도, 바리새인 독자적으로는 힘을 행사할 수 없었기 때문이다(마 22:16; 막 3:6; 12:13). 헤롯당은 헤롯의 후손들 중 하나가 다시 왕권을 잡기를 바랐던 정치 세력이다. 바리새인들은 헤롯과 헤롯의 가문을 보호하려던 랍비들과 연합되었을 것이다. 바리새인들은 천사, 다가올 새 시대, 최후 심판, 의인의 부활(행 23:8)을 기대한 데서 묵시적 개념을 볼 수 있으며, 메시아는 위대한 율법 스승의 모습으로 올 것이라고 기대했다. 바리새파의 한 부류인 삼마이 학파(c. BC 10)에게 정치적 성향이 있었기에 바리새파를 저 세상만 바라보는 경건한 무리로 간주하는 것은 무리다. 바리새인은 부정한 유대인과 이방인으로부터 분리(구분)하려던 분리(구분)주의자였다. 요세푸스에 의하면, 바리새인은 검소하고 진수성찬을 경멸했다. 그들은 이성에 따라 살았으며, 전통을 중요시 했다. AD 70년 이후, '바리새파'와 '서기관'이라는 용어가 사라지

고, '랍비'라는 이름이 대체했다. 그 후 유대교는 당파나 종파를 덜 강조하게 되었다. 랍비의 글들이 보여주듯이, 바리새파는 헬라 철학의 용어들을 사용했다. 바리새인의 해석 방법은 '할라카'(뜻: '사람이 행하는 방법')라고 불리는데, 변화된 상황 하에서 각 계명을 성취하는 것에 관한 주장들과 반론들로 이루어진다. 이 해석 방법은 고대 성경은 새로운 시대에도 유효할 수 있도록 기록되었다는 것을 전제로 한다(참고. 고전 9:9-10). 바리새파가 지닌 또 하나의 헬레니즘적 요소는 개인주의이다. 성전 종교와 종교 공동체를 직접 둘러싼 환경으로부터 율법의 준수를 분리시킴으로써 개인으로 하여금 비유대 사회에 살면서도 율법을 준수할 수 있게 만들어 주었다. 그들은 공동 식사를 위해서 함께 모였던 것 같지만, 입문식이나 공동생활에 대한 규칙을 가지고 있지 않았다. 그들의 유일한 제도적 결속체는 철학 학파들처럼 젊은 남자들에게 교육을 제공한 학교였다. 이것은 AD 70년 이후, 랍비 유대교의 특징으로 남았다.

## 사두개파

사두개파는 마카비 당시인 BC 160년경에 출현한 것으로 보인다. 하스모니안 가문의 통치자들 모두가 대제사장 직분을 차지하고 있었다. 헤롯 시대와 로마 시대에 대제사장들을 배출한 제사장 가문을 지칭하는 명사로 '사두개인'이라는 단어가 등장했다. 원래 귀족 지주들의 후손들인 사두개파(솔로몬 때의 대제사장 '사독'[삼하 8:17] 혹은 '의로운'[*saddiq*]에서 온 말로 추정됨)는 예루살렘 성전과 산헤드린을 장악했다. 산헤드린의 구성원은 총 71명이었다. 산헤드린은 세 그룹으로 구성되었다: 고위 제사장들, 서기관, 원로들(아마 평민 귀족). 상당수 제사장들 가운데 사두개인이 아닌 사람도 있었던 것 같다. 사두개인은 부(富)와 기득권을 유지하기 위해서 친 로마 정책을 폈으며, 변화를 기피했다. 따라서 그들의 정책과 입장은 혁명가나 반 지도층 정서를 가진 자들을 자극했다. 그들은 오경의 율법을 문자적으로 적용하려고 했으며, 예언서나 성문서를 거부하지는 않았지만 신빙성 있는 것으로 인정하지 않았다. 그들은 구전을 거부하고, 기록된 율법 안에 분명히 기록되지 않은 신학적 개념도 받아들이지 않았다. 따라서 부활과 천사를 믿지 않았고(행 23:8), 현세 중심으로 살았기에 부활 신앙을 조롱했다(막 12:18-23). 사두개인들은 모세오경에 나타난 천사를 인정했지만, 바벨론 포로 귀환 이후에 무성한 천사와 악령에 관한 신앙에 대해서는 냉담했다. 그들은 율법이 금하는 것 이외에는 어떤 것도 준수할 필요가 없고, 영혼은 몸과 함께 죽는다고 믿었으며, 대중의 지지는 거의 받지 못했다. 로마인들은 사두개파의 대표인 대제사장의 세력을 억제하기 위해서 다양한 노력을 기울였다. 한 예로, AD 6-36년 동안 안토니아의 수비대가 대제사장의 의복을 보관했다. 총독(그리고 나중에는 헤롯 왕가)은 대제사장을 파면할 권리를 가지고 있었다. 그래서 많은 대제사장들이 불과 몇 년 밖에 직무를 수행하지 못했다. 대제사장의 임무는 다음과 같다: (a) 이스라엘의 하나님에게 유대교 전체를 대표하는 일(주로 절기와 제의를 담당). (b) 유다에서는 총독에 대하여, 로마 제국 전체에서는 황제에 대하여 유대인을 대표함. (c) 유다의 내정과 사법과 행정을 관장하는 일. 참고로 예수님과 사도의 역사에 있어서 중요한 대제사장들은 다음과 같다: 안나스 1세(AD 6-15), 안나스 1세의 사위인 가야바(18-36), 안나스의 아들인 요나단(36-37), 유력한 재력가인 아나니아스(48-58).

## 기타 유대인들

'로마의 가이사가 아니라 하나님의 권력!'을 슬로건으로 내건 유대인들도 있었다. BC 6년에 구레뇨가 인구 조사하는 것에 반대한 갈릴리 유다가 이끌던 그룹도 있었다. 유다는 스스로 메시아로 자처하여 로마에 저항했다. AD 54년에 최초로 언급된 '시카리'(*Sicarii*)는 '단검(*sica*)을 가진 자들'(암살단, Assassins)이라는 뜻인데, 로마와 결탁한 유대인 고위 관리들을 암살했다. 그들은 베스도 총독 때에 활발히 활동했다. 유대-로마 전쟁은 시카리의 활약으로 시작되었다. '열심당'(Zealots, 셀롯인)은 AD 66년 유대-로마 전쟁에서 시작하여 그 이후로 로마에 저항한 분파이다. 이들은 셀류키드 왕조에 저항한 마카비 가문으로부터 영감을 얻었던 것 같다. 열심당은 시몬의 아들 엘르아잘과 연결된 '제사장 그룹'이었다는 주장도 있다. 그 이전에는 열심당은 율법에 열심인 사람들 혹은 토라를 위해서 활동하려던 사람들을 가리키는 명예로우면서도 일반적인 용어였다. 따라서 '열심당'은 바리새인에서 유래했을 가능성이 적지 않다. 디아스포라 유대인은 예배, 음식 규례(dietary law) 준수, 할례, 안식일 준수를 통해서 이방인과 구별되었다. 신약 복음서는 디아스포라를 거의 언급하지 않지만, 마태복음 8:11과 누가복음 13:29는 디아스포라를 암시한다(참고. 약 1:1; 벧전 1:1). 이방인 남자 가운데 유대교에 흥미를 가진 사람들에게 있어서 할례는 걸림돌이 되었다. 이방인 남자가 유대교로 개종하면 유대인 여자와 결혼할 수 있었고, 모친이 유대인인 자녀에 한하여 유대인 자격이 주어 졌다.

## 성경의 구조와 신약의 구성과 배열

구약 성경과 신약 성경은 먼저 하나님께서 일하시고, 그 일에 대해서 교회가 반응하고, 마지막으로 하나님께서 말씀하시는 대칭 구조를 보인다:

A 하나님의 행동: 모세오경과 역사서
  B 교회의 반응: 시가서
    C 하나님의 말씀: 선지서
A' 하나님의 행동: 복음서와 역사서
  B' 교회의 반응: 서신서
    C' 하나님의 말씀: 묵시 예언서

신약 성경의 구조는 아래와 같다:

| 장르 | 책 |
|---|---|
| 복음서 | 마태복음(60년대 중반), 마가복음(58–60년), 누가복음(60년경), 요한복음(60년대 중순 혹은 80년대) |
| 역사서 | 사도행전(63년) |
| 서신서 | 바울서신: 13권<br>교회서신: 로마서(56년), 고린도전후서(55–56년), 갈라디아서(48–49년), 에베소서(62–63년), 빌립보서(50년대 중반), 골로새서(62–63년), 데살로니가전후서(51–52년)<br>개인서신: 빌레몬서(62–63년) |

| | |
|---|---|
| | 옥중서신: 에베소서(62년), 빌립보서(55년), 골로새서(62년), 빌레몬서(62년), 디모데후서(65년)<br>목회서신: 디모데전후서(64-65년), 디도서(65년)<br>일반서신: 히브리서(60년경), 야고보서(62년), 베드로전후서(63-65년), 요한일서(60년대 중순), 유다서(60년대 초)<br>요한서신: 요한 1-3서(60년대 중순 혹은 80-90년대) |
| 묵시예언서 | 요한계시록(66년) |

## 하나님 나라와 관련된 구약 언약들과 성취자 예수님

### 구약의 시대 순서(diachronic)로 본 언약[5)]

| | | BC 1900 | BC 1440 | BC 1000 | BC 586 |
|---|---|---|---|---|---|
| 아담언약 → | 노아언약 → | 아브라함언약 → | 모세언약 → | 다윗언약 → | 새 언약 |
| 창 2:16-17(선악과)<br>창 3:15(최초복음) | 창 6:18<br>창 9:12-13<br>(세상보존) | 창 12:2; 15:5, 8<br>(땅, 자손, 복)[6)] | 출 19-23<br>신 29 | 삼하 7<br>암 9:11<br>(왕권보장) | 렘 31:31-34<br>겔 36:27<br>(죄용서, 성령님 말씀은 심비에) |
| ↓ | ↓ | ↓ | ↓ | ↓ | ↓ |

### 예수님: 신약 교회를 위한(synchronic) 구약 언약들의 성취자

| | | | | | |
|---|---|---|---|---|---|
| 요 20:15<br>롬 5:19 | 롬 11:36<br>엡 4:6; 골 3:11 | 마 1:1<br>갈 3:16 | 눅 9:31<br>계 15:3 | 마 1:1<br>20:30; 21:9 | 마 26:28<br>요 14:26<br>히 8:10-13<br>벧후 1:3; 3:18<br>요일 1:9 |
| 마지막 아담 | 만유의 섭리자 | 아브라함의 씨 | 예수님의 출애굽 | 다윗의 후손 | 새 언약 |

웨스트민스터 소교리문답 20번에 의하면, 구약 언약의 핵심은 하나님께서 구주 예수님을 보내시어 그리스도의 나라를 건설하시는 것이다. 언약의 중심 개념이라 할 수 있는 하나님의 은혜란 무엇인가? 그리스도의 희생이라는 대가를 치름으로써 천국 백성에게 주어진 하나님의 부요하심이다(Grace: God's Riches At Christ's Expense).

## 신약 성경의 바이블 키[7)]

| 성경 | 바이블 키 | 성경 | 바이블 키 |
|---|---|---|---|
| 마태복음 | 천국의 왕이신 그리스도 | 디모데전서 | 천국을 위한 사역자 |
| 마가복음 | 하나님의 아들과 종이신 그리스도 | 디모데후서 | 천국을 위한 사역자와 바울의 유언 |
| 누가복음 | 인자이신 그리스도 | 디도서 | 천국을 위한 사역자 |
| 요한복음 | 하나님의 아들, 하나님의 가족 그리고 영생 | 빌레몬서 | 사랑과 용서를 통한 무익한 자의 유익한 자로의 회복 |
| 사도행전 | 승귀하신 그리스도의 통치와 천국 확장 | 히브리서 | 탁월하신 그리스도와 기독교 |
| 로마서 | 메시아 왕이 주신 이신칭의 복음 | 야고보서 | 구원을 확증하는 선행 |
| 고린도전서 | 문제 있으나 여전히 존귀한 교회 | 베드로전서 | 고난 속에서 나그네가 가질 소망 |
| 고린도후서 | 문제 있으나 여전히 존귀한 새 언약 백성 | 베드로후서 | 거짓 선생을 경계할 것과 재림 소망 그리고 베드로의 유언 |

5) 참고. 도널드 해그너, 『신약 개론』(부흥과 개혁사, 2014), 41.

6) 참고. 한상동 목사가 작시한 찬송 248장 1-2절:

1. 언약의 주 하나님 우리들의 아버지 믿음의 조상인 아브라함에게 아들을 주시마
친히 약속하시고 때가 되어 이삭을 나게 하셨네
2. 아들 이삭 주셔서 그 약속을 이루고 손으로 만지며 확인하게 하셨네
출애굽 약속은 보지 못하였어도 아브라함 죽은 후 이루어졌네

7) 천국 중심으로 신약을 개관한 배기만, 『왕의 복음』(쿰란, 2013); 정창욱, 『신약개관: 하나님 나라 관점으로 신약 읽기』(총신대학교출판부, 2013)를 참고하고, 신약 성경의 다양한 배경과 정경화 과정은 마크 알란 포웰, 『현대인을 위한 신약개론: 역사적, 문학적, 신학적 읽기』(CLC, 2014), 제 1-2장을 보라.

| | | | |
|---|---|---|---|
| 갈라디아서 | 자유케 하는 이신칭의의 복음 | 요한일서 | 진리 안에서 사랑하는 영생 얻은 성도 |
| 에베소서 | 그리스도 안에 나타난 새 인류인 교회와 만유의 통일 | 요한이서 | 진리 안에서 사랑하라 |
| 빌립보서 | 기뻐하는 천국 백성 | 요한삼서 | 사랑과 복음 전파자를 환대함 |
| 골로새서 | 성도의 모든 필요를 채우시는 탁월하신 그리스도 | 유다서 | 거짓 선생을 경계하고 믿음 위에 서라 |
| 데살로니가전서 | 고난 중에서 지키는 믿음, 소망, 사랑 | 요한계시록 | 속히 될 일들을 통한 위로와 소망의 메시지 |
| 데살로니가후서 | 복음의 대적과 미래 종말을 준비하는 자세 | | |

## 한 눈으로 보는 신약 성경

### 4복음서

마태복음(60중반)

마가복음(58-60)

누가복음(60경)

요한복음(60중반)

### 역사서

사도행전(63)

교회 시작과 베드로 사역(1-12장)

### 일반서신

히브리서(60)

야고보서(62)

베드로전서(63)

베드로후서(65)

요한일서(60중반 혹은 80중반)

유다서(60초)

개인서신

요한이삼서(60중반 혹은 80중반)

| | 바울서신 |
|---|---|
| 1차 전도(47-48) | 갈라디아서(48-49) |
| 예루살렘 회의(49) | |
| 2차 전도 고린도 | 데살로니가전후서(51-52) |
| 3차 전도 에베소 | 고린도전서(55), 빌립보서(55) |
| 마게도니아 | 고린도후서(56) |
| 고린도 | 로마서(56) |
| 바울의 로마 1차 구금(60-62) | 에베소서(62) |
| | 골로새서(62) |
| | 빌레몬서(62) |
| 로마 1차-2차 구금 사이 | 디도서(65) |
| | 디모데전서(64) |
| 로마 2차 구금 | 디모데후서(65) |

**묵시예언서**

요한계시록(66)

## 도표로 보는 신구약 중간기와 신약의 역사[8)]

| 연도 | 사건과 인물 |
|---|---|
| BC 539-331 | 페르시아의 이스라엘 통치 |
| 331-320 | 알렉산더의 이스라엘 통치 |
| 320-198 | 톨레미 왕조의 이스라엘을 통치 |
| 198-167 | 시리아의 셀류커스 왕조의 이스라엘을 통치 |
| 167-63 | 유대 독립 시대: 마카비 왕조와 하스모니안 왕조 |
| 63 | 로마제국의 폼페이 장군이 이스라엘을 정복함(율리우스 시저는 100-44년) |

| | |
|---|---|
| 40-4 | 유대 지방의 왕 헤롯 대왕[9] (예수님 탄생은 BC 6년경) |
| BC 4-AD 6 | 유대(사마리아와 이두매 포함)의 분봉왕 아켈라오 |
| BC 4-AD 39 | 갈릴리와 베레아의 분봉왕 헤롯 안디바(바울의 출생은 AD 1년?) |
| BC 4-AD 34 | 갈릴리 동부와 남동부 지역의 분봉왕 헤롯 빌립(옥타비안 황제는 BC 27-AD 14; 티베리우스 황제는 AD 14-37) |
| AD 27 | 세례 요한의 순교와 예수님의 공생애 시작(총독 빌라도는 26-36년) |
| 30 | 예수님의 죽으심, 오순절 성령 강림 |
| 31 | 바울의 회심(참고. 33년으로 보는 J.A.T. Robinson, 32-35년으로 보는 거스리, 35년으로 보는 랄프 마틴) |
| 34 | 행 9:26과 갈 1:18의 바울의 1차 예루살렘 방문(비교. 바울의 예루살렘 2차 방문은 1차 방문 후 14년 지난 47년경에 바나바와 디도와 함께 구제 헌금을 전달하기 위해서, 행 11:27-30과 갈 2:1; 갈리굴라 황제는 37-41년) |
| 47-48 | 바울의 1차 전도 여행(유대의 왕 아그립바 1세는 41-44년) |
| 49 | 예루살렘 공의회 |
| 49-51 | 바울의 2차 전도 여행(글라우디오 황제[41-54]의 로마에서 유대인 추방 명령은 49년; 북부 지방의 분봉왕 아그립바 2세는 50-93년) |
| 52 | 바울의 3차 전도 여행(벨릭스 총독은 52-60년) |
| 52-55 | 바울의 에베소 사역 |
| 56 | 바울이 고린도, 마게도니아, 드로아를 거쳐 예루살렘에 도착 |
| 56-58 | 바울이 가이사랴에 구금됨 |
| 59-60 | 네로 황제에게 재판 받기 위해서 바울이 로마에 도착 |
| 60-62 | 바울이 1차로 로마에 투옥(예수님의 동생 야고보의 순교는 62년; 총독 베스도는 60-62년) |
| 64 | 로마 대 화재(7월 19일) 및 네로의 전면적 박해 시작(네로 황제는 54-68년; 갈바 황제는 68-69년; 오토 황제와 비텔리우스 황제는 69년) |
| 66 | 유대-로마 전쟁 발발(베드로와 바울의 순교는 65-66년; 베스파시안 황제는 69-79년) |
| 70 | 성전 파괴 |
| 73 | 마사다에서 열심당이 패배함(디도 황제는 79-81년; 도미티안 황제는 81-96년; 네르바 황제는 96-98년; 트라얀 황제는 98-117년) |

로마시대 초대교회 위치와 범위

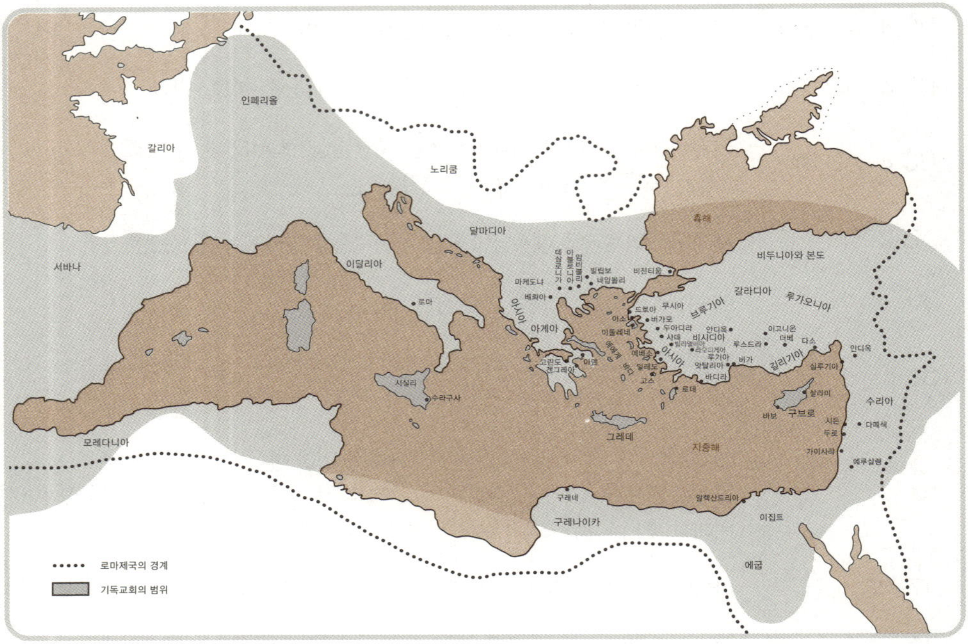


## 신약 성경을 올바르게 이해하려면

## 성경을 읽는 방법

영감 된 하나님의 말씀으로 인정하고 순종하려는 마음으로 성령의 조명을 바라면서 믿음으로 읽어야 한다.[10] 문법(본문비평, 번역, 구문 및 구조 분석, 어휘의미 분석) 및 역사적

---

8) 참고. D.A. 카슨 & R.T. 프란스 (eds), 『IVP성경주석: 신약』(IVP, 2005), 48-49.

9) 로마 황제의 가계도와 헤롯 가문의 가계도는 J.D. Douglas (ed). 『새성경 사전』(기독교문서선교회, 1996), 37, 1749를 참고하라.

10) Carson의 말을 들어보자: "성경은 하나님의 말씀이기 때문에, 성경을 읽어 갈 때 겸손을 함양하고, 숙고하고 연구할 때 묵상하면서, 기도하는 자세를 지니고, 이해하고 순종하고자 노력하면서 성령님의 도우심을 간청하고, 깨달음 가운데 성장하면서 죄를 고백하고 마음과 동기와 관계의 순결을 추구하는 것이 지극히 중요하다. 이러한 점에서 실패한다면, 학자는 될 수 있겠지만 성숙한 그리스도인은 되지 못한다." D.A. Carson, "성경을 어떻게 대할 것인가," (In G.J. 웬함 & J.A. 모티어 eds., 『IVP 성경주석: 구약』, 성서유니온선교회, 2005), 41.

으로 읽어야 한다. 구원계시사적으로 읽어야 한다.[11)] 반복해서 전체적으로 읽어야 한다.[12)]

## 성경을 적용하는 방법

유비의 법칙이 적용에 있어서 중요하다. 즉 하나님은 영원하며 동일하신 반면에, 인간은 구약이나 예수님 당시나 현대나 불의하고 불완전하다. 그러므로 성경에서 그 상황이 우리와 비슷하여 직-간접적으로 교훈을 받을 수 있다. 살인하지 말라 혹은 이웃의 물건을 도둑질하지 않는 것과 예수님을 믿어야 하는 것은 시공간을 초월한 진리요 명령이며 그대로 적용해야 한다. 그러나 문화적으로 제한된 명령이 있을 수도 있다. 예를 들어, 바울이 금하고 있는 우상에게 바쳐진 음식을 먹는 것과 요한이 금하고 있는 이단과 세상과의 타협을 다루는 본문은 우리 시대의 문화와 종교적 상황에서 그 유비를 교차-문화적으로 발견하여 적용할 수 있을 것이다. 요약하자면 성경의 불변하는 초문화적-초시간적 가르침은 그대로 적용할 수 있다(예. 서로 사랑하라). 하지만 성경 본문의 주장점이 오늘 상황에 적용될 수 없는 경우는 그 주장점에서 일반적인 원리를 도출해야 한다.

적용을 할 때 우리가 물어야 할 질문은 다음과 같다:[13)]

- 본문에서 내가 지켜야 할 명령은 무엇인가?
- 내가 믿고 따라야 할 약속은 무엇인가?
- 내가 따라야 할 본과 모범은 무엇인가?
- 내가 피하거나 고백해야 할 죄는 무엇인가?
- 내가 찬양하고 감사해야 할 것(이유)은 무엇인가?
- 본문은 하나님, 나, 이웃에 대해 무엇을 가르쳐 주는가?[14)]

---

11) 리처드 L. 슐처, 『문맥, 성경이해의 핵심』(아가페북스, 2014)을 참고하라.

12) 구원계시사적인 성경해석을 위해서는 필자의 『신약해석학: 구원계시사적 해석을 중심으로』를, 성경의 다양한 문법적 해석을 위해서는 필자의 『헬라어강독의 원리와 실제』를 참고하라.

13) 송인규, 『성경, 어떻게 적용할 것인가?』(성서유니온선교회, 2001), 30-31.

14) 다니엘 도리아니는 '우리의 의무', '우리의 성품', '우리의 목표', '우리의 가치관'에 대한 질문을 적용 시 고려해야 한다고 본다. 다니엘 도리아니, 『적용: 성경과 삶의 통합을 말하다』(성서유니온선교회, 2009), 24.

그리고 구약에 어떤 주제가 등장할 때 (비록 그것이 신약과 동일한 용어라고 할지라도) 섣불리 직접 적용하지 말고, 먼저 구속사적 발전을 고려하여 다음 질문을 해야 한다: (1) 새 언약이 주는 영적인 복은 무엇인가? (2) 예수 그리스도와의 관계가 주는 은택은 무엇인가? (3) 하나님의 백성이 누리는 복은 무엇인가?[15)]

성경을 읽고 가르칠 때 윤리적 메시지를 찾기 이전에 계시의 중심이자 절정이신 예수님 중심으로 구속사적으로 이해해야 한다. 특히 구약을 읽을 때 마치 산의 하부에서 상부로 오르면서 다양한 나무와 산세를 즐겨야 하지만, 결국은 예수님이라는 산의 절정에 올라가서 계시의 풍요로움과 은혜를 만끽할 수 있어야 한다. 예수님이 충분히 드러나지 않거나 빠진 성경 읽기는 마치 100미터 달리기 경기에서 80미터만 뛰고 다 뛴 것처럼 생각하는 것이며, 혹은 마라톤 경주에서 반환점을 돌지 않고 돌아버리는 것과 같다. 성경을 그리스도 중심 그리고 하나님 나라 중심으로 읽어야 생명이 있고 천국을 누리며 전할 수 있다.

15) 참고. 송인규, 『성경, 어떻게 적용할 것인가?』, 149.

New Testament Key

New Testament Key

# 복음서

2

New Testament Key

2

New Testament Key

# 복음서[16)]

『첫 번째 변증서』 66에서 순교자 저스틴은 '사도들에 의해서 구성된 회고록'이 '복음서'가 되었다고 말한다. 저스틴은 예수님의 인격과 사역에 대한 정경을 '복음서'라고 부른 최초의 인물이다. 하지만 복음서 기록자들 가운데 마가와 누가는 사도가 아니며, 각각 사도 베드로와 바울의 영향을 받았던 사도권에 속한 사람들이다. AD 2세기 중반이 되어서야 '복음서'라는 말이 사용되었으며, 한 분 예수님에 관한 네 가지 기록이다.

복음서는 구약에서부터 약속된 메시아이신 예수님이 어떤 분이시며, 어떤 일을 하셨는가를 보여주는 복음의 핵심이다. 예수님의 권위가 복음서에도 고스란히 반영되었다. 복음서 해석은 종말에 종말론적인 하나님 나라를 이 땅에 이루신 예수님의 사역에 초점을 맞추어야 한다. 왜냐하면 예수님은 복음을 구약의 성취라는 측면에서 뿐 아니라 하나님 나라의

---

16) 신약 전체의 구속사적 메시지를 위해서는 필자의 『신약주석』(쿰란출판사, 2011)과 『신약신학』(생명의 양식, 2008)을 참고하라. 여기서 신약 각 권의 서론, 내용, 특징은 필자의 『신약주석』, 『앎과 삶의 중심이신 그리스도』, 도널드 거스리의 『신약서론』(크리스챤다이제스트, 2002)을, 각 권의 구조는 마크 알란 포웰의 『현대인을 위한 신약개론: 역사적, 문학적, 신학적 읽기』(CLC, 2014)을 의존했음을 밝힌다. 따라서 각 권의 서론, 내용, 특징, 구조에 있어서 인용 부분이 등장할 때 마다 별도로 출처를 밝히지 않고, 필요한 경우만 밝힌다.

도래의 관점에서 보셨기 때문이다. 그러므로 복음서 이해는 예수님 중심의 구원계시사를 요청한다. 하나님 나라를 건설하신 예수님의 사역은 'TRUMPET'이라는 단어의 머리글자로 살펴 볼 수 있다: Total restoration(전체적인 회복, 참고. 영과 육의 구원, 교육, 정치, 예술, 학문 등에서 수행되는 문화 명령 등), Rule of God(하나님의 통치), Unbroken new covenant(파기 될 수 없는 새 언약), Messianic blessing(메시아적 복. 예. 산상설교의 8복), People of God renewed(갱신된 하나님의 백성), Enemies avenged(심판 받은 대적들), Transformation by the glorified Spirit of Christ(영광 받으신 그리스도의 영이신 성령님에 의한 변화). 참고로 '제 1 변증서 67'에서 순교자 저스틴(c. 100-165)은 초기 교회에서 예배 중에 복음서('사도의 회상')가 구약 성경처럼 정경으로 읽혔다고 기록한다. 이레니우스(c. 130-200)는 4부로 된 복음서가 하나의 통일체를 이루었다고 언급한다. 저스틴의 제자 타티안은 자신의 저서 '디아테사론'(*Diatessaron*)에서 복음서의 통일성과 조화를 꾀했다. 이제 복음서 4기자들의 저마다 특색 있는 목소리를 들어보자.[17]

---

17) 구약은 예수님을 '순'(싹, 가지)이라고 소개한다. '순'에는 크게 4가지 의미가 있다: (1) 렘 23:5에서 순은 다윗 가문에 태어나실 의의 가지로서 '왕'이다. 이것은 왕으로 오신 예수님을 소개하는 마태복음의 메시지와 일치하며 다윗 언약의 성취이다. 예수님은 다윗 왕조가 죄악으로 무너졌을 때, 그 남은 그루터기에서 자라나는 순이시다. (2) 슥 3:8에서 순은 '종'이다. 이것은 종으로 오신 예수님을 소개하는 마가복음의 메시지와 일치한다. (3) 순은 '완전한 인간'이신 예수님이신데(슥 6:12) 인자로 오신 예수님을 소개하는 누가복음의 메시지와 일치한다. (4) 순은 '완전한 하나님'이신데(사 4:2), 하나님의 아들이신 예수님을 소개하는 요한복음의 메시지와 일치한다.

신약시대의 팔레스틴

| 성경 | 바이블 키 |
|---|---|
| 마태복음 | 천국의 왕이신 그리스도 |
| 마가복음 | 하나님의 아들과 종이신 그리스도 |
| 누가복음 | 인자이신 그리스도 |
| 요한복음 | 하나님의 아들, 하나님의 가족 그리고 영생 |

## 마태복음

마태복음은 예수님의 제자 마태가 AD 60년대 중순에, 시리아 안디옥의 유대인 중심으로 구성된 교회를 위해 기록한 복음서이다. 후대 연대(AD 85-100)보다 이른 연대는 사도 마태 저작성을 인정하고, 오랜 구전으로 내용이 변개되지 않고 목격자와 증인이 살아 있을 때 기록되었기에 복음서 기자의 역사적 신뢰성을 확인하는 경향이 있다.[18] 사복음서가 각각의 공동체를 독자로 삼고 있다면 그 독자들의 구성 성분을 살펴보는 것도 중요하다.[19] 예를 들어, 마태공동체(마태가 목회한 교회)가 시리아 안디옥에 있었다면, 이방인 기독교인이 주축이었는가? 구체적으로 하나님을 경외하는 자들이 이방인 성도의 주축인가? 와 같이 물을 수 있다. 구약을 잘 알고 있었던 유대인 기독교인이 다수였는가? 이들의 사회적 신분과 계층은 어떠했는가? 그렇다면 마태복음이 이 두 계층에 각각 다른 호소력을 가지고 있었을까? 그리고 구체적으로 복음서에 일관적으로 주님과 하나님 나라의 대적자로 나타나는 1세기의 다양한 유대파의 적대심에 주목해야 한다. 이들은 로마의 비호 하에 조직적으로 예수님과 초대교회를 대적했기 때문이다(참고. 살전 2:14).

만일 마태가 마가복음을 참고했다면, 그가 히브리어나 아람어로 기록하기는 쉽지 않았을 것이다. 마태복음이 성전 파괴 이후 10-15년이 지난 시점이 아니라 파괴 이전에 기록되었다면, 마태와 예수님을 목격한 이들이 살아 있는 동안 예수님의 삶과 가르침은 더 정확하게 보존되었다.[20] 마태는 예수님과 이스라엘의 관계, 특히 유대인의 거부에 초점을 둔다(참고. 마 21-24). 소외된 이들과 이방 여인은 치유를 경험한 전후에 예수님을 '다윗의 자손'(υἱὸς Δαυίδ; 9:27; 12:23; 15:22; 21:9, 15)이라고 고백했지만, 정작 유대 지도자들을 포함한 많은 이스라엘 백성들은 예수님을 배격했다. 다윗의 자손과 관련 있는 단어는 '왕'(ὁ βασιλεὺς)이다. 마태복음에서 예수님은 특별히 '왕'으로 묘사된다(참고. 1:6). 왕이신 예수님이 행하신 기적들은 이사야 35:5-6의 성취인데, 그리스도께서 하나님이심을

---

18) 참고. 쾨스텐버거 외, 『신약개론』, 253.
19) 양용의, 『마태복음, 어떻게 읽을 것인가』(성서유니온선교회, 2006), 37-38.
20) 마태복음의 이른 연대의 유익에 대해서는 쾨스텐버거 외, 『신약개론』, 252를 참고하라.

보여준다. 제자를 부르시는 예수님의 모습에서 알 수 있는 것은(4:18-22), 예수님 당시의 오직 왕이나 황제만 가질 수 있는 권세와 권위로 제자들을 부르셨다는 사실이다. 제자들은 부름에 즉각 순종할 뿐이었다.

## 구조

마태복음의 주제를 '하나님의 나라'(ἡ βασιλεία τοῦ θεοῦ)로 보면, 구조는 아래와 같다:

| | |
|---|---|
| 1:1-2:23 | 서론: 메시아의 성육신과 더불어 도래한 하나님의 나라 |
| 3:1-7:29 | 하나님 나라의 복음 |
| 8:1-11:1 | 예수님의 권세 아래 확장된 하나님 나라 |
| 11:2-13:53 | 하나님 나라 복음의 전파와 반대 |
| 13:54-19:2 | 하나님 나라의 영광과 그림자: 점차적인 반대와 분열 |
| 19:3-26:5 | 하나님 나라의 반대와 종말론: 은혜의 승리 |
| 26:6-28:20 | 예수님의 고난과 부활 |

천국의 '이미'(현재성; 마 10:7; 11:21; 12:28; 막 1:15; 눅 17:21 등)와 '아직 아니'(미래성; 마 7:21; 25:34; 26:29; 막 8:11; 9:47-48 등)는 천국의 시간적 특징을 설명하는 가장 확실한 방식이다. 예수님의 가르침과 선포의 중심에는 하나님 나라가 자리 잡고 있다. 예를 들어, 마태복음 13장에는 천국을 설명하기 위해서 8개의 비유가 동원된다: 씨 뿌리는 자의 비유, 알곡과 가라지 비유, 겨자씨 비유, 누룩 비유, 감추인 보화 비유, 좋은 진주 장사 비유, 물고기와 그물 비유, 서기관 비유. 8개 비유를 요약하면, 가장 귀한 하나님 나라를 얻기 위해서는 성도의 모든 것을 투자해야 하고, 방해 세력에도 불구하고 천국은 반드시 자라난다는 사실이다.[21]

---

21) 마 1-11장을 그리스도에 대한 책(Christ book), 마 13-28장을 교회에 대한 책(Church book)이라고 나눈다면 마태복음의 개요는 다음과 같다:
그리스도의 오심: 하나님(1장), 사람(2장), 세례(3장), 사역(4장)
그리스도의 말씀: 자비(5장), 믿음(6장), 정의(7장)

지역과 강화(discourse)에 따른 구조는 아래와 같다[22]:

| 1:1–4:11 서론 | | |
|---|---|---|
| 4:12–18:35 갈릴리 사역 | 4:12–25 | 첫 번째 사역 |
| | 5–7장 | 강화 1: 산상설교 |
| | 8–9장 | 두 번째 사역 |
| | 10장 | 강화 2: 제자 파송에 대한 강화 |
| | 11–12장 | 세 번째 사역 |
| | 13:1–53 | 강화 3: 천국 비유 |
| | 13:54–17:27 | 갈릴리 북쪽 지역으로 확장된 사역 |
| | 18:1–35 | 강화 4: 천국 강화 |
| 19–28장 유대 사역 및 수난 | 19–20장 | 유대 사역 |
| | 21–22장 | 예루살렘 사역 |
| | 23장 | 화(οὐαί) 선언 |
| | 24–25장 | 강화 5: 감람산 강화 |
| | 26–27장 | 수난 |
| | 28장 | 부활 및 지상명령 |

---

그리스도의 사역: 은혜(8장), 자유(9장)
그리스도의 사명: 전도(10장)
예수님의 인격: 구주(11장), 심판자(12장)
교회의 신앙: 천국 비유: 천국(13장), 책임(14장), 전도의 보편성(15장), 교회(16장), 권위(17장)
교회의 사랑: 공동체(18장), 가족(19장), 리더십(20장)
교회의 역사: 참 백성(21장), 현명한 백성(22장), 거짓 백성(23장)
교회의 소망: 종말(24장), 최후심판(25장)
교회의 고난: 예배(26장), 십자가(27장), 부활(28장)
참고. F.D. Bruner, *Matthew: A Commentary* (Volume 1; Grand Rapids: Eerdmans, 2004), xxvii.

22) '하나님 나라'를 중심으로 하는 마태복음의 교차 대칭구조는 아래와 같다.
A 1:1–4:17 내러티브
B 4:18–7:29 첫째 설교
C 8:1–9:35 내러티브
D 9:36–11:2 둘째 설교
E 11:3–12:50 내러티브
F 13:1–53 셋째 설교(하나님 나라 비유)
E' 13:54–16:20 내러티브
D' 16:21–20:34 넷째 설교
C' 21:1–22:46 내러티브
B' 23:1–25:46 다섯째 설교
A' 26:1–28:20 내러티브
참고. H.J.B. Combrink, "The Structure of the Gospel of Matthew as Narrative," *Tyndale Bulletin* 34(1983), 61–90.

## 특징

• AD 70년 사건과 재림이라는 종말론이 강화에 나타난다(마 24-25). 돌 성전 파괴와 관련된 징조들은 한 세대 안에 성취되지만(마 24:34), 재림의 시기는 성부 외에 아무도 알 수 없다.[23)]

• 하나님 나라에 대한 예수님의 가르침이 두드러진다(마 13; 18). 1차 독자 가운데 하나님의 이름을 망령되게 일컫지 않으려던 유대인 그리스도인들을 고려하여 '하늘나라'(ἡ βασιλεία τῶν οὐρανῶν)는 32회나 사용되었지만, '하나님 나라'는 5회만 등장한다.

• 예수님의 왕적 위엄과 권위가 강조되어 있고(25:31-46; 28:18-20), 율법(5:21-22, 27-28), 안식일(12:8), 선지자(12:41), 성전(12:6), 그리고 왕(12:42)과 같은 이스라엘의 대표적인 제의들에 대한 예수님의 우월성을 강조한다. 주님은 종종 이것을 믿지 않는 불신 유대인들을 책망하신다(9:4; 12:34; 15:13; 16:4; 21:43; 23:33).

• 구약과 신약의 가교로서 마태복음은 구약의 예언이 예수님 안에서 성취되었음을 강조한다(마 1:1). '약속'에 해당되는 구약 역사는 '성취'에 해당하는 예수님과 신약 교회의 이전 역사로서 기능을 한다. 마태공동체는 구약 이스라엘을 계승했지만, 그 당시 유대 회당과는 구별되었다.[24)]

• '교회'(ἐκκλησία)를 언급한 유일한 복음서이다(16:18; 18:17). 구약의 이스라엘의 대를 잇는 합법적인 상속자들인 새 언약 공동체를 가리키는 ἐκκλησία라는 단어를 마태가 아니라 마태공동체의 산물로 볼 이유는 없다.[25)]

• 그리스도의 가르치시는 사역이 강조된다. 새 모세와 새 랍비이신 예수님의 5개의 강론들이 기록되었는데, 각 강론들은 '예수께서 마치시고'라는 문구로 끝맺는다(산상설

---

23) 쾨스텐버거 외, 『신약개론』, 276; 송영목, "감람산강화의 전환적 부분적 과거론적 해석," 『신약연구』 6(2007. 3), 493-525.

24) 한스 콘첼만, 『신약성서신학』(한국신학연구소, 2001), 253.

25) David A. DeSilva, *An Introduction to the New Testament: Contexts, Methods and Ministry Formation* (Leicester: IVP, 2004), 246. 마태공동체에 관해서는 국제신학대학원대학교 이강택교수의 박사학위 논문을 참고하라: *Matthew's Vision of the Old and New in Jesus: Social World of the Matthean Community vis-à-vis Matthew's Understanding of Torah* (필라델피아 웨스트민스터신학교, 2010; 지도 교수는 Dan G. McCartney).

교, 5:3-7:27; 열두 제자 파송, 10:5-42; 천국 비유, 13:13-52; 천국과 제자도, 18:3-35; 감람산강화, 24:4-25:46).[26)]

• 이방인들에 대한 관심은 천국의 보편성을 강조한다(8:11-12; 15:24; 21:43; 28:19).

• 의도된 조직적 구조가 돋보인다. 12회에 걸쳐 예언 성취에 관한 인용문이 등장한다("선지자로 말씀하신 바를 이루셨다", 1:22-23; 2:5-6, 15, 17-18, 23; 4:14-16; 8:17; 12:17-21; 13:13-15, 35; 21:4-5; 27:9-10).[27)] 그리고 독자들이 익숙했던 게마트리아 해석법에 따라서 족보에 14대(참고. 다윗[*dvd*])가 3회 반복된다.[28)] 그리고 마태복음 5장의 8복과 23장의 8화가 대조된다. 마태복음 23:14를 포함하면 8개의 화가 등장하는데, 언약을 지키지 않은 피고인 바리새인을 향해서 검사이신 예수님께서 재판관이신 하나님 앞에 법정에서 소송-고소(lawsuit)하시는 것과 같다. 마태가 3이라는 숫자도 즐겨 사용하는 것으로 보는 이도 있다: 예수님이 받으신 세 가지 유혹(4:1-11), 세 가지 명령(6:1-7:20), 예수님이 행하신 세 가지 기적(치유, 권능, 회복), 베드로의 세 번 부인. 하지만 이 경우는 다소 주관적이고 모호하다.[29)]

• 쌍으로 표현되는 2중적 모티브가 등장한다. 마태복음 8:28-33에 악령 들린 사람은 2명이다 (막 5:1-14에는 1명). 마태복음 20:29-34에는 2명의 소경이 등장한다(막 10:46-52에는 1명). 마태복음 21:6-7에서 예루살렘 입성 시에 나귀를 2마리를 끌고 오신다(막 11:7에는 1마리). 이혼에 대한 언급이 2회 등장한다(5:31-32; 19:9). 종교 지도자들이 예수님께 표적을 구하는 이야기도 2회 등장한다(12:38-42; 16:1-4). 바알세불을 힘입어 축사한다고 주님을 비난한 것도 2회다(9:32-34; 12:22-24).

---

26) 참고. 송영목, "하나님의 말씀과 예수님: 시편 119편의 언약-기독론적 이해," 『교회와 문화』 29(2012), 111-132.

27) 참고. 프랭크 틸만, 『신약신학』 (CLC, 2008), 131-132.

28) 히브리어와 헬라어 알파벳의 게마트리아에 관해서는 포웰, 『신약개론』, 584를 보라. 마 1:17의 히브리어 게마트리아는 마태복음이 아람어로 기록되었다고 파피아스(c. 60-130)가 자신의 책 '주의 말씀에 관한 해석'(유세비우스의 '교회사' 3.39에 인용됨)에서 주장한 것을 견고하게 만드는가? 아직까지 마태복음의 기록 언어가 무엇인지 결정적인 해결책은 제시되지 않았다.

29) 도널드 거스리, 『신약서론』 (크리스챤다이제스트, 2002), 32.

• 베드로에 대한 언급이 많다(마 4:18; 17:24–27; 18:21–22; 마 14:28–31–막 6:47–52; 마 16:17–20–막 8:27–29).

• 임마누엘('Εμμανουήλ)을 강조한다(1:23; 10:40; 18:20; 23:21; 28:20). 하늘과 땅의 권세를 가지신 예수님이 복음 전파하는 교회와 함께 하신다. 하나님 아버지는 예수님 안에 계시는데(1:23) 하나님이신 예수님은 경배를 받으시며(2:11; 9:18; 14:3; 15:25; 20:20; 28:9, 17), 예수님은 교회 안에 계시고(18:5, 20; 25:37–40; 26:16–28; 28:19–20), 교회는 세상 안에 있다(5:13–14; 10:16; 16:18; 28:19).

• 구약을 '율법과 선지자'로 나눈다. 변화산에 등장하여 예수님의 죽으심과 부활과 승천을 예고한 모세와 엘리야는 각각 율법과 선지자의 대표다(마 17:3; 눅 9:31). 복음서에 구약(요 5:39)은 '모세의 율법, 선지자의 글, 시편'으로 구성되기에(눅 24:44), 변화산에 시가서를 대표하는 다윗 같은 인물이 왜 등장하지 않았는지 의문이다. 여기에 두 가지 이유가 있다: (1) 예수님이 시편을 친히 성취하셨고(시 8:2–마 21:16; 시 22:1–마 27:46; 시 110:1–마 22:44; 시 118:22–마 21:42; 시 118:25–마 21:15), 그 결과 예수님이 시가서의 진정한 대표이시기 때문으로 볼 수 있다(1:1의 다윗의 자손이신 예수님; 12:42의 솔로몬보다 크신 예수님; 26:3의 할렐시편을 부르신 예수님). 실제로 마태복음은 예수님이 다윗의 후손이심을 계속 강조한다. (2) 구약을 세 범주로 나누는 누가와 달리(24:44) 마태는 구약을 '율법과 선지자'라는 두 가지 범주로 나누기 때문이다(5:17; 11:13; 22:40). 마태는 시인 아삽을 선지자로 간주하기에(마 13:35–시 78:2), 율법과 선지자라고 말해도 구약 전체를 포괄할 수 있었다. 물론 예수님은 참 선지자(12:41)이시며 새 모세이시다(5:17 이하의 산에서 주신 그리스도의 법). 덧붙여 다윗과 달리 모세의 시체는 어디에 있는지 모르며, 엘리야는 죽지 않고 승천했다. 우리는 시편의 메시아적 해석을 추구해야 하며, 신약 성도를 위하여 David Redivivus, Isaiah Redivivus(4:14; 8:17; 12:17), Jeremiah Redivivus(2:17–18; 16:14; 27:9), Moses Redivivus로서 구약을 재현하시고 절정으로 올리신 예수님을 바라보아야 한다.[30)]

• 반(反)로마적 메시지를 가지는데, 예를 들어, 제자를 부르신 장면에서 확인할 수 있

다. 제자들이 어부로 일하고 있던 시간에, 어떤 인사도 나누지 않고, 일을 멈추고 쉬는 시간을 기다리지도 않고 예수님은 그들을 담대하게 부르셨다. 그들은 부르시는 이가 누구인지 물어보지도 않고, 어떤 주저함이나 의논 없이, 그물과 아버지를 버려두고 즉각적으로 예수님을 따른다. 예수님 당시 물고기를 잡는 것은 생존을 위한 투쟁이었다. 어부는 육체적으로나, 경제적으로나 고생스러운 직업이었다. 밤새도록 그물질을 하여 고기를 잡는 것은 갈릴리 호수에서 종종 발생한 돌풍으로 목숨을 잃을 위험을 감수해야 했으며, 때로 많은 고기를 잡아서 내장을 다 꺼내어 일일이 손질해서 팔고, 배와 그물을 씻고 수리하는 반복적인 작업은 냄새나고 힘들고 허리가 끊어지는 노동의 연속이었다. 요즘 말로 하면 3D 직종이었다. 게다가 어부는 요리사, 생선 판매원, 가금(poultry) 사육자, 푸주한(butchers)과 더불어서 그 당시 엘리트 계층으로부터 멸시를 받았던 직업에 속했다. 비록 어부는 자신의 노동으로 돈을 벌었지만, (세례 요한을 죽였던) 헤롯 안디바(BC 4–AD 39)가 다스렸던 갈릴리에서 어부의 수입은 헤롯 안디바의 세입으로 흡수되었다. 헤롯 안디바는 물고기를 잡는 자격에서부터, 세금징수 및 물고기 판매까지 모든 수산사업을 통제하고 있었다. 헤롯 안디바는 티베리우스 황제를 위해 '티베리아'라는 도시를 AD 22년에 건설했고, 지중해를 본따서 갈릴리에 작은 호수를 만들기도 했다. 로마 황제가 지중해를 중심으로 다스렸다면, 헤롯 자신은 갈릴리를 중심으로 다스렸다. 따라서 그의 과시욕을 유지하고 실현하기 위해서 어부로부터 세금을 더욱 많이 거두어 들여야만 했다. 어부들은 헤롯 안디바의 배만 살찌우고 있었던 착취당한 도구에 불과했다. 그러므로 예수님이 어부 출신 4명을 제자로 부르셔서 사람 낚는 어부가 되게 하리라고 말씀하신 것은 더 이상 헤롯 안디바를 위해 일하지 말고 예수님 자신을 위해서 일하라는 의미를 담고 있다. 하나님 나라를 위해 일해야지 착취하는 세력인 로마–갈릴리 제국을 위해서 일하지 말라는 메시지가 담겨 있다.[31]

---

30) 송영목, 『신약과 구약의 대화』, 78–103.

## 내용

마태복음 1장의 족보는 다윗과 아브라함의 언약(그리고 이스라엘의 역사)을 성취하셔서 새 창조를 주시는 구주시며 임마누엘이신 예수님에 초점이 모아진다. 그리고 아브라함-바벨론 포로-예수님은 창조-타락-재창조라는 구속사적 흐름을 보인다. 1절의 예수님-다윗-아브라함과 17절의 아브라함-다윗-그리스도는 인클루시오 구조를 보인다. 2장은 동방박사들이 아기 예수님을 왕으로 경배한 사건과 헤롯 대왕의 살해 위협으로 인한 아기 예수님의 입(入)애굽, 그리고 갈릴리 나사렛으로의 귀환을 다룬다. 예수님은 이스라엘의 역사를 재현하신 분이신데, 이 사실을 마태복음의 전반부에는 애굽으로 도피함(참고. 호 11:1)과 광야에서 시험 받으심(참고. 신 6-8)에서 볼 수 있다. 하나님의 참 아들이신 예수님이 애굽으로 피난 가신 것은 구약에서 하나님의 아들이었던 이스라엘의 출애굽을 모형론적으로 성취한 것이다(참고. 호 11:1). 3장은 예수님의 선구자 세례 요한의 사역과 예수님이 하나님의 구속 섭리('모든 의', 15절)를 이루시기 위하여 받으신 세례를 다룬다. 4장은 마지막 아담으로서 예수님이 세 가지 시험을 통과하시고, 가버나움 중심으로 천국 확장 사역을 본격적으로 시작하심을 다룬다. 마태는 4:23과 9:35에서 예수님이 천국 복음을 선포하시고, 가르치시고, 고치신 것을 반복한다. 5장에서 새 모세이신 예수님이 천국 백성의 삶의 원칙 곧 그리스도의 법을 가르치신다. 예수님은 모세와 달리 성령으로 잉태되셨고(1:18-25), 율법을 그리스도의 법으로 성취하셨고, 변화산에서 '주'(17:4)라고 불리셨고, 하나님의 아들(17:5)로 높임을 받으셨고, 자신의 가르침을 모든 족속에게 전파하라고 제자들에게 명하셨다(28:16-20).[32] 5:17은 예수님께서 구약의 궁극적인 목표를 성

---

31) 마 19:30-20:16에서도 반로마적 메시지를 찾을 수 있다. 마태복음은 AD 30년경 예수님에 관한 복음이지만, 60년대 중반의 마태공동체를 위한 복음이다. 회당에서 나와서 회당과 대결 중이던(*extra muros*) 마태공동체가 시리아 안디옥에 있었다면, 대다수의 성도는 유대인 출신이었다. 나중에 전도를 통해 이방인들이 그 교회에 참여하게 되었을 것이다. 따라서 마 20:1-16의 '관대한 포도원 주인 비유'는 먼저 된 유대인 성도와 나중에 들어온 이방인 성도 사이의 평등(egalitarian community)을 강조한다. 마태 당시의 로마 제국은 철저히 계층주의적이며 착취적인 사회 구조를 가지고 있었고 황제가 줄 수 있다고 생각한 *Pax Romana*는 한낱 허영에 불과했다. 마태는 이것을 고발하면서 예수님 안에서 누리는 평등하면서도 포괄적인 공동체를 대안으로 제시한다. 마태공동체를 위해서는 송영목, "예수님의 제자들과 마태공동체의 관련성: 마태복음 23:24를 중심으로,"『교회와 문화』 34 (2015, 2월)을 참고하라.

32) 프랭크 틸만,『신약신학』, 143.

취하신 분임을 강조한다. 6장은 구제, 기도, 금식, 재물, 하나님의 공급하심에 대해 산상설교를 이어가신다. 7장은 남을 판단하는 것, 기도, 좁은 문, 하나님의 뜻을 행하는 열매 맺는 삶 등에 대해 교훈한다. 산상설교에서 예수님은 옛 계명-새 계명-새 계명을 순종하는 작은 실천이라는 순서를 따라 설교를 풀어가신다. 8장은 주님의 치유와 자연을 다스리시는 권세를 소개한다. 예수님이 치료하신 나병환자(8:1-4), 백부장의 종(8:5-13), 베드로의 장모(8:14-15)는 사회의 아웃사이더에 속하는 부정한 자, 이방인, 여성이다. 주님이 다스리신 갈릴리의 풍랑(8:23-27)과 악령들린 두 사람(8:28-34)은 반창조의 혼돈 세력이다. 9장은 유대인과 이방인을 긍휼히 여기시고 치유하심으로 자신의 메시아되심을 보여준다. 10장은 새 이스라엘을 상징하는 12제자를 선택하시고 파송 그리고 그들이 당할 박해를 언급한다. 32-39절은 1세기의 중요한 가치였던 '명예와 수치'에 대해 잘 보여주는데, 주님의 제자들은 영원한 하늘 법정에서 얻을 명예(예수님의 인정을 받음, 하나님의 가족됨, 생명)를 바라보면서 이 세상의 불명예를 극복해야 했다.[33] 11장은 세례 요한의 확신이 부족한 면과 회개가 없을 경우에 임하는 심판과 안식에 대해 논한다. 12장은 참 안식을 주시는 예수님이(8절) 참 성전(6절), 참 선지자(41절), 참 왕(42절)이심을 모형론적으로 보여주며, 하나님의 참 가족에 대해서 설명한다. 13장은 천국 비유 8개(씨 뿌리는 자, 밀과 가라지, 겨자씨, 누룩, 감추어진 보화, 진주, 물고기, 새 것과 옛 것)를 통해서 이 땅에서는 불완전하지만 확장되는 하나님의 통치를 소개한다. 14절에서 이사야 6:9-10을 인용하여, 비유가 은폐와 계시라는 두 가지 효과를 가지고 있다고 설명한다. 14장은 세례 요한의 죽음과 주님이 무리를 먹이시고 치유하시는 것을 소개한다. 13:57은 나사렛 사람들에게 배척당하신 예수님을 언급하고, 비슷한 맥락에서 14:1-12는 세례 요한의 순교를 소개한다. 15장은 예수님은 장로들의 전통을 비판하시고, 대신 이방 가나안 여자의 믿음을 칭찬하신다. 16장은 가시적 표적을 구하는 유대인을 책망하시고, 참 신앙고백의 중요성을 베드로의 신앙고백으로 보여주고 십자가의 죽으심을 예고한다. 17장에서 예수님은 변화산 사건을 통하여 자신의 영광을 미리 보여주시고, 죽음과 부활을 다시 예고하신다. 18장은 겸손, 실족케 함, 용서에 대해, 19장은 이혼과 재물에 대해, 20장은 관대한 포도원 주인의 비유, 죽음과 부활에 대한 세 번째 예고를 다룬다. 21장은 예루살렘 입성과 성전 청

33) DeSilva, *An Introduction to the New Testament*, 286.

결, 열매 없는 이스라엘을 상징하는 무화과나무 저주, 두 아들 비유, 포도원 농부 비유를 통해서 배교한 유대인들에게 임할 불가피한 심판을 연속적으로 교훈하신다. 22장은 결혼 비유, 세금, 부활 논쟁, 사랑, 다윗의 자손이신 그리스도를 소개한다. 23장은 가식적인 바리새인과 서기관에게 임할 8화, 24-25장은 돌 성전 파괴와 재림에 대한 감람산강화를 다룬다(마 24:36 이전 단락은 한 세대 안에 이루어질 성전 파괴이며 이후는 재림).[34] 유대인의 시대의 끝을 알리는 성전 파괴 사건은 온 인류의 끝을 알리는 세상 종말의 그림자 역할을 한다. 24:36과 25:13은 주님의 재림에 대한 내용을 다룬다는 신호인 인클루시오 구조다. 26장은 커져가는 유대인들의 살해 위협, 가룟 유다의 배신, 유월절 만찬, 겟세마네 기도, 주님의 체포 및 재판을 다룬다. 27장은 빌라도의 재판, 사형선고와 죽으심을 다룬다. 27:21의 '아버지의 아들'이라는 뜻의 아람어 '바라바'(일부 사본은 '예수 바라바')는 예수님의 하나님의 아들이심을 강조하는 이름이다. 28장은 부활과 부활 후 현현 및 갈릴리에서의 대위임령을 다룬다. 다음의 교차대칭구조는 예수님의 부활이 역사적 사건임을 보여준다: A. 27:57-61의 요셉의 장사와 여인들, B. 27:62-66의 경비병들이 무덤을 지킴, A'. 28:1-10의 살아나신 예수님과 여인들, B'. 28:11-15의 빈 무덤에 대한 경비병들의 보고와 거짓 증언.[35]

## 결론

예수님은 다윗의 후손이시며, 천국의 새 법을 새 백성에게 전하신 분이시다. 마태는 주로 유대인 출신 그리스도인들을 대상으로 하여 그들이 기독교 신앙을 이해하고 전파할 수 있도록 예수님을 제시한다. 예수님은 구약을 성취하신 분이며, 율법을 새 언약에 맞추어 해석하시는 분이시다.

---

34) 참고. R.T. France를 인용하면서 감람산강화의 주제 전환적 부분적 과거론(성전 파괴에서 세상 역사의 끝으로)을 설명하는 양용의, 『마태복음, 어떻게 읽을 것인가』, 400-404, 416. John Murray(1977)도 마 24:36에서 주제의 전환을 지지한다. 참고로 마 24:34를 성전 파괴 사건으로 보는 것을 완전히 배제하지 않지만, 재림의 임박함으로 보는 코르넬리스 비네마, 『개혁주의 종말론 탐구』(부흥과 개혁사, 2014), 134, 137, 140, 190. 감람산강화의 많은 구절을 AD 70년에 성취된 후 재림으로 다시 성취된다고 해석하려는 경향이 강한 비네마는 마 24:14, 31, 그리고 계 16:15도 재림과 연결시킨다.

35) 양용의, 『마태복음, 어떻게 읽을 것인가』, 483.

## 마가복음

마가복음은 마태복음과 누가복음보다 덜 복잡하고, 요한복음보다 덜 사변적이라는 평가를 받는다. 마태복음은 약 18,300개 단어를, 마가복음은 약 11,300단어를 사용한다. 마가복음에서 예수님이 누구냐는 질문이 자주 언급된다(1:27; 2:7; 4:41; 6:2-3; 8:27; 10:18; 14:61). 이런 질문에 답하는 마가복음은 하나님의 아들(1:1, 11; 9:7; 14:61; 15:39), 고난받는 종(10:45; 14:24, 65), 인자(9:12; 13:26; 14:62), 구원자이신 예수님에 관한 복음이다. 마가복음에 대한 히에라폴리스의 주교 파피아스(AD 60-130)와 교부들(이레니우스, 알렉산드리아의 클레멘트, 오리겐, 제롬, 무라토리안 정경)의 증언을 참고해 볼 때, AD 58-60년경에 마가 요한(참고. 행 12:12, 25; 13:13; 15:37-39; 골 4:10; 몬 24; 딤후 4:11; 벧전 5:13)이 로마에 있던 성도를 위해 기록한 복음서이다(참고. 로마식 표현인 12:42의 '렙돈, 고드란트'와 15:16의 '브라이도리온' 그리고 15:21의 구레뇨 시몬의 아들인 루포[비교. 롬 16:13]).[36] 2세기 중반 순교자 저스틴이 『트리포와의 대화』 106.3에서 언급하고 있는 『베드로의 회고록』은 마가복음 3:16-17을 포함한다. 마가는 유대인의 관습을 로마의 성도를 위해서 설명한다(7:35; 14:12; 15:42). 마가는 19% 분량을 예수님의 공생애 중 마지막 고난을 언급하는데 할애하지만, 예수님의 탄생은 언급조차 하지 않는다. 참고로 마태복음은 마가복음의 약 92%와 일치하고, 누가복음은 약 48% 일치하며, 마태복음과 누가복음을 합하면 마가복음의 약 95%와 일치한다. 마가복음의 기록 목적과 관련하여, 제자도의 본질을 가르치려는 목회적 목적, 제자들을 훈련시켜 어떻게 자신의 사역을 이어가게 하셨는가를 보여주는 선교훈련적 목적, 십자가에 죽으신 예수님이 어떻게 하나님의 아들이 되셨는가를 보여주는 변증적 목적, 로마 황제가 아니라 예수님이 하나님의 아들이자 구세주이심을 보여주는 반제국적 목적을 가지고 있다.[37]

---

36) 참고. M.L. Strauss, *Mark* (ZECNT: Grand Rapids: Zondervan, 2014), 29-32. ZECNT시리즈는 성경 각장의 문학적 구조와 번역을 적절히 제공한다.

37) 참고. 쾨스텐버그 외, 『신약개론』, 307-308.

## 구조

| 1:1–8:26<br>권능의 메시아로서의 하나님의 아들 | | | 8:27–16:8<br>고난당하는 종으로서의 하나님의 아들 | | | 16:9–20<br>결어 |
|---|---|---|---|---|---|---|
| 1:1–13 | 1:14–3:35 | 4:1–8:26 | 8:27–10:52 | 11:1–13:37 | 14:1–16:8 | |
| 광야 | 갈릴리 사역 | 갈릴리 및 주변 사역 | 예루살렘 노정 중 사건 | 성전에서의 사역 | 죽으심과 부활 | |

## 특징

- 마가는 여러 기적들(1:44; 5:43; 7:36; 8:26), 악령 축출(1:25, 34; 3:12), 예수님을 메시아로 믿는 베드로의 고백(8:30), 예수님의 변형(9:9) 등을 비밀로 하셨음을 강조한다(참고. 마 12:16). 이런 비밀 명령에는 예수님의 정체성을 정확하게 고백하지 못하는 것을 예방하는 차원이 있다. 따라서 W. Wrede(1901)처럼 예수님은 메시아이심을 가르친 적 없고, 제자들은 주님의 부활 이후에야 메시아로 믿게 되었다고 볼 이유는 없다.[38)]
- 예수님 주변에 군중이 있었음을 거듭 강조한다(2:2; 3:20; 4:1; 5:21; 8:1 등). 군중은 종교 지도자처럼 상습적으로 예수님을 대적하지 않고, 예수님을 열심히 쫓아다닌다. 하지만 군중은 제자들처럼 예수님의 사역에 쉽게 합류하지도 않기에 믿음은 별로 없었다.
- '즉시'(εὐθέως)에 해당하는 헬라어가 41회 등장하여(막 1장에만 11회 등장함) 사건의 긴박성을 강조하는 '행동의 복음서'로 불릴 만하다(마태복음에는 18회 사용됨). 따라서 주님의 능력 행하심보다 가르침이 차지하는 비율은 상대적으로 낮다. 마가복음 12:1에는 동작 6개가 속사포처럼 신속히 일어나는데, 이런 현상은 행동의 복음서에 어울린다. '즉시'와 더불어 접속사 '그리고'도 자주 사용되어 사건이 다음 장면으로 넘

---

38) Contra 한스 콘첼만, 『신약성서신학』, 244.

어간다(1:16, 18, 21, 23, 29, 40; 2:1, 13, 14, 15 등).

- 예수님의 여러 감정들이 다른 복음서보다 자주 등장한다(1:41; 3:5; 6:6, 31; 10:14, 21; 11:12; 13:32; 14:33). 마가복음 14:33-34는 전치사가 붙은 강조형 단어 2개(ἐκθαμβέω, '심히 괴로워하다', περίλυπος, '매우 괴로운')를 사용한다.
- 예수님이 미래의 사역을 위해서 제자들을 준비하신 것을 특별히 주목한다(막 8-10).
- 마가복음 전체의 5분의 2가 예수님의 마지막 한 주간의 고난을 위해 할당된다. 긴박하게 진행되어 온 이야기가 마지막 3장에서는 천천히 진행된다. 이런 현상은 아마도 1차 독자인 네로에 의해서 (간헐적으로) 박해 받던 로마 성도를 위로하기 위한 목적으로 볼 수 있다. 마가는 로마 성도가 익숙하지 않았던 아람어 표현을 헬라어로 번역한다. 그리고 로마 성도를 염두에 둔 채 마가는 마태복음의 유대적 색채를 생략한다. 예를 들어, 마가복음 13:18에서 마태복음에 있는 '안식일'을 생략하고, 수로보니게 여인 기사에서 이스라엘의 잃어버린 양에게 보냄을 받았다는 진술도 생략하고(7:24 이하), 마태복음 5:18의 율법의 일점일획과 같은 율법의 영속적 효력을 언급하지 않는다. 마가는 율법에 관한 근본적 논의를 생략한다.[39]
- 기적 이야기가 많이 등장하고, 이 경우 점층적 기법을 가지는 경우도 있다. 마가복음 4-5장이 좋은 예다. 마가복음 4:35-41에 예수님이 사나운 바람과 바다를 잠잠하게 하신다. 뒤따르는 5:1-20에는 폭풍을 통해서 역사한 사탄이 거라사인의 지방에 있던 사람을 괴롭힌다. 하지만 12제자를 무섭게 만들기 위해 일어난 사나운 바람과 바다를 잠잠하게 하셨던 예수님은 곧 사나운 마귀도 잠잠하게 하신다. 그리고 뒤 따르는 5:21-43에는 주님이 열 두 해를 혈루증을 앓던 여인을 고치신 후, 회당장 야이로의 죽었던 12살 된 딸을 살리심으로써 죽음까지도 정복하시는 무한하신 능력을 보여준다. 예수님이 바다의 폭풍이라는 자연을 다스리시는 장면에서 출발하여, 마귀의 권세를 제압하시고, 사람들을 치유하신 후, 사망을 이기시는 장면으로 발전한다. 하나님 나라는 사탄의 위협과 방해 공작을 뚫고, 악령을 쫓아내어 사람을 온전히 하고, 질병을 치료하며, 죽은 자를 살리는 곳에 임한다.

---

39) 참고. 도널드 거스리, 『신약서론』, 50, 58. 마가복음이 이집트에서 기록되었다는 크리소스톰의 주장은 설득력이 없다.

• 사탄을 능가하는 주님의 사역이 강조된다(1:21-28 등).[40)]

• 수사학적 기법이 돋보인다:

-예고: 마가복음 3:9의 배는 4:1에서야 필요함.

-이중진술: 더 명확한 표현으로 다시 진술하는 기법으로, 두 가지 예는 '저물어 해질 때'(막 1:32), '때가 찼고 하나님 나라가 가까웠으니'(1:15).

-삽입: 마가복음 6:7-13에서 예수님은 제자들에게 권세를 주시며 복음을 전하라고 명하신다. 마가복음 6:14-29에서 세례 요한의 처형사건이 언급된다. 그 다음 마가복음 6:30에서 제자들이 전도보고를 한다. 삽입된 14-29절은 제자들로 하여금 순교할 각오를 하도록 한다. 이런 삽입 기법은 3:21(예수님의 가족 방문)과 3:31-35 사이, 5:22-24(회당장 야이로의 딸을 고침)와 5:35-43 사이, 11:12-14(열매 맺지 못한 무화과나무 저주)와 11:20-21 사이에도 나타난다.[41)]

• 갈릴리가 지리적 중심이다. 마가복음 9장까지 갈릴리가 중심이며, 주님은 부활 후에도 갈릴리로 가서 제자를 만나겠다고 약속하신다(막 16:7).

• 제자들의 실패가 강조되고(4:13; 6:52; 8:17; 9:10, 32; 10:37-38; 14:32-41, 43-45, 50, 66-72), 예수님과 종교 지도자들 사이의 갈등과 대조가 나타난다. 예를 들어, 마가복음 14:43-65에 예수님과 제자들 및 종교 지도자들 사이에 여러 대조가 나타난다:[42)]

-이 단락에서 예수님과 가룟 유다만 실명으로 거론되지만, 예수님을 군병들에게 넘겨준 후 유다는 결국 무대에서 사라진다. 왜냐하면 마가복음은 '하나님의 아들, 예수님의 복음'이기 때문이다(1:1).

-고난의 겟세마네 동산에는 결국 예수님 혼자 남게 되셨다. 목자를 치면 양들이 흩어질 것이라는 스가랴 13:7이 성취된다. 제자들은 예수님을 따르기 위해서 부모와 집을 떠났지만(1:18,20), 이제 그들은 예수님을 버리고 떠난다.

---

40) 참고. 송영목, "사탄: 시험하는 자, 미혹하는 영,"『그 말씀』(2011년 10월 호), 11-23.

41) 참고. 포웰,『신약개론』, 146.

42) 참고. D.E. Garland, *Mark* (NIV Application Commentary; Grand Rapids: Zondervan, 1996), 544-548, 565-572.

–예수님은 성전을 '강도의 소굴'로 비판하셨는데(11:17), 성전 경비병들은 칼과 나무 곤봉으로 무장한 채 예수님을 '강도'(ληστή, 혁명가)처럼 체포한다(14:48).

–군병들은 예수님께 손을 대어 체포하지만(46절), 예수님은 손을 대어 병자를 치유하셨다(5:23; 6:5). 군병들은 어두운 밤에 겟세마네 동산에서 예수님을 체포했지만, 예수님은 공개적으로, 자유롭게, 낮에 성전에서 가르치셨다. 그들은 어둠의 자식이지만, 예수님은 세상의 빛이시다.

–어떤 청년이 군병에게 잡히자 겁에 질려 겉옷에 해당하는 베 홑이불을 버리고 나체로 어둠 속으로 도망쳤다(51–52절; 참고. 암 2:16). 하지만 예수님은 군병들에게 잡히시고, 옷이 벗겨지시고, 십자가에 달려 어둠 속에서 돌아가셨다.

–참 선지자이신 예수님은 이미 종교지도자들과 로마 군병에게 넘겨져 고난을 받으실 것(10:33–34), 제자들이 자신을 버릴 것(14:27), 그리고 베드로가 부인할 것(14:30)을 예언하셨고 그대로 이루어졌다. 하지만 대제사장 가야바는 거짓 증인들을 동원했기에, 그들의 진술은 불일치했다(55–57절).

–예수님은 머리가 덮인 채 보지 못하시며, 맞으시고, 조롱을 당하셨지만 모든 것을 올바로 보시며 판단하셨다(65절). 그러나 유대인들은 증오에 사로잡혀 눈이 먼 사람들이었다.

–대제사장은 한 밤 중에 산헤드린을 소집하여(23명이 회의 성립을 위한 정족수) 거짓과 불법적으로 사형이라는 최고형을 미리 결정해 놓고(14:1) 예수님을 재판하지만(참고. 시 37:32; 39:9), 예수님은 하나님 우편에 앉으셔서 세상을 공의롭게 심판하신다(62절). 그리고 주님은 하늘 구름을 타고 오셔서 대제사장과 같은 악인을 심판하실 것이다(참고. 시 110:1; 단 7:13).

–"네가 찬송 받을 이의 아들 그리스도냐?"라는 대제사장의 질문에 예수님이 '나다'(ἐγώ εἰμι)라고 대답하시자(62절), 대제사장은 우발적인 감정의 폭발이 아니라 신성모독이라는 판결을 내리는 표시로 속옷들(제사장이 입은 속옷 두 개, 유대고대사 17.136)을 찢었다(63절). 그러나 그가 찢어야 했던 것은 회개하기 위한 마음이었다.

–거짓 증인들은 예수님이 성전을 헐 것이라고 주장했지만(58절; 참고. 13:2), 예수

님 자신은 종말론적인 참 성전인 신약 교회를 세우실 것이다.

–종교 지도자들은 예수님이 신성모독을 저질렀다고 비난하지만(64절), 정작 그들이 하나님의 아들, 생명의 주님을 정죄하고 죽여 신성모독을 저질렀다.

- 베드로가 처음(1:16)과 마지막(16:7)에 언급되어, 마가복음이 베드로의 증언에 기초해 있음을 암시한다(참고. 막 5:37; 8:29; 9:5, 11:21). 아마도 마가는 사도행전 10:34–43의 베드로의 설교에 나타난 청사진을 따라 예수님의 생애를 묘사하는 것 같다. 초기 교회는 마가복음을 예수님에 대한 베드로의 기억을 옮긴 책으로 간주했는데, 따라서 마태가 마가복음을 참고했다는 가정은 전혀 부당한 것은 아니다. 마태와 달리 마가는 신앙 고백을 올바르게 했던 베드로에게 주님이 칭찬하신 것을 언급하지 않는다(막 8:29; 비교. 마 16:17).
- 마가복음 1장과 16장은 병행을 이룬다. '악령'은 막 1:23, 26, 27, 32, 34와 16:9와 17절에, '내어쫓다'는 1:34와 16:17에, '믿으라'는 1:15와 16:13, 14, 16에, '세례'는 1:4, 5, 8, 9와 16:16에, '전파하다'는 1:4, 7, 14와 16:15, 20에, '복음'은 1:14, 15와 16:15에 등장한다. 다수 사본이 증거하듯이, 마가는 1장에 있는 내용이 중요하기 때문에 마지막 16장에서 다시 반복하고 확인하고 있다. 이런 현상은 다른 복음서들에서도 볼 수 있다. 마태복음은 임마누엘, 누가복음은 예루살렘 성전, 요한복음은 잔치(가나 혼인잔치, 갈릴리 바다에서 식사)로 시작하고 마친다.

## 내용

1장은 세례 요한의 활동과 예수님의 세례 받으심과 시험 받으심, 그리고 갈릴리 사역 중 축귀와 치유 사역을 다룬다. 2장은 치유 사역, 레위를 제자로 부르심, 그리고 금식과 안식일에 관한 교훈을 다룬다. 3장은 안식일에 행한 치유, 12제자를 세우심, 바알세불 논쟁, 예수님의 참 가족을 다룬다. 4장은 네 가지 땅에 떨어진 씨, 스스로 자라나는 씨, 겨자씨, 바다를 잠잠케 하심을 포함한다. 마가복음에만 등장하는 내용은 다음과 같다: 스스로 자라나는 씨 비유(4:26–29), 귀먹고 말 더듬는 사람 치유(7:31–37), 벳세다의 맹인 치료(8:22–26), 소금에 관한 말씀(9:49–50), 알몸으로 도망간 청년(14:51–52). 5장은 거라사의 악령들린 자와 혈루증 여인의 치유 그리고 다른 병자들의 치유와 백부장 야이로의 딸의 부활을 소개한다. 주님의 치유와 기적은 더 강도가 세어지므로 점층적으로 소개된다. 6장은 고향에서 거절당하심과 12제자의 파송, 세례 요한의 죽음, 제자들의 전도 보고를 다룬다. 그리고 오병이어 기적과 물 위를 걸으심, 치유를 다룬다. 7장은 주님이 손을 씻는 정결법에 대한 장로의 유전을 비판하시는 장면과 수로보니게 이방 여인의 믿음, 병자 치유를 다룬다. 1-23절의 정결법에 대한 논쟁 다음에 이방 수로보니게 여인의 믿음을 배치함으로써(24-30절) 바리새인의 불신앙과 이방 여인의 신앙을 대조시킨다. 따라서 마가는 이방인이 개종할 때 정결법을 더 이상 요구할 수 없음을 감지하고 있다.[43] 8장은 사천 명을 먹이시고, 바리새인의 누룩을 주의할 것, 맹인 치유 및 베드로의 신앙고백과 고난 예고를 소개한다. 예수님의 죽으심에 대한 예언은 9장과 10장에도 이어진다. 9장은 변화산, 악령들린 자 치유 그리고 죽음과 부활 예고를, 10장은 이혼, 재물, 죽음과 부활에 대한 세 번째 예고, 소경 바디매오 치유를 소개한다. 10:42는 장차 있을 마가공동체를 향한 로마의 박해를 염두에 두는 것 같다. 왜냐하면 예수님께서 민족들을 다스리는 로마의 교만한 권세를 비판하기 때문이다.[44] 11장은 예루살렘 입성, 성전 청결, 무화과나무가 마름, 예수님과 유대인 사이의 점증하는 갈등을 다룬다. 12장은 포도원 농부 비유, 세금, 부활 논쟁, 사랑의 계명, 서기관에 대한 책망, 서기관에 의해서 무시당하던 과부의 헌금(참고. 마 23:14)을 다룬다. 13장은 감람산강화를, 14장은 주님을 죽이려는 음모와 가룟 유다의 배반, 유월절 식사와 성찬식 제정, 베드로의 부인 예고와 겟세마네 기도와 체포와 산헤드린 재판을 다룬다. 14:1-2는 대제사장들과 서기관들이 예수님을 죽이려는 음모를 다루며, 14:3-9는 베다니에서 한 여인이 예수님에게 기름을 붓는 장면이고, 14:10-11은 가룟 유다의 배반 음모를 다룬다. 따라서 예수님을 죽이려는 음모(14:1-2)와 배반(14:10-11) 사이에 기름 부음이 위치하여(14:3-9) 음모가 성공할 것이라는 힌트를 독자들에게 준다. 15장은 빌라도의 심문과 사형선고, 죽으심과 부활을, 16장은 막달라 마리아에게 현현하심과 복음 선포 당부와 승천을 다룬다.

---

43) 레이몬드 E. 브라운, 『신약개론』(CLC, 2003), 223.
44) 참고. 브라운, 『신약개론』, 255.

## 결론

마가복음은 복음서 장르를 새로 시작하고, 이 장르는 예수님에 관한 최초의 서술로서 역할을 한다. 베드로의 영향을 받은 마가는 예수님의 고난과 죽음에 초점을 맞춘 예수님의 천국 사역을 소개한다. 로마교회가 마가복음의 1차 독자이지만, 이 복음서는 더 넓은 지역으로 전파되었을 것이다.

지도로 보는 예수님의 생애

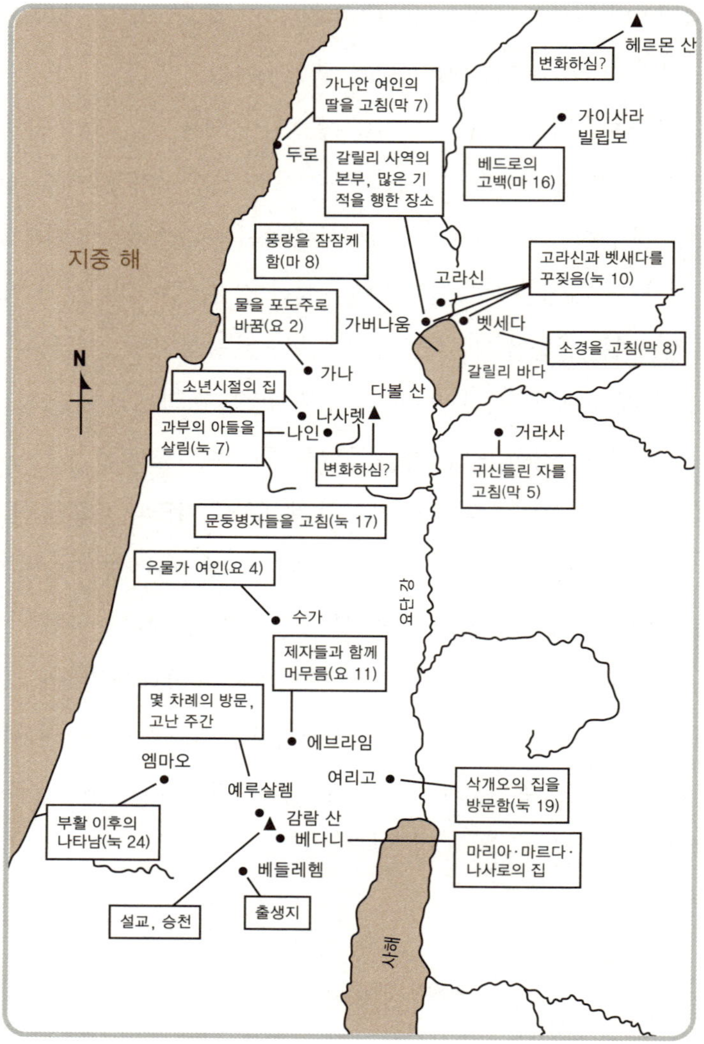

## 누가복음

초기 교회의 전승과 사도행전과의 유사성은 저자를 바울의 동역자인 의사 누가로 보도록 한다. AD 2세기로 추정되는 '무라토리 정경'은 다음과 같이 기록한다: "누가에 의한 세 번째 복음서. 누가는 바울이 여행 중에 전문가로서 함께 데리고 다닌 자로서(참고. '우리 본문', 행 16:10-17 등), 그리스도께서 승천하신 이후에 자신의 이름으로 자신이 이해한 대로 이 책을 저술했다. 그는 물론 주님을 육적으로는 보지 못했으므로 그 이야기를 요한의 출생으로부터 자신이 얻을 수 있는 한도 내에서 말하고 있다"(행 3-8). 역사가이자 구원신학자인 누가가 시리아 안디옥에서 왔다는 주장을 처음 한 사람은 유세비우스다(교회사 2.4.6). 이것이 사실이라면, 누가복음은 바울의 선교 여행의 출발점이었던 시리아 안디옥에서 기록된 것 같다. 누가복음과 사도행전을 합한 분량은 신약의 27.5%나 되는데,[45] 바울 서신 전체를 합한 것 보다 4%가 더 많다. 일차 수신자 그리고 출판 후원자는 데오빌로이지만, 시리아 안디옥의 이방인 그리스도인 중심의 수신자들을 위해 AD 60년대 초에 기록된 것으로 보인다.[46] 누가복음 21장의 감람산강화는 AD 70년 사건 이후에 돌 성전의 파멸을 회고한 예언(*prophetia ex eventu*)이 아니다.

1차 독자는 기독교로 개종한지 얼마 지나지 않은 고위 관료인 데오빌로(Θεόφιλος)이다. '하나님을 사랑하는 자'라는 이름의 뜻 때문에, 데오빌로를 실제 인물이 아니라 성도를

---

45) 눅 4:38의 '열병' 이외에도 의사 누가는 의학적 용어를 여러 차례 사용한다(예. 나병이 번진 한 남자, 눅 5:12; 여자의 출혈이 멈추었다, 눅 8:44; 혼이 떠나다, 행 5:5; 12:23; 일어나 앉다, 눅 7:15; 행 9:40). 이를 근거로 Ellis, Geldenhuys, Rigaux, Harrison, Mariani, Moffatt, Zahn, Harnack, Guthrie는 의사 누가의 특성이 잘 나타난다고 본다. 하지만 이를 반대하는 이들은 누가가 마가보다 더 풍부한 헬라어 소양을 가지고 있다는 증거일 뿐이며, 이런 용어들이 다른 책에서도 발견된다고 본다. 그리고 Leon-Dufour, Feine-Behm 등은 누가복음이 바울 신학과 유사하기에 예. 보편주의, 눅 4:27; 24:47; 믿음에 대한 강조, 8:12; 18:8; 죄인에 대한 하나님의 사랑, 15:1 이하; 기쁨의 복음, 2:10; 10:20; 구원, 19:9 등) 바울의 제자가 기록했다고 본다. 그러나 이런 신학적 유사성은 성경의 통일성에서 볼 때 놀라운 일이 아니다.

46) 유대인과 이방인이 혼합된 공동체로서 특히 전도에 열심을 낸 누가공동체에 대해서는 마크 포웰, 『누가복음 신학』(기독교문서선교회, 1999), 63-85를 참고하라. 참고로 누가복음의 40%인 410절은 마가복음과 일치하는데, 누가가 마가복음의 담긴 베드로의 증언을 존중한 것 같다. 참고. D.E. Garland, *Luke* (ZECNT; Grand Rapids: Zondervan, 2011), 24.

가리키는 별명으로 보는 견해가 있다. 하지만 그는 실제 인물인데, 성도를 데오빌로의 직책인 '각하'라고 부르는 것은 어색하고 복음서의 독자를 실명 대신 상징적 표현으로 밝힐 이유가 없기 때문이다. 우리는 누가복음에 기록된 사건과 말씀들을 예수님의 공생애 기간인 AD 30년 무렵의 배경에서 먼저 이해한 후에, 누가가 1차 독자인 데오빌로에게 전달하고자 하는 내용을 저작 시기인 AD 60년대 초의 배경 속에서 살펴보아야 한다. 유세비우스는 사도행전이 바울의 로마 재판 이전에 기록된 것으로 보았다(61-62년). 이것이 사실이라면 사도행전의 전편에 해당하는 누가복음은 후속편인 사도행전보다 이전 시대인 AD 61년 이전에 기록되어야 한다.

## 구조

| 구분 | 범위 | 내용 |
|---|---|---|
| 1:1-4:13 서론 | 1:1-2:52 | 예수님의 탄생 및 유아기 이야기 |
| | 3:1-4:13 | 예수님의 소명 및 준비 |
| 4:14-9:50 갈릴리에서의 예수님 | 4:14-5:39 | 나사렛과 가버나움에서 첫 사역하시는 예수님 |
| | 6:1-9:17 | 비유, 가르침, 논쟁과 더불어서 나타나는 기적 |
| | 9:18-50 | 베드로의 신앙고백과 변화산 |
| 9:51-19:27 예루살렘으로 가시는 도중의 예수님(누가복음의 38% 분량을 차지함) | 9:51-10:24 | 승천 언급 및 72제자의 사역 |
| | 10:25-16:31 | 많은 가르침과 비유 |
| | 17:1-19:27 | 몇 가지 기적 |
| 19:28-24:53 예루살렘에서의 예수님 | 19:28-48 | 왕으로[47] 예루살렘에 입성하심 |
| | 10:45-21:38 | 성전 청결 및 선지자적인 강화 |
| | 22:1-22:46 | 주님의 만찬의 제정 및 겟세마네 |
| | 22:47-23:25 | 체포와 재판 |
| | 23:26-24:53 | 처형, 죽음, 부활, 승천 |

## 목적[48]

- 초신자인 데오빌로 각하가 배운 바가 확실함을 확인시키려고(1:1-4).
- 이스라엘이 인자이신 예수님을 거부한 것과 이방인(예. 데오빌로)이 하나님 나라에 들어온 것이 하나님의 구원 계획임을 이해시키려고.
- 예수님이 (유대인의) 종말에 대해 가르치신 것을 분명히 하려고(21:5-38).
- 누가복음을 처음 읽던 자(들)로 하여금 로마 제국을 두려워하지 않도록 만들려고. 총독 빌라도는 예수님을 석방시키려고 했으며, 사도행전에서는 로마 권세가들도 바울을 구출하려고 도왔다(행 16:22-39; 19:31).

## 특징

- 4복음서 중에서 가장 문학적이다(참고. Mark Powell과 Robert Karris는 누가를 '문학적 예술사'로 부름). 누가는 헬라어의 대가로 보인다: 관사가 있는 부정사의 사용, 부사 πριν(이전에)이 사용된 가정법과 기원법(2:26), 간접 의문문에서 관사 사용.
- 예수님의 비유 중 18-20개는 오직 누가복음에만 나타난다(예. 눅 15장 탕자비유; 16장의 불의한 청지기 비유와 부자와 나사로 비유; 19장의 은 열 므나 비유).
- 성령님의 사역을 자주 강조한다(1:15, 35, 41, 67; 2:25, 26, 27; 3:22; 4:1, 14, 18; 10:21; 11:13; 12:10, 12; 24:49). 세례 요한과 예수님의 탄생 기사에부터 등장하는 성령님은 종말이라는 새 시대의 징표이자, 박해 중에 있던 교회로 하

47) 예수님은 눅 19장에서 계속해서 왕으로 소개된다: (1) 눅 19:12 이하에서 예수님께서 말씀하신 왕위를 받으려고 멀리 떠나는 귀인의 비유에서, 그 귀인은 바로 예수님 자신을 가리킨다. (2) 19:30의 아무도 타보지 않은 나귀새끼는 구약(민 19:2)에서도 왕이신 하나님을 위해 구별되어 드려질 짐승은 흠 없고 멍에를 메어 보지 않은 짐승이다. (3) 19:31의 "주가 쓰시겠다 하라"는 명령은 아무나 할 수 있는 명령이 아니다. (4) 19:36의 무리가 옷을 바닥에 깔아서 예수님과 나귀가 지나도록 하는 것은 왕하 9:13과 비교해 보아야 한다. 엘리사가 선지자로 활동할 때 아합의 집을 심판하기 위해 왕으로 기름부음 받은 예후가 왕으로 즉위 할 때도 사람들은 옷을 깔고 나팔을 불며 "예후는 왕이라"고 외쳤다. (5) 9:38에서 제자들이 외친 "찬송하리로다 주의 이름으로 오시는 왕이여"도 왕이신 예수님을 강조한다.

48) 참고. *ESV Study Bible* (Wheaton: Crossway, 2008), 1936-1937.

여금 이기도록 하시는 분이다.[49]

- 천사들을 20회 이상 사용함으로써 예수님의 신성을 강조하는 경향이 있다(1:11, 13, 18, 26, 30, 35, 38; 2:15, 21; 22:43; 24:23 등).
- 이사야 53장과 40-66장을 빈번히 인용하면서 그리스도의 구속 사역을 강조한다(22:37; 24:27, 44, 46).
- 누가는 세계 역사와 구속사를 연결시킨다(2:1-2; 3:1). 여기서 반로마적 메시지를 찾을 수 있다. 누가복음 2장의 아우구스투스 황제(BC 27-AD 14; 눅 2:1)와 예수님을 비교해 보자. 팔레스틴에 호적을 하라고 명령했던 아우구스투스는 옥타비안 황제이다. 그가 태어났을 때 사람들은 '구세주'라고 부르면서 축하했고, 그의 출생 소식은 로마의 원로원과 귀족에게 먼저 알려졌다. 아우구스투스는 '존귀하다'라는 뜻인데, 그는 *Pax Romana*를 슬로건으로 내걸고 제국의 행정과 재정을 면밀히 살피면서 광대한 제국을 비교적 성공적으로 다스렸다. 그는 '대제사장'이라는 호칭을 취하고 황제를 신의 반열에 올려놓았다. 하지만 섬기러 오신 겸손한 왕이신 아기 예수님은 궁전이 아니라 구유에 누워계신다. 주님은 가장 존귀하신(아우구스투스) 메시야이시고 하나님의 아들이시며 대제사장이시다. 주님은 택한 백성을 한 사람도 빠짐없이 다 아시고 직접 생명책에 호적해 두셨다. 예수님이 이 세상에 태어나시자 하늘에서는 천군천사가 찬양한다. 천사가 노래한 평화는 아우구스투스처럼 무력으로 내란을 종식시킨 후에 오는 평화가 아니라, 죄인과 하나님 사이의 화목을 가리키는 평화이다. 주님은 *Pax Christi*를 대속의 피로 이루셨다. 이처럼 누가복음 2장에서 만왕의 왕이신 예수님과 로마 아우구스투스 황제 사이의 소리 없는 대결이 나타난다. 궁전에서 '구세주'라는 호칭을 들으면서 태어나서, 귀족에게 먼저 출생 소식이 알려진 아우구스투스였다. 반면에 구유에서 태어나시고, 천한 목자에게 먼저 출생 사건이 계시되었으나, 이스라엘의 구주로 오신 예수님이시다. 두 왕의 탄생이 얼마나 대조적인가! 아우구스투스는 41년간 다스리다가 아내의 품에서 죽었으나, 예수님은 '오늘도'(2:11) 우리의 구주요 평화의 왕이시다. 공관복음서 기자들 중 누가만 '구원'이라는 명사를 사용한다

---

49) Contra 한스 콘첼만, 『신약성서신학』, 259.

(1:69, 71, 77; 2:30; 3:6; 19:9).

- 예수님의 예루살렘을 향한 움직임을 강조하는 특별한 단락이 있다(2:22-40, 41-51; 9:51-18:14; 19:41-44; 24:1-43, 49). 예루살렘으로 가시면서(여행 보도, 9:51-19:27) 고난 당하실 메시아 예수님은 제자도에 대해 가르치신다.[50)]
- 사회적 약자(세리, 사마리아인 포함), 여인(엘리사벳, 안나, 마리아, 마르다 등), 그리고 아이들에 대한 예수님의 관심이 강조된다(1:53; 4:18; 6:20-21, 24-25; 10:29-37; 12:16-21; 17:11-19; 18:22; 19:2; 21:2).
- 데오빌로와 같은 이방인도 구원의 계획 속에 포함되어 있음을 강조한다(예. 백부장, 7:2-10; 23:47).
- 예배와 기도를 강조한다(1:8; 3:21; 5:16; 6:12; 9:18, 28; 11:1-4, 5-8; 18:1-8, 9-14; 21:36; 22:32, 40, 44-46; 23:46-47; 24:53). 예수님의 기도는 9회가 등장한다. 기도하고 하나님의 뜻을 행하신 예수님은 제자들의 본이 되신다.
- 출애굽 주제가 중요하다(1:73-74; 9:31). 예수님의 죽으심과 부활과 승천이라는 가장 위대한 출애굽 사건은 교회에게 새 출애굽을 주셨다. 주님의 승천 이후 예루살렘에 머물며 성령 세례를 받고 난 후 제사장 나라로서 선교에 힘썼던 교회는 새 이스라엘이다.[51)]
- 식사에 대한 언급이 19회 등장하는데, 그 중 누가복음에만 등장하는 것이 많다(1:53; 5:30; 7:34, 44-46; 14:7-11, 12-14, 15-24; 15:1-2, 25-32; 16:19-30; 22:27). 식사 자리는 치유(9:11-17), 환대(10:5-7), 교제(13:29), 용서(7:36-50), 예언적 가르침(11:37-54), 화해(15:23; 24:30-35)의 현장이다.
- 누가복음 1-2장은 예수님의 유아기와 유년기에 대한 정보를 제공한다.

50) 누가복음의 제자도에 관해서는 프랭크 J. 매이트라, 『신약윤리학』(CLC, 2014), 제 3장을 보라.
51) 한스 콘첼만, 『신약성서신학』, 261.

## 주요 메시지

### 풍성한 찬송들

누가복음 1-2장에 마리아(1:46-55), 사가랴(1:67-79), 천사들의 찬송(2:14), 시므온의 찬송(2:28-32)이 기록되어 있다. 기쁨의 어조가 많이 내포된 이 찬송들에 신분과 운명의 역전 사상이 강하게 나타난다(1:48, 51-53; 참고. 4:18; 6:20-26). 좁게는 누가복음 1-2장의 4찬송, 넓게는 누가복음 전체가 새출애굽 주제를 강하게 가진다. 누가복음 1-2장의 출애굽적 해석은 우리가 새로운 모세이시며 여호수아이신 예수님 안에서 더 영광스런 새로운 출애굽을 날마다 성령으로 경험하고 있음을 증명한다. 특히 시므온의 찬송에 나타난 이사야서 후반부와의 간본문성은 이사야가 (제 2의 출애굽인) 바벨론 포로 귀환을 소망하면서 예언한 예루살렘의 구속과 이스라엘의 위로와 영광이 예수님 안에서 성취되었음을 강조하기에 이것도 출애굽 주제와 관련된다.[52)]

### 약자를 위한 복음

이 사실은 특별히 누가복음 4:16 이하의 나사렛 회당의 선언에서 볼 수 있다. 가난한 자와 여자(7:7-17; 8:2-3; 14:21; 18:22; 21:2), 세리와 죄인(5:27-32; 7:28; 15:1-2; 19:7), 그리고 이방인에 대한 관심이 크다(2:10; 4:25-27; 7:9; 10:30-37; 14:23; 17:16; 참고. 행 1:8; 20:21). 참고로 누가복음 1-2장의 찬송을 부른 사람들과 배경에도 남녀가 동등하게 등장한다(그리고 4:27의 나아만, 36-38절의 시몬의 장모를 치유하심; 7:1-10의 백부장의 하인을 치유하심, 11-17절의 과부의 아들을 살리심 등).

### 인자를 통하여 하나님 나라를 이루신 성령님의 역할이 강조됨

인자이신(5:24; 6:5, 22; 7:34; 9:22, 44, 58; 12:8, 10, 40; 17:22, 24, 26,

---

52) 참고. 송영목, "누가복음 1-2장의 세 찬송이 한국교회의 찬송에 주는 함의," 『교회와 문화』 26(2014), 167-198. 참고로 '아베 마리아'(the Ave Maria)는 눅 1:42-45에 기초한다. 한국 교회는 성부 하나님의 존귀와 위엄, 그리스도의 구속의 은혜, 그리고 성령의 역사와 도우심이 포함되는 새 노래를 불러야 한다.

30; 18:8, 31, 32; 19:10; 21:27, 36; 22:22, 48, 69; 24:7)[53] 예수님의 사역과 하나님 나라의 도래(1:33; 4:43; 6:20; 8:1, 10; 9:2, 11, 27, 60, 62; 10:9, 11; 11:2, 20; 12:31, 32; 13:18, 20, 28, 29; 14:15; 16:16; 17:20, 21; 18:16, 24, 25, 29; 19:11, 21:31; 22:16, 18, 29, 30; 23:42, 51)는 성령님의 사역이다(3:22; 4:1, 18; 11:13; 12:12; 참고. 행 10:38).[54] 누가복음의 기독론적 성령론적 메시지는 성령론과 교회론이 연결되는 사도행전과 비교하며 읽어야 한다(행 2:1-4; 8:14-17; 10:44-48; 19:1-7). 성령론과 관련된 것으로 예수님과 제자들의 기도(1:10; 2:37; 3:21; 5:16, 33; 6:12, 28; 9:18, 28, 29; 11:1-4, 9; 18:1, 7, 10, 11; 22:32, 39-46)와 기쁨도 강조된다(1:14, 44, 47, 58; 2:10, 14; 3:22; 6:23; 10:17, 20, 21; 13:17; 15:7, 10, 32; 24:41, 52; 비교. 22:5; 23:8; 참고. 행 2:28, 46; 13:52).

### 예루살렘의 중요성

예수님이 광야에서 시험받으신 순서에서 마지막은 예루살렘 성전에서 뛰어내리는 것이다(4:9). 누가복음의 중간에 위치한 누가복음 9:51이 내러티브의 전환점이다(참고. 19:28). 돌 성전으로 시작한 복음서(1:8; 2:22)는 예수님의 승천 후 예루살렘 성전에 모이는 제자들로 마친다(24:34, 47, 50-53).

### 특이한 변화산 사건

누가복음 9장의 변화산에서 모세와 엘리야는 예수님이 장차 예루살렘에서의 별세(ex-odus) 즉 예루살렘에서 죽으시고 부활하시고 승천하실 것을 말하고 있었다(참고. 막 9). 그런데 이 모습은 모세가 시내 산에서 율법을 받은 것과 유사한데 아래와 같은 병행들이 있다:

---

53) 누가복음에 약 24회나 언급된 '인자'는 예수님의 인성만 가리키지 않고, 전체 공성애를 총괄하는 호칭이다.

54) 누가복음처럼(눅 17:21) 사도행전에도 예수님과 하나님 나라는 밀접히 연결된다(행 28:23, 31). 누가복음에 '하나님 나라'는 39회나 등장한다. 참고로 하나님께로 돌아와서 마음과 행동을 돌이키는 '회개'는 눅 1:16-17, 5:32, 10:13-15, 11:29-32, 13:3-5, 15:3-32 등에 나타난다(참고. 7:36-50의 향유를 부은 여자 죄인, 18:9-14의 바리새인과 세리 비유, 23:40-43의 십자가에 달린 죄수).

• 누가복음 9:28은 '이 말씀들을 하신 뒤에 팔 일쯤 지나서'라고 말씀하지만, 변화산 사건을 다루는 마가복음 9:2에서는 '엿새 후에'라고 말하는데 출애굽기 24:16에 시내산에 영광의 구름이 머문 '6일 후'에 모세에게 말씀하신 것과 유사하다.

• 변화산에 베드로, 야고보, 요한이 예수님과 함께 올라가고 다른 제자들은 변화산 아래에 있었다. 이 3제자는 12제자를 대표한다. 시내산 사건의 경우 모세는 아론과 나답과 아비후 이 3명과 같이 올라갔다. 그리고 이스라엘의 70인 장로가 같이 올라가는데 그들은 이스라엘 전체를 대표했다.

• 시내산에 모세가 등장하듯이, 변화산에서도 모세가 등장한다.

• 변화산에서 예수님이 희게 빛나시듯이, 모세의 얼굴에도 광채가 있었다. 예수님이 빛나시는 것은 마치 불기둥 사이에서 빛난 하나님의 영광을 연상시킨다.

• 변화산에서 구름 속에서 "이는 내 사랑하는 아들이요 기뻐하는 자라"는 하나님의 음성이 났고, 시내산에도 영광의 구름으로부터 음성이 났고 모세가 들었다.

• 변화산의 제자들은 심히 두려워했고, 시내산에서도 모세와 일행들이 두려워했다.

그렇다면 왜 구약의 시내산 사건과 신약의 변화산의 사건 사이에 이렇게 유사한 점이 많이 있을까? '별세'(출애굽)라는 말과 연관지어 볼 때, 누가는 예수님은 '새로운 모세', '모세보다 더 크신 제 2의 모세'이심을 강조하기를 원한다. 모세가 십계명과 언약의 계명들을 받은 시내 산 사건은 출애굽 한 이스라엘이 애굽에서 나온 지 약 50일째 되던 오순절에 경험한 것이다. 하나님은 모세에게 계명을 주심으로써 구원 받은 백성이라면 하나님의 계명에 순종해야 함을 가르쳐 주셨다. 예수님이 장차 출애굽하실 것은 모든 성도가 새 출애굽을 주신 새 모세 예수님과 함께 죽고 살아나 영광스러운 하나님의 자녀로 변모할 것을 말씀하신다.

우리는 누가복음을 어떻게 적용할 것인가? 성도가 성령 충만한 예배와 기도를 통하여 인자이신 예수 그리스도께서 이루신 하나님 나라를 기쁨으로 누리며, 교회당 밖의 약자를 복음과 더불어 돌보는 것이다(참고. 10:25 이하의 선한 사마리아인의 비유). 그리고 기독론적 성령론을 정립하여, 유사 성령운동이나 신사도운동의 폐해를 줄여야 한다. 더불어 참된 복(1:42; 6:20-22; 7:23; 10:23; 11:27-28; 12:37, 43; 14:14, 15; 23:29;

24:50; 참고. 행 20:35)과 믿음과 통전적 구원의 관계(7:50; 8:48; 17:19; 18:42)도 주목해야 한다.

## 내용

1장은 세례 요한과 예수님의 수태고지, 언약과 출애굽 주제로 가득한 마리아의 찬송(the Magnificat)과 세례 요한의 아버지 사가랴의 찬송(the Benedictus), 2장은 예수님의 탄생과 제사장 시므온의 찬송(the Nunc Dimittis), 주님의 유아시절 사건을 다룬다. 1장에서 세례 요한의 출생 소개(58절), 할례와 이름 짓는 장면(59-66절), 결론(80절)이 설명되고, 2장에서 이와 같은 구조로 예수님의 탄생 장면(1-20절), 할례와 이름 짓는 장면(21절), 성전 정결예식 장면(22-27절), 결론(39-40절)이 소개된다. 이런 병행 구조는 세례 요한과 예수님의 위대함을 강조한다.[55] 3장은 세례 요한의 선포와 예수님의 세례 받으심과 족보가 소개되고, 4장은 시험 받으심, 나사렛에서의 거절당하심, 축귀와 시몬 장모 및 온갖 병자를 치유하심을 다룬다. 5장은 베드로를 부르심, 나병 환자 치유, 중풍 환자 치유, 레위를 부르심, 금식에 대한 교훈을, 6장은 안식일 논쟁과 12사도를 세우심, 평지설교를 소개한다. 7장은 치유와 나인성 과부 아들의 부활, 세례 요한의 제자들의 질문, 예수님에게 향유 부음을 다룬다. 7:16에서 예수님은 종말론적 선지자로 인정을 받으시는데(참고. 신 18:15), 누가는 예수님을 선지자로 몇 차례 더 소개한다(9:8, 19; 13:33; 24:19; 행 3:22-23; 7:27, 37; 26:23). 8장은 정착 제자들인 여 제자들, 씨 뿌리는 자 비유, 등잔대 비유, 하나님의 참 가족, 악령 들린 자 치유와 백부장 야이로의 딸의 부활을 다룬다. 9장은 12제자 파송, 오병이어, 베드로의 신앙고백(20절; 비교. 마 16:16; 막 8:29; 요 6:69), 죽음과 부활 예고와 변화산, 치유, 사마리아인이 예수님 일행을 거부한 것을, 10장은 제자 72명 파송, 회개하지 않는 자에게 임하는 심판, 제자들의 전도 여행 보고, 선한 사마리아인 비유, 마르다와 마리아를 다룬다. 11장은 기도와 바알세불 논쟁과 바리새인을 책망하심을, 12-13장은 주님의 여러 가르침과 치유를 다룬다. 14장은 안식일

55) 브라운, 『신약개론』, 347.

에 치유, 제자도에 대한 교훈, 15장은 100마리 중 1마리 잃은 양, 10드라크마 중 잃어버린 1드라크마, 두 아들 중 한 명의 탕자 비유를 점층법적으로 설명하고, 16장은 불의하지만 지혜로운 청지기 비유와 부자와 나사로 비유를 소개한다. 17장은 용서, 종, 사마리아의 나병 환자 치유, 하나님 나라이신 예수님을 소개한다. 18장은 강청하는 과부, 어린이와 하나님 나라, 죽음과 부활에 대한 예고를, 19장은 삭개오의 회심, 열 므나 비유, 예루살렘 입성과 성전 청결을 다룬다. 20장은 유대인들로부터 권세를 도전받는 예수님, 포도원 농부 비유, 세금과 부활 논쟁을, 21장은 과부의 헌금, 감람산강화를, 22장은 점증하는 갈등과 유월절 식사, 겟세마네 기도와 체포와 심문 당하심을 다룬다. 23장은 재판 받고 죽으시는 예수님을, 24장은 부활과 승천하신 예수님을 다룬다.

## 결론

누가는 데오빌로를 1차 독자로 삼아 예수님이 이방인을 포함하는 보편적인 구원을 가능하게 하신 분임을 소개한다. 이를 위해서 누가는 세상 역사와 하나님의 구속사를 연결하고, 구속사적으로 풀어간다.

## 요한복음

예수님의 애제자(beloved disciple) 요한은(13:23; 18:15-16; 19:34-35; 20:4, 8; 21:7, 21-23, 24) 예수님이 누구이신지 주로 표적을 통해 보여준 후 믿어 영생을 얻도록 하기 위해서 에베소에서 기록한 것으로 보인다(요 20:31). 즉 사도 요한은 예수님을 하나님의 아들이요 메시아로 믿어 현재적-미래적 영생을 심어 주기 위해서 기록했다. 요한복음은 불신자를 영생의 복음으로써 전도하고, 신자를 양육하기 위해서 기록되었다. 기록 연대는 60년대 중순 혹은 80년대로 보인다.[56] 요한은 사건의 목격자인데, 그는 공관복음에서 언급하지 않은 사람들의 이름을 정확히 기록한다(빌립과 안드레, 6:7 이하; 마리아, 12:3; 말고, 18:10). 오늘 날 학자들은 요한공동체가 요한복음을 기록한 것이라는 일종의 분파(sect) 이론을 제시한다. 이 가설은 1세기 말이나 AD 2세기 초에 회당과 대결하던 분파로서의 요한공동체의 이야기가 반영되었다는 것이다.[57] 하지만 예수님의 제자들(교회)과 모세의 제자들(회당; 요 9:28)의 대결과 회당에서 출교를 당한 일은 예수님 당시에 이미 있었다(요 9:22). 유세비우스의 '교회사' 3.1.1에 의하면, 요한은 유대-로마전쟁 무렵에 에베소로 이주하여 거기서 목회했다. 따라서 요한공동체는 요한복음의 저자가 아니라 1차 독자이며, 그들은 세상에 등을 돌리고 동떨어진 '분파'가 아니다. 요한복음의 1차 독자인 요한공동체는 사마리아인(요 4)과 헬라인(12:20-36)에게도 복음을 전해야 했다.

---

56) 요한은 예루살렘 성전 파괴 이전의 상황을 종종 언급한다: 2:6의 정결 의식, 7:37과 8:12의 장막 절기, 18:28과 19:31-42의 유월절 규정. 참고. 도널드 거스리, 『신약서론』, 235. Contra 요한복음의 최종 편집을 110년으로 보는 브라운, 『신약개론』, 482.

57) 예를 들어, DeSilva, *An Introduction to the New Testament,* 245. 그러나 초대 교회는 세상을 변혁시키는 하나님의 백성이지, 세상과 동떨어져 게토화된 분파가 아니다.

## 구조

**1:1-51**
**서론: 말씀이 육신이 되심**

| | | |
|---|---|---|
| **2:1-12:50**<br>**'표적의 책':**<br>**예수님이 행하신 표적** | 2:1-12 | 가나의 물을 포도주로 바꿈 |
| | 2:13-25 | 성전 청결사건 |
| | 3장 | 예수님과 니고데모 |
| | 4장 | 가나의 신하의 아들을 고침 |
| | 5:1-18 | 베데스다 연못가의 38년 된 병자를 고침 |
| | 6:1-14 | 오천 명을 먹이심 |
| | 6:16-21 | 물 위를 걸으심 |
| | 7-8장 | 초막절의 예수님 |
| | 9장 | 눈 먼 자를 치유하심 |
| | 10장 | 선한 목자이신 예수님 |
| | 11:1-46 | 나사로를 살리심 |
| | 12장 | 공생애 마지막 사건들 |
| **13-20장**<br>**'영광/승귀의 책':**<br>**예수님의 고난과**<br>**새 언약 공동체의 준비** | 13장 | 최후의 만찬 |
| | 14-17장 | 고별설교 |
| | 18-19장 | 예수님의 수난 |
| | 20장 | 부활과 현현 |

**21장**
**결론**

표적의 책은 목숨과 무관한 물을 포도주로 변화시키는 것으로부터 시작하여, 죽어가는 자를 살리고, 소경을 고치고, 죽은 자를 살리는 것으로 점차 강도가 세어지는 점층적 기법을 보인다. 이런 점층법적 기법은 예수님과 유대인들 사이의 점증하는 갈등과도 맞물려 있다. 7표적은 시공간을 초월하여 영과 육을 치료하고 부활의 권능을 주시는 예수님의 정체성을 보여준다. 그런 의미에서 표적의 책에도 예수님의 영광은 나타난다. 뒤따르는 영광/승귀의 책은 앞 단락의 표적의 책보다 더 분명하게 컬러판으로 예수님의 인격과 신분을 계시한다. 표적의 책은 크게 가나(Cana) 사이클(2:1-4:54)과 절기 사이클로 구분된다(5:1-10:42). 영광/승귀의 책은 고별강화(13-17)와 수난기사(18-20)으로 크게 나눌 수 있다. 표적의 책이건 영광의 책이건 간에 예수님이 영생을 주시는 하나님의 아들과 그리스도이심을 드러내는 방식으로 읽어야 한다.

요한복음을 예수님과 성령님 그리고 제자들에 의한 '새 창조'라는 관점에서 보면 구조는 아래와 같다:[58]

| 1:1-51 | 배경 | 성육하신 새 창조자 |
|---|---|---|
| 2:1-17:26 | 발전 | 하나님의 아들의 사역과 인격 안에서 새 창조가 전개되며, 제자들의 사역을 준비함 |
| 18:1-21:25 | 결론 | 새 창조에 대한 궁극적 증거는 성령이 제자들에게 부어지는 것 뿐 아니라 주님의 죽음과 부활에 있음 |

## 특징

- 예수 그리스도를 간결하면서도 심오하게 소개한다. 요한은 복음서 기자들 중에서 유일하게 예수님을 '하나님의 어린양'(ὁ ἀμνὸς τοῦ θεοῦ)이라 부른다(1:29). 이 호칭은 출애굽기 12장의 유월절 어린양의 성취로서, 예수님의 희생적 죄 사함 사역을 강조한다.
- 성부와 성자 간의 관계가 일관되게 등장하는데, 성자의 자기 계시는 성부를 반영한다. 성부로부터 보냄을 받은 아들은 여러 구절에 언급된다(3:17, 35-36; 5:19-26; 6:40; 8:35-36; 14:13, 21; 17:1). 요한은 성부를 무려 120회에 걸쳐 '아버지'라고 언급한다. 성부로부터 파송된 예수님의 놀라운 지식은 주님의 증언에서, 놀라운 능력은 표적에서 볼 수 있다.[59]
- 문체와 어휘가 간결하다. 참고로 요한은 공관복음 기자와 달리, 탄생기사, 주기도문, 변화산 사건, 성찬 제정, 이야기 형식의 비유, 축사(逐邪; 참고. 12:31), 감람산강화를 언급하지 않는다.
- 예수님이 다른 사람과 나누신 개인적인 대화가 몇 개 등장한다. 그리고 예수님은 공관

---

58) 특별히 창 1장과 요 1장 및 20장이 어떻게 창조 주제로 연결되는가는 송영목, "요한복음의 창조 주제," 『교회와 문화』 23(2009), 157-184를 보라.

59) 한스 콘첼만, 『신약성서신학』, 611-613. 그러나 불트만처럼 요한이 '표적 자료'를 사용했다고 단정 지을 수 없다. 표적 본문과 표적 이외의 요한복음 본문 사이의 표현과 신학적 통일성을 위해서는 프랭크 틸만, 『신약신학』, 263-264를 보라.

복음에서처럼 여러 사람을 동시에 치유하지 않으시고, 요한복음에서는 한 명씩 치유하신다. 공관복음과 비교해 볼 때, 요한복음의 치유 사건은 적다.

- 실현된 종말론(3:16; 5:24; 6:40)은 물론 미래의 심판과 영생도 강조한다. 요한은 하나님의 가족 안에 태어나는 것을 영생으로 소개하는데, 그 영생은 단순히 미래적 생명을 가리키지 않는다.
- 저자가 편집적인 설명을 22개나 하고 있다(1:28; 2:12; 4:54; 6:59, 71 등). 이 중 이스라엘의 민족적인 무지가 예수님을 거부한 것으로 나타난다(10:6 등).
- 요한복음의 서론(1:1-18)은 예수님과 성부 그리고 영원과의 관계로 시작한다. 다른 복음서들은 예수님의 출생과 세례 요한의 활동으로 시작한다. 요한복음에서 예수님과 세례 요한의 활동은 시간적으로 상당히 겹친다. 마가복음의 경우, 세례 요한의 투옥 후에야 예수님이 선포하기 시작했다.
- 예수님의 십자가 사건 이전의 7표적(2:1-11; 4:46-54; 5:1-18; 6:5-14; 6:16-32; 9:1-7; 11:1-45), 7명의 증인들(세례 요한, 1:34; 나다나엘, 1:49; 베드로, 6:69; 예수님, 10:36; 마르다, 11:27; 도마, 20:28; 사도 요한, 21:31[60]) 그리고과 "나는……이다"(ἐγώ εἰμι)라는 표현(요 6:35; 8:12; 10:7; 10:11, 14; 11:25; 14:6; 15:1; 참고. 신 32:39; 사 46:4)이 등장하지만, 비유는 기록되지 않았다.
- 오해 모티브가 등장한다(2:19-21; 3:4; 6:51-52; 11:12; 20:15).
- 보혜사 성령님의 역할이 강조된다(14:26; 15:26; 16:7). 승천으로 말미암아 예수님은 이 세상에 육체적으로 부재하시지만, 보혜사 성령으로 현존하신다.
- 예수님의 죽음을 통한 승귀를 강조한다(이중 의미를 가진 '들릴 것', 3:14; 8:28; 12:32-34). 예수님이 대제사장 안나스 앞에서 재판 받은 것은 설명하되, 가야바의 재판은 상술하지 않는다. 그리고 마가복음에서 예수님이 빌라도 앞에서 거의 침묵하신 것과 달리(막 15:2-5), 요한은 예수님과 빌라도 사이의 중요한 대화를 언급한다(요 18:28-40).

---

60) 요한복음에 '증거하다'는 30회 이상 나타나고(비교. 공관복음에는 2회), '증거'는 14회 나타나는데, 진리 주장들을 지지하는데 사용된다(5:14, 32-33; 18:37 등). 참고. 도널드 해그너, 『신약 개론』, 425; 송영목, "구속사적 관점에서 본 세례 요한의 겸손," 『그 말씀』 (2011년 4월 호), 19-25.

• 로마식 시간을 쓴다(참고. 요 19:14).[61]

• 예수님의 대적자를 유대인으로 밝힌다(4:9; 5:39-47; 7:49; 8:44; 9:22, 28; 12:42; 16:2; 19:15). 물론 부정적 뉘앙스가 생략된 채, 갈릴리 사람과 구분되는 유대인이라는 의미로도 사용된다(1:19).

• 사두개인이 언급되지 않기에, AD 70년 이후에 기록된 것으로 볼 수도 있다.

• 유대 절기(유월절, 무교절, 초막절, 수전절 등)가 성취되었음을 강조한다. 이 성취는 요한복음에 14개의 구약 인용과 연관있는데, 흥미롭게도 표적의 책은 이사야 인용으로 시작하고 마친다(사 40:3-요 1:23; 사 6:10-요 12:13). 그리고 표적의 책과 영광의 책을 이어주는 요한복음 12:38과 40절에도 이사야 6:10과 53:1이 인용된다.[62]

• 공관복음에 기록된 동정녀 탄생, 요단강에서 세례 받으심, 사탄에게 시험 받으심, 변화산 사건, 나병환자와 악령 들린 자 치유, 세례 요한과 예수님이 사람들에게 회개를 요청하는 내용, 감람산강화의 예루살렘 멸망에 대한 예고, 세리와 죄인과 식사 교제하심, 부자들에 대한 정죄와 가난한 자를 도우라는 권면, 성만찬 제정, 겟세마네에서의 고뇌, 승천 등이 요한복음에서 생략된다. 동시에 요한복음의 독자적인 내용으로는 가나 혼인잔치, 니고데모와 사마리아 여인과의 만남, 나사로의 부활, 제자의 발 씻김, 고별강화 등이다.[63]

• 이중 의미 기법이 등장한다. 4:10의 '생수'(흐르는 물, 생명을 주는 물), 11:50-52

---

61) 요한복음의 시간 언급은 요 1:39(열 시쯤, approximately the tenth hour), 4:6(여섯 시쯤), 4:52(일곱 시) 그리고 19:14(제 육 시쯤)에 나온다. R.E. Brown, R. Schnackenburg, C.K. Barrett, G.R. Beasley-Murray, E. Haenchen, L. Morris, B. Lindars, D.A. Carson, B. Witherington, D.A. DeSilva, A.J. Kostenberger, C.S. Keener 등 다수 학자들이 요한복음의 시간을 유대식 시간으로 보는 반면, 로마식 시간으로 보는 이는 B.F. Westcott, N. Walker, R.V.G. Tasker, W. Hendriksen, R.A. Culpepper, 조석민 등이다. 요 11:9의 '낮이 열 두 시간'이라는 말은 유대인 예수님이 유대 제자들에게 말한 것이기에 유대인의 시간 개념으로 볼 수 있으나, 반대로 에베소에 있던 것으로 추정되는 요한복음의 1차 독자들을 고려한 로마 시간일 가능성도 있다. 요한복음이 기록 될 무렵 로마식 시간법이 유대와 로마 제국 전체에 적용되고 있었다. 유대인과 로마인들은 모두 낮을 12시간으로 보았다. 요한복음의 독자들은 유대인의 관습을 잘 이해하지 못한 흔적이 발견 된다. 그래서 요한은 유대 관습을 설명할 때 그것이 구체적으로 유대인의 것임을 밝히는 등 자세히 설명하고 있다(요 2:6, 13; 4:9; 6:4; 7:2; 10:22; 11:15; 18:25). 참고로 『바른 성경』은 요한복음의 시간이 등장하는 구절마다 각주에서 '로마시간'이라고 밝힌다.

62) 참고. 송영목, "요한복음 7:38의 구약 사용," 『교회와 문화』 32(2014), 69-96.

63) 포웰, 『신약개론』, 192-193.

의 '위하여 죽다'(대신하여 죽다, 위하여 죽다), 12:34의 '들리다'(십자가 죽음, 승귀).

- 요한복음 8-20장은 예수님의 유대 사역을 다루기에, 갈릴리 사역을 상술한 공관복음과 차이가 있다. 요한복음에는 유월절이 적어도 세 번 언급되는데, 이 사실도 예수님의 유대 사역과 예루살렘의 중요성을 부각시킨다.
- 예수님은 자신이 그리스도라는 사실을 알리지 말라고 주의를 주시지 않는다(4:26; 9:35-37).

## 내용

1장은 성육신을 다소 신학적으로 설명하고 그리스도를 증언하는 세례 요한의 사역이 뒤따른다. 5절의 빛이 어둠에 비친 것은 예수님의 구원 사역과 부활을 예기하고, 어둠이 빛을 깨닫지 못한 것은 예수님의 거부당하심과 십자가 죽음과 연결된다.[64] 12-13절은 구원에 이르는 길인 '오직 예수님'(예수님을 영접하는 자들), '오직 믿음'(예수님의 이름을 믿는 자들에게), '오직 은혜'(하나님의 자녀가 되는 권세를 주심)를 보여준다. 40-42절은 가족 전도를, 43-51절은 친구 전도가 어떠해야 하는지 보여준다. 2장은 가나 혼인잔치 중 구약 제의를 상징하는 물이 메시아의 복을 상징하는 포도주로 변화되는 첫 번째 표적과 성전 청결을 다룬다(이런 해석은 알렉산드리아의 클레멘트, 오리겐, 시릴, 키프리안, 크리소스톰 등에서 볼 수 있음). 예수님은 은혜와 진리가 충만하신 자신의 인격에 따라, 명령하시고(물을 채우라) 변혁(물을 포도주로)시키신다. 3장은 니고데모와 대화 중에 위 즉 하나님으로부터 중생하는 것과 신랑 예수님의 필연적 흥함과 구약에 속한 그림자인 세례 요한의 쇠함을 언급한다. 4장에서 남편에게 여러 차례 버림을 받은 것으로 추정되는 사마리아 여인에게 영원한 신랑이신 예수님이 소개되며, 가나에서 왕의 신하의 아들을 고치신다. 예수님은 3장의 니고데모, 4장의 사마리아 여인, 5장의 베데스다 연못가의 38년 된 병자, 21장의 베드로를 개인적으로 만나셔서 대화하셨다. 이런 개인적인 대화들은 현대 목회자들이 다양한 문제에 빠진 성도를 어떻게 돌보고 상담해야 하는가에 관해서 적실한 교훈과 지침

64) F.D. Bruner, *The Gospel of John: A Commentary* (Grand Rapids: Eerdmans, 2012), 13.

을 제공한다.[65] 5장에서 베데스다 연못가의 38년 된 병자 치유를 통해 시간(호수에 물결이 일 때)과 공간(호수 안)의 제약을 넘어서는 치유자 예수님이 소개되며, 39절에서 구약의 중심인물이신 예수님이 언급된다. 6장은 오병이어 표적으로 생명의 떡이신 예수님과 갈릴리 풍랑이라는 자연을 다스리시는 예수님을 소개한다. 7장은 초막절 절기 동안 예수님은 생수 즉 성령을 주실 것을 예언한다. 8장은 간음한 죄인을 용서하신 참 선지자이신 예수님과 마귀의 자녀와 대결하시는 세상의 빛이신 예수님을 소개한다. 9장은 맹인 치유를 통해서 빛이신 예수님과 영적 맹인인 바리새인 사이의 갈등을 소개한다. 10장은 시편 23편과 에스겔 34장의 성취로서 선한 목자이신 예수님이 성부와 하나이심을 보여준다. 11장은 나사로 부활을 통해서 부활이요 생명이신 예수님을, 12장은 여인이 베다니에서 향유를 부은 사건과 예루살렘 입성을 다룬다. 13장은 제자의 발을 씻기심으로써, 성령의 정결하게 하시는 사역을 예기한다. 14장은 주님의 죽으심과 떠날 기약이 가까웠기 때문에 걱정하고 두려워하는 제자들에게 하나님의 가족의 일원이 되었다는 사실과 몸은 죽어도 영혼이 갈 낙원에 대한 소망을 환기시킨다.[66] 그리고 길과 진리와 생명이신 예수님이 보내실 보혜사 성령을 소개한다. 15장은 성도와 연합된 참 포도나무이신 예수님을 언급한다. 16장은 성령께서 허실 책망의 사역과 세상을 이기신 예수님을, 17장은 삼위 하나님 사이의 하나됨과 성도 간의 하나됨이라는 주제를 담은 대제사장적 기도를 설명하는데, 삼위일체 한 분 하나님과

---

65) 참고. DeSilva, *An Introduction to the New Testament*, 445.

66) 요 14장에 언급된 거주지들은 세상 역사 끝에 있을 예수님의 재림과 신천신지가 아니라, 고별설교 당시의 하나님의 가족(2절), 낙원으로의 승천(3절) 그리고 오순절 성령 강림의 문맥(23절)에서 이해해야 한다. 하지만 14:2, 3, 4, 23 전부를 오순절 성령의 강림으로 보면서 은유적으로 해석하는 입장(예. Van der Watt, Oliver, Van Aarde, 유상섭), 전부를 예수님의 재림으로 보면서 문자적으로 해석하는 입장(예. 다수의 교부들, Calvin, Beasley-Murray, Köstenberger, Van Houwelingen, Du Rand) 그리고 예수님의 부활과 재림까지의 초시간적으로 이해하는 입장(Lindars, Schnackenburg)은 정확한 구문, 어휘, 문맥, 배경 연구에 의해서 재고될 필요가 있다. 참 성전이신 예수님처럼 제자들도 하나님의 가족이며(2절), 성부와 성자와 성령의 거처 곧 종말론적인 성전이 된다(23절). 성부와 성자는 오순절에 성령님을 통하여 제자들에게 오셔서 그들 안에 거하실 것이다. 주님의 제자들은 무엇보다 사랑의 실천과 말씀에 순종함으로써 삼위 하나님의 거처로 살아야 했다. 그리고 유대인들의 박해를 당하던 제자들이 죽으면 그들의 영혼은 성부에게로 인도하시는 그 길이신(4절) 예수님이 승천하여 계신 곳에 갈 것이다(3절). 그곳은 신천신지와 구분되는 낙원인데, 재림 이전까지 존재할 임시적인 천국이다. 이 낙원은 재림 이전까지 존재할 임시적인 천국이지만, 영원 전부터 선재하신 그리스도께서 성부와 함께 영광을 누린 곳이다. 이 결론은 1에녹과 7에스라에 나타난 낙원과 세상 갱신 사상과 유사하다. 비록 요한복음에 '낙원'이라는 단어가 나타나지 않지만, 그 사상은 나타남을 간과하지 말아야 한다. 송영목, "요한복음 14장의 거주지의 성격," 『신학논단』 79(2015), 225-255.

보편적인 하나의 교회를 교훈한다. 예수님의 죽음은 영광을 받는 것으로 소개된다(17:1). 18장은 체포되시고 재판받으시는 예수님을, 19장은 십자가 처형을 다룬다. 20장은 부활과 현현을 다룬다. 21장은 갈릴리에서 제자들을 만나 회복하시는 예수님과 베드로와의 사랑에 관한 대화를 다룬다. 15-17절의 '양들'(ἀρνίον, πρόβατον)과 '먹이다/치다'(βόσκω, ποιμαίνω), '사랑하다'(ἀγαπάω, φιλέω)는 각각 동의어들이다.[67]

## 결론

요한은 에베소의 교회를 1차 독자로 삼아, 예수님의 제자와 모세의 제자 사이의 갈등 곧 하나님의 자녀와 사탄의 자녀 사이의 갈등을 기초로 하여, 예수님을 그리스도요 하나님의 아들로 믿어 하나님의 가족 안으로 태어나는 것이 구원임을 소개한다. 성육하신 예수님은 진리를 계시하시고, 자신을 믿는 자들에게 생명을 주신다. 그리고 이 생명이 현재적으로 역사하고 있다는 실현된 종말론이 강조된다.

67) 참고. Bruner, *The Gospel of John: A Commentary*, 1227.

New Testament Key

# 역사서

3

3

New Testament Key

# 역사서

| 성경 | 바이블 키 |
|---|---|
| 사도행전 | 승귀하신 그리스도의 통치와 천국 확장 |

4복음서와 사도행전은 서론에서 저자의 이름을 밝히지 않는다. 하지만 그 당시 독자들은 개인적인 관계나 구전으로 저자가 누구인지 알고 있었다. 유사하게 AD 2세기 중반의 니코메디아의 플라비우스 아리아누스는 알렉산더 대왕의 전기를 기록할 때 자기 이름을 밝히지 않았는데, 그는 자기 나라와 가문에 잘 알려진 인물이었기 때문이다. 또한 신약의 복음서와 역사서의 저자 이름이 생략된 것은 그레코-로마의 역사서와 다른 문학적 특성인데, 예수 그리스도께서 주도권을 가지고 계시기에 인간 저자는 침묵해야 함을 인정하는 것이다.[68] AD 160-180년경에 작성된『반(反)마르시온 누가복음 서론』은 시리안 안디옥 출신 의사 누가가 누가복음과 사도행전을 기록했고, 누가는 바울이 순교할 때 까지 동행했다고 언급한다. 이레니우스는 누가를 '바울의 동료'(*sectator Pauli*)라고 소개한다. 누가복음과 사도행전 모두, 역사 기술적(historio-graphical)인 유사한 스타일을 가진 서문(눅

68) 참고. E.J. Schnabel, *Acts* (ZECNT; Grand Rapids: Zondervan, 2012), 21.

1:1-4; 행 1:1-5)으로 시작한다. 이런 외증 외에도, 누가-행전의 내증도 사도행전의 누가 저작을 지지한다. 누가복음과 사도행전에 여러 공통점이 등장한다: (1) 누가복음의 전반부에 성령이 세례 받을 때 임하셨다(눅 3:22). 사도행전의 전반부인 사도행전 2:24에서 오순절 성령이 교회에 임하셨다. (2) 누가복음의 예수님과 사도행전의 사도의 선포와 사역은 공통적으로 유대인들과 갈등을 빚었다. (3) 누가복음 9:51-19:28의 예루살렘으로의 여행은 마지막 여행이 예루살렘에서 끝나는 사도행전 19:21-21:17과 유사하다. (4) 공사역 말에 여러 사람 사이를 오가면서 받았던 예수님의 재판은 바울의 재판과 유사하다. 예수님과 바울은 세 번씩 무죄 판결을 받았다(눅 23:4, 14, 22; 행 23:9; 25:25; 26:31). (5) 연설, 인용, 그리고 찬송들이 어떤 사건을 시작하고 인도할 때 종종 사용된다. (6) 하나님의 약속의 성취에 대한 공통적인 강조가 있다.[69] 따라서 한 사람이 이런 대작을 구상할 때는 전체적인 통일성에 기초하여 세밀한 계획을 가지고 할 수밖에 없었다. 누가는 당시 헬라 저술가들이 사용한 기법을 사용하는데, 그 당시에 방대한 분량의 책을 몇 권으로 나누어서 전체를 위한 서문을 먼저 두고, 뒷 권에는 이차적인 서문을 두는 것이 관례였다.

복음서와 서신서의 간격을 메워주는 다리 역할을 하는 사도행전은 예수님이 승천하신 후 지상에 남은 교회의 역사를 다룬다. 누가가 바울의 선교 동역자였다는 사실은 '우리 본문'(빌립보 사역, 16:8-17; 예루살렘으로의 여정, 20:5-15; 예루살렘으로의 여정,

---

69) 행 12:1-24의 베드로의 구출과 눅 24장의 예수님의 부활 사이에는 비슷한 점이 많다. 특별히 베드로가 감옥에서 구출된 것은 예수님께서 무덤에서 부활하신 것을 여러 가지 방법으로 회상한다. 이 두 사건에는 다음과 같은 두드러진 병행들이 존재한다: (1) 베드로의 투옥과 구출은 무교절기 동안에 일어났다. 예수님도 무교절에 잡히시고 죽임을 당하셨다(행 12:3-4; 비교. 눅 22:1-2, 7). (2) 천사는 감옥에 있던 베드로에게 급히 '일어날 것'을 명령한다(행 12:7). '일어나라'고 번역된 단어는 예수님을 죽음에서 일으키신 하나님의 부활 사역을 위해 사용된 말이다. (3) 베드로의 석방을 처음으로 목격한 사람은 로데라는 여자였다(행 12:13-14). 로데의 보고는 예수님의 부활을 처음 목격했던 여자들의 경우처럼 처음에는 불신되었다(행 12:15; 비교. 눅 24:11). (4) 베드로가 석방된 후 제자들이 모인 곳에 왔듯이 예수님께서 부활하신 후 제자들이 모인 곳에 나타나셨다(행 12:16; 비교. 눅 24:36). (5) 예수님의 죽음과 부활, 그리고 승천은 예루살렘 교회에게 사명을 주셨다. 마찬가지로 베드로의 투옥과 구원은 복음이 온 세계에 흥왕케 되는 역사를 일으켰다(행 12:24). (6) 베드로가 하나님의 도움으로 헤롯과 유대인들(행 12:11)에게서 놓임을 받았다는 사실을 깨달았듯이, 예수님의 부활은 예수님의 대적이었던 로마인과 유대인에 대한 하나님의 심판이었다. 베드로와 예수님 모두 유대인과 이방인의 연합 작전으로부터 고생했지만 부활생명을 받았다는 사실에 주목할 만하다. 베드로가 투옥되고 감옥에서 석방된 것은 예수님의 죽음과 부활의 연속으로 보인다.

21:10-18; 로마로의 여정, 27:1-28:16)을 통해서 알 수 있다. 그렇다면 누가는 '우리 본문' 앞에 위치한 사도행전 1-15장에 관한 정보를 어떻게 수집할 수 있었을까? 광범위한 지역을 여행했던 누가는 그 당시 생존자와 증인을 인터뷰했을 것이다. 실제로 초대교회의 역사를 다루는 사도행전의 저자 누가는 LXX와 팔레스틴과 지중해 연안의 지리에 관해서 조예가 깊었다. 바울이 로마에서 재판을 받을 무렵인 AD 63년경에 로마에서 기록된 것으로 추정되는 사도행전은 '성령행전'으로 불리지만, 실제로는 부활-승천하신 예수 그리스도의 왕적 통치의 역사이다. 승천하신 예수님은 성령(사도행전에 약 70회 등장하는데 신약의 5분의 1)과 교회를 통해서 자신의 왕권을 이 땅에 펼치셨다. 바울 서신에서 분명히 볼 수 있는 것처럼, 사도행전에서도 예수님과 교회는 연합되어 있다. 예수님의 왕적 통치는 곧 하나님 나라의 확장의 역사인데, 특별히 베드로와 바울을 통해서 전개되었다. 사도행전은 이스라엘이 메시아를 거부할 것과 그 후에 일어난 일들에 대한 구약의 예언이 실제로 발생했음을 보여준다. 사도의 설교의 중심에 예수님의 십자가와 부활이 자리 잡고 있다. 그리고 교회를 세우고 인도하시는 성령의 역할이 두드러지며, 그에 맞추어 기도하고 순종해야 하는 사람의 책임도 균형 있게 강조되어 있다. 역사가와 신학자와 목회자로서 누가는 종말에 천국 복음이 온 세상에 전파되고 교회가 세워지는 역동적인 면을 그리고 있다.

## 목적

일차적인 기록 목적은 누가복음의 경우와 마찬가지로 이방인 출신 초신자 데오빌로에게 복음을 설명하기 위해서 이다. 역사가와 신학자인 누가는 역사적 사건을 정확히 기록한다: 글라우디오 통치 하에 일어난 흉년(11:28), 헤롯 아그립바 1세의 죽음(12:19-23), 글라우디오의 칙령(18:2), 벨릭스에서 베스도로 총독이 교체됨(24:27). 누가복음과 사도행전의 풍부한 구약 인용은 데오빌로가 구약을 알고 있는 사람임을 증명한다. 즉 그는 하나님을 경외하는 자(눅 1:50; 7:2-6; 행 10:1-2; 13:16, 26)에서 기독교로 개종한 초신자 이방인 그리스도인으로 보인다. 누가는 누가공동체에게 유대인과 로마제국의 박해에 대해 조언을 주며, 로마제국에게는 교회가 위험한 집단이 아님을 변증하며, 복음과 교회의 전 세계적 확장을 알리기 위해서 기록했다. 누가공동체는 감람산이 예루살렘 근처에 있다는 설명과 아람어 단어의 의미가 무엇인지 설명을 필요로 했기에 이방인 출신이 다수였을 것이다(1:12, 19; 4:36; 9:36; 13:8). 따라서 이방인도 예수님이 주시는 구원과 하나님의 나라에 들어오게 되었음을 선포하려는 목적도 있다(참고. 행 10:9-48; 11:18; 그리고 이방인 지역에서의 선교여행; 눅 7:1-10; 8:26-39). 천국 복음이 땅 끝까지 증거되는 결정적 순간마다 하나님의 주권과 섭리와 간섭이 언급된다(13:2; 16:9; 19:21; 21:10-14; 23:11; 27:23-24). 성령님도 복음 전파를 위한 결정적인 순간마다 등장한다(1:8; 8:29, 39; 10:19-20; 13:2-4; 16:6-10; 20:22-23).

## 특징

사도행전에는 23개의 짤막한 설교와 연설이 포함되어 있는데 사도행전의 약 27% 분량이다.[70] 베드로는 솔로몬 행각에서 오후 3시부터 저녁까지 설교했는데, 누가는 총 17절로 요약했다(3:1; 4:3). 사도의 설교를 요약해서 기록한 이 설교들(행 2, 3, 13, 15, 17, 22, 24, 26) 대부분은 구약에 기초한 구속사적 메시지이며, 사도가 다양한 청중에게 접근하기 위해서 사용한 다양한 방법과 청중의 반응을 담고 있다. 이 설교들의 핵심에는 예수님의 죽으심, 부활, 승천, 재림 그리고 증인의 역할이 있다. 이런 설교의 주제들은 베드로전서와 같은 신약 서신들에서 반복된다(참고. 행 5:30; 10:39; 벧전 2:4).[71] 구속사적 해석과 연관되어, 누가는 구약을 자주 인용한다. 넓게 보면 누가복음 20:17에서 사도행전 17:27 사이에 시편 인용이 많다. 구체적으로 예수님의 죽음과 부활을 다루는 누가복음 23-24장, 베드로의 설교를 담은 사도행전 2장과 4장, 그리고 바울의 설교를 담은 사도행전 13장에 시편의 임용과 암시가 많다(예. 시편 2, 16, 22, 89, 107, 118). 이 때 시편(LXX)을 예수님의 구원 사역의 빛에서 해석하면서 사도행전의 문맥에 맞게 약간 변형을 주어 사용하는데, 시편 기자들의 시대보다 확대 및 상승된 구원의 메시지를 소개한다. 물론

---

70) 사도행전의 설교는 크게 4가지로 분류된다: (1) 교회 내적인 논쟁(6:1-7; 10:1-11:18; 15:1-35), (2) 유대인 앞에서의 논쟁(4:1-22; 5:17-42; 13:16-41; 28:23-28), (3) 헬라인에게 복음을 전파함(14:11-18; 17:16-34), (4) 바울이 로마 관리를 대상으로 한 연설(16:19-40; 18:12-17; 19:21-41; 21:27-22:29; 24:1-23; 25:1-12; 25:13-26:32). 참고. Schnabel, *Acts*, 35-36.

71) DeSilva, *An Introduction to the New Testament*, 353; 도널드 해그너, 『신약 개론』, 456.

사도행전은 시편 외에도 이사야를 자주 인용하며, 요엘, 아모서, 하박국 등도 인용한다.[72)]

베드로와 바울이 행한 설교, 감옥에서 기적적으로 석방된 사건, 병 고침, 악령 추방, 그리고 죽은 자를 살린 내용은 서로 병행을 이룬다. 하지만 사도행전 후반부에 기적은 매우 드물다. 누가복음의 예수님과 사도행전의 바울 사이에도 병행이 나타난다. 바울이 3차 전도 여행을 마치고 예루살렘으로 가는 장면과 가이사에게 상소하여 로마로 재판을 받으러 가는 장면에서 내러티브는 비교적 천천히 상세하게 기록된다. 이런 현상은 누가복음에서 예수님이 예루살렘으로 올라가시고, 거기서 재판 받으시는 장면이 상세히 기록된 것에 상응한다. 아래의 도표처럼 누가복음의 예수님과 사도행전의 초대 교회 사이의 병행은 기도, 전도, 치유, 기적 등에서 볼 수 있다:[73)]

| 누가복음의 예수님 | 사도행전의 초대교회 |
|---|---|
| 기도와 성령주심(3:21; 11:13) | 기도와 성령 받음(2:1; 4:31; 9:11, 17) |
| 기도와 제자 선택(6:12-13) | 기도와 사도 선택(1:23-26) |
| 기도와 말씀 사역(5:15-16) | 사도의 기도와 말씀 사역(6:4) |
| 강청하는 기도(11:5-8; 18:1) | 기도에 헌신하는 교회(1:14; 2:42) |
| 기도하고 가르치심(4:42-43; 5:16-17; 6:12; 21:37-38) | 기도하고 가르침(1:14; 2:42; 3:1; 4:31; 6:4) |
| 하나님의 말씀을 전하심(5:1; 8:11; 11:28) | 하나님의 말씀을 전함(4:30; 6:2; 12:24; 13:5; 18:11) |
| 기도와 기적(5:16-17; 6:12; 9:28) | 기도와 기적(2:43; 3:1; 4:33; 5:12-16; 6:8; 16:16-18) |
| 기도와 신앙고백(9:18) | 기도와 개종(6:4-7; 16:13-15) |
| 부활 사건(7:14; 8:54) | 부활 사건(9:40; 20:10) |
| 5000명(9:10-17) | 5000명(4:4) |
| 기도와 성전에서 가르치심(21:37-38) | 기도와 성전에서 가르침(5:25-28, 42) |
| 용서 기도와 강도의 구원(23:34, 42-43) | 용서 기도와 개종(7:60; 9:3-5) |

| 기도 중 영광 체험(9:28) | 기도 중 영광 체험(7:55-60) |
|---|---|
| 심문과 고난(23) | 심문과 고난(4-5; 21-26) |
| 운명 기도(23:46) | 운명 기도(7:59) |

## 구조

| 1:1-2:47 | 교회의 기초와 사역 |
|---|---|
| 3:1-6:7 | 예루살렘 교회 |
| 6:8-9:31 | 스데반, 사마리아, 바울의 개종 |
| 9:32-12:24 | 베드로와 이방인 그리스도인 |
| 12:25-16:5 | 이방인을 향한 바울 |
| 16:6-19:20 | 이방 세계로 확장된 천국 복음 (참고. 18:23-19:20은 3차 전도 여행) |
| 19:21-28:31 | 로마로 향하는 여정 |

## 내용

1장은 예수님의 승천과 자살한 가룟 유다 대신에 맛디아를 사도로 선출한 것을 다룬다. 누가복음의 경우와 마찬가지로(눅 1:5-8; 2:22-38, 41-50; 9:51; 19:41-44; 24:13; 47, 52-53 등) 사도행전에서 예루살렘은 중요한 장소이다(1:4, 8, 12-26; 2:1-4, 5-41, 42-47; 3:1-8:1; 11:19-26; 15:1-29; 18:22; 21:17; 21:27-23:11 등). 2장은 오순절에 성령이 예루살렘 교회에 임하신 것과 베드로의 오순절 설교 및 모범적인 예루살렘 교회를 다룬다. 예루살렘 교회는 표적을 많이 행한 사도의 가르침에 순종하고, 교제, 성찬, 정기적인 여러 종류의 기도들, 자발적인 재산 공유(비교. 비자발적인

---

72) 참고. 송영목, "누가와 시인의 대화: 사도행전에 나타난 시편," 『교회와 문화』 20 (2008), 11-41.
73) 유상섭, 『분석 사도행전 I』 (생명의 말씀사, 2002), 35-36 그리고 포웰, 『신약개론』, 220을 보라.

피타고라스학파와 쿰란의 재산 공유), 기쁨으로 섬김, 양적 성장을 이루었다(2:42-47).

3장은 예루살렘 성전 미문의 장애인을 치유하고, 이어지는 베드로의 솔로몬 행각에서의 설교를 다룬다. 4장은 산헤드린 공회 앞에서 베드로와 요한과 예루살렘 교회의 이상적인 모습을 소개한다. 4:12에 언급된 '구원'은 전후로 빈번히 등장한다(2:21, 40, 47; 4:9; 5:31; 7:25; 11:14; 13:23, 26, 47; 14:9; 15:1, 11; 16:30-31; 27:20, 31; 28:28). 5장은 탐욕으로 성령을 기만하고자 했던 아나니아와 삽비라 부부에게 임한 심판과 고난 중에서도 사도가 행한 표적과 기사가 언급된다. 5:41에 언급된 '기쁨'은 그 뒤로 계속 등장하는데(8:8, 39; 11:23; 13:52; 14:15-17; 15:3, 31; 16:33-34), 이런 현상은 누가복음에서도 마찬가지다(1:14, 44, 47, 58; 2:10; 6:23; 10:17, 20, 21; 13:17; 15:3-10, 32; 24:41, 52).

6장은 예루살렘 교회가 세운 7집사(6:5의 니골라는 안디옥 출신의 비유대인)와 스데반의 체포를, 7장은 순교 이전에 했던 스데반의 구속사적 설교를 다룬다. 헬라파 기독교의 가장 잘 알려진 모범적인 인물인 스데반의 설교와 순교는 뒤 따르는 바울의 선도에 영향을 미쳤고(참고. 7:58; 8:1; 22:20), 헬라파 기독교인들(예. 집사 빌립)의 이방인 선교에 촉매제가 되었다. 8장은 빌립의 사마리아 전도를, 9장은 바울의 개종과[74] 전도 및 다비다의 부활을 설명한다.

10장은 보자기 환상을 보았던 베드로를 통한 가이사랴의 백부장 고넬료 가정의 회심을 다룬다. 10:34-43의 베드로의 설교에는 고넬료 같은 이방인이 유대교의 의식을 행하지 않고도 구원을 받을 수 있다고 밝힌다. 누가는 48절에서 세례는 언급하되, 할례는 언급하지 않는다. 베드로의 이 설교는 이방인 선교를 위해서 길을 열어주었다. 11장에서 베드로는 고넬료의 회심에 대해서 예루살렘 교회 앞에 보고한다. 11:18에서 예루살렘교회는 베드로의 설명에 동의하지만, 나중에 갈라디아서 2:11 이하에 보면 이방인과 식탁 교제하던 베드로를 공격한다. 이러한 예루살렘 교회의 일관성 없는 태도는 고넬료를 예외적인 경우로 간주하면서 잠정적으로 그를 유대인 성도처럼 인정한 이유 때문이다. 11:26은 안디옥에서 성도가 '그리스도인'이라 불린 것을 소개하는데, 수에토니우스, 타키투스, 플리니 같

74) 비록 바울이 이후에 계속해서 계시의 경험을 가졌다 해도(고후 12:1-10; 고전 2:9-10), 다메섹 도상의 계시 경험만큼 중요한 것은 없었다(갈 1:11-12). 도널드 해그너, 『신약 개론』, 512.

은 로마 저술가들도 신약 성도를 그렇게 불렀다.

12장은 사도 야고보의 순교와 베드로의 투옥 및 석방과 헤롯 아그립바 1세의 죽음을, 13장은 바울(이방 전도를 위해서 히브리식 이름인 '사울' 대신 로마식 이름 바울이 사용됨)과 바나바의 첫 번째 터키 선교를 소개한다. 전도를 위해서 바울은 고향 다소에서 배운 헬라적 지식, 조상으로부터 전수받은 로마 시민권, 그리고 합법적인 종교(*religio licita*)로 인정받았던 유대교의 권한을 활용했다. 누가는 바울이 선교사로 부름 받은 것을 바울의 소망이 아니라 성령의 역사였다고 13:2, 4에서 강조한다.[75] 14장은 이고니온과 루스드라 선교 및 시리아 안디옥으로 돌아온 것을 다룬다. 누가는 14:4, 14에서 바울을 '사도'라고 분명히 언급한다. 15장은 이방인 성도가 개종 시 지켜야 할 우상숭배와 음행과 피를 함유한 고기 먹는 것을 금하는 결정을 내린 예루살렘 회의(사도회의[Apostolic Council])를 다룬다. 15:19에서 예루살렘 교회의 지도자였던 야고보가 "이방인 중에서 하나님께로 돌아오는 자들을 (유대인의 의식 준수를 강요하여) 괴롭게 하지 말라"고 말한다.

16장은 마게도니아의 빌립보 중심의 바울의 2차 전도를, 17장은 바울의 데살로니가, 베뢰아, 아테네 사역을 다룬다. 18장은 아가야의 고린도 사역과 시리아 안디옥으로 돌아온 것 그리고 3차 전도 여행의 시작을 다룬다.

19장은 에베소의 성령 강림 사건과 에베소에서 일어난 소동을 다룬다. 에베소에서 사역 중이던 바울은 사도(19:1-7), 설교자(19:8-10), 치유와 기적 행하는 자(19:11-20)로 소개된다.

20장은 마게도니아 사역과 트로이의 유두고의 부활 사건 그리고 밀레도에서 에베소 장로들을 만난 일을 언급한다. 20:30에서 바울이 장차 에베소 교회를 미혹할 거짓 선생들을 예고하는데, 이것은 성취는 에베소 교회와 관련된 여러 서신서에서 볼 수 있다(엡 4:4; 딤전 4:1-3; 벧후 2:1-22; 요일 4:1-6; 계 2:2).

21장은 3차 전도 여행 후 예루살렘으로 와서 바울이 성전에서 체포된 것을 다룬다. 이 무렵 바울은 세 번이나 살해 위협을 받았다(21:31; 22:22; 23:10). 22장은 바울의 변증을, 23장은 산헤드린 공회 앞에 선 바울을, 24장은 총독 벨릭스 앞에서 변론하는 바울

75) 사도행전의 기록자가 예루살렘 자료(1:6-2:40 등), 안디옥 자료(6:1-6 등), 바울 자료(9:1-30; 13:3-14 등)를 참고했다는 가설에 대해서는 브라운, 『신약개론』, 458-459를 보라.

을 다룬다. AD 52년에 총독직을 수행하기 시작한 벨릭스는 잔인함과 무능력으로 인해 6년 후인 58/59년에 네로에 의해 해임되었다. 타키투스도 벨릭스를 야수처럼 방자하고 정신 상태는 노예와 같다고 부정적으로 묘사한다. 25장은 네로 황제에게 상소(*Caesarem appello*: "내가 가이사에게 호소하노라"; 행 25:21)하려는 바울 그리고 총독 베스도(Porcius Festus), 헤롯 아그립바 2세, 버니게 앞에서 선 바울을 다룬다. 26장은 바울이 아그립바 2세 앞에서 했던 변증을 다룬다. 26:26에서 바울은 아그립바 2세에게 "이 일은 한쪽 구석에서 행한 것이 아니니이다"라고 선언한다. 구원의 복음과 기독교는 로마 제국 앞에 공적으로 알려진 종교요 얼마든지 검증 가능하다는 취지다. 누가는 바울의 회심을 3회나 반복하여 기록한다. 9:8-9에서 바울이 정말로 부활하신 예수님을 만났다는 사실을 강조하고, 22:6-16에서는 일행 중 바울만 승귀하신 영광의 예수님을 본 것이라는 독특한 성격을 가지고 있음을 강조하고, 26:12-23에서는 구약 선지자들이 받은 소명의 환상을 배경으로 한다.

27장은 로마로의 여정과 유라굴라 광풍을 만난 사건을, 28장은 로마에 도착하여 셋집에서 예수님과 천국 복음을 전하는 바울을 다룬다. 바울이 로마에 입성한 것은 복음의 승리요 복음 전파의 절정이다. 바울은 자유로운 구금 상태(free custody)에 2년 동안 처하게 되었는데, 방문자들에게 하나님 나라 곧 예수 그리스도를 전했다(28:31). 누가는 사도행전 전체에서 바울을 매우 이상적인 복음전파자와 사도로 묘사하는데, 1클레멘트 5:7도 마찬가지다: "서방의 맨 끝에 이르러 왕들과 권세자들 앞에서 증거한 후, 바울은 이 세상을 떠나서 거룩한 곳에서 영접을 받았다. 그에게서 우리는 가장 위대한 인내의 모범을 보게 된다."[76)]

## 결론

바울의 동역자 누가는 데오빌로를 1차 독자로 삼아, 천국 복음이 어떻게 로마제국 전체로 확장되었는가를 보여준다. 승귀하신 예수님은 성령과 사도를 통하여 역사하심으로써,

---

76) 참고. 랄프 마틴, 『신약의 초석 II』, 159.

이방인을 포함하는 우주적 교회의 탄생과 새 언약 백성의 시대가 도래했음을 알리신다.

바울의 1차 전도 여행

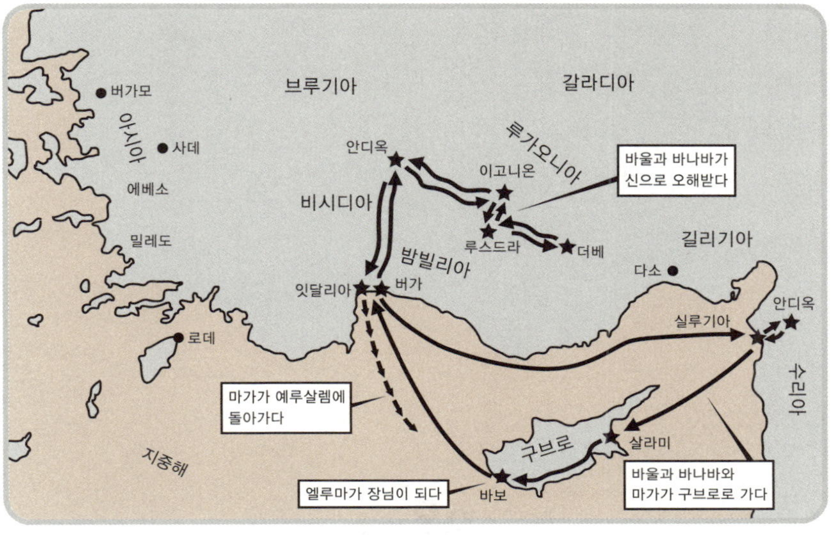


바울의 2-3차 전도 여행

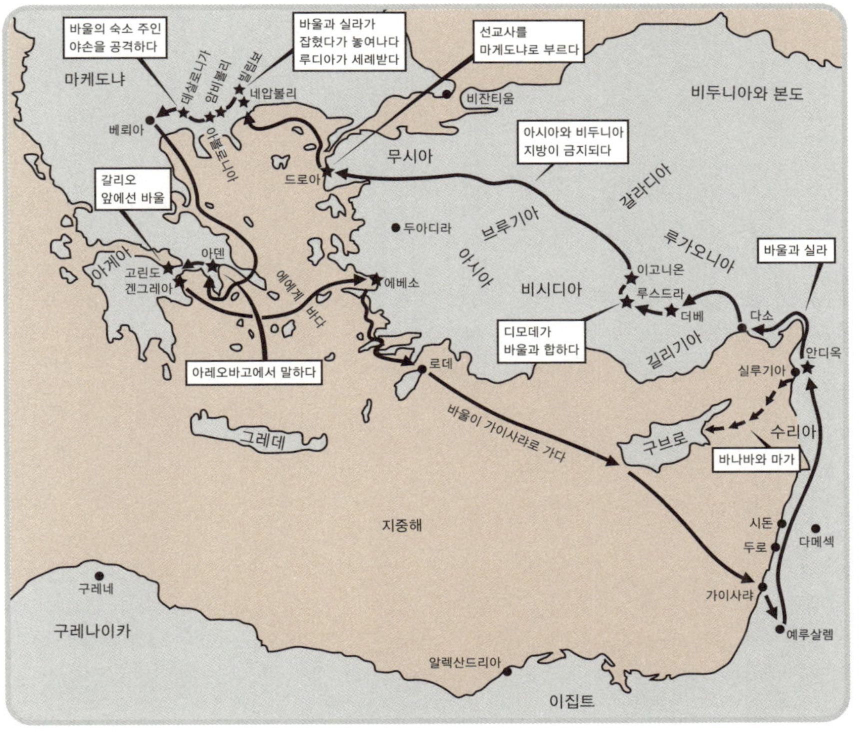

Bible Key

New Testament Key

# 서신서

4

# 4
New Testament Key

# 서신서

그레코-로마 세계에서 서신은 다양한 목적으로 활용되었다: 친교, 기도, 축하, 위로, 추천, 문의, 응답, 보고, 탄원, 감사, 변명, 교훈, 조언, 격려, 권고, 비난, 위협, 변호, 칭찬. 신약 서신은 몇 가지 목적이 혼합되어 있으며, 그 당시의 이런 서신들보다 길이에 있어 전반적으로 더 길다.[77] 그레코-로마의 서신은 서두-안부-본론-결말로 구성되고, 바울 서신은 서두-감사-본론-권면-결말로 구성된다.[78] 신약 정경의 순서와 달리, 대부분의 서신서가 복음서보다 먼저 기록되었다. 역사적 예수님이 안 계셨다면 신약 서신서는 기록되지 못했을 것이다. 동시에 부활하신 그리스도께서 초대 교회에 역사하지 않았다면 복음서는 기록되지 않았을 것이다.[79]

서신서는 예수님의 복음이 지중해 연안의 로마제국에 산재해 있던 교회에 구체적으로

---

77) 포웰, 『신약개론』, 241. 참고로 비평학자들은 신약 서신 가운데 7개만 바울이 썼다고 본다: 로마서, 고린도전후서, 갈라디아서, 빌립보서, 데살로니가전서, 빌레몬서.

78) 도널드 해그너, 『신약 개론』, 602.

79) 참고. 랄프 마틴, 『신약의 초석 II』, 15, 24. 랄프 마틴은 바울 서신에 "너희가 ......를 알지 못하느냐?"(롬 6:3, 16; 7:1; 11:2; 고전 3:16; 5:6; 6:2, 3, 9, 15, 16, 19; 고후 1:8; 살전 4:13 등)라는 표현에 근거하여, 바울이 그 당시 교리문답이나 신앙고백 자료를 사용했다고 본다.

어떻게 적용되는가를 보여 준다. 사도 바울은 신약 서신의 반 이상을 기록했다. 바울이 서신을 기록한 주요 목적은 교회의 문제를 해결하고 그리스도인의 바람직한 생활을 제시하려는 목회적 이유에 기인한다. 바울이 기록한 '교회 서신'은 9권이다: 로마서, 고린도전후서, 갈라디아서, 에베소서, 빌립보서, 골로새서, 데살로니가전후서. 주로 바울이 세운 교회의 문제를 해결하며 권면하기 위해 기록되었다. 바울이 쓴 '목회 서신'은 3권이다: 디모데전후서, 디도서. 바울은 교회의 지도자들에게 신실함과 부지런함으로 봉사하고 일군을 세울 것을 권면했다.

'일반 서신'은 히브리서, 야고보서, 베드로전후서, 요한일서, 유다서 이렇게 6권이 있다. 요한이서는 '택함 받은 부녀'라는 실제 익명의 여성도를, 요한삼서를 '가이오'라는 특정인을 각각 수신자로 삼기에 일반서신에서 제외해야 한다. 강력한 로마의 통치는 AD 1세기에 황금기를 구가했는데, 그 당시 지중해 연안을 여행하는 것은 19세기 후반까지의 어느 시대보다 더 안전하고 손쉬웠다. 이런 발달된 육상 및 해상 교통망은 바울의 전도와 서신의 신속한 전파에 도움이 되었다.

5

New Testament Key

# 바울서신

## 로마서

| 성경 | 바이블 키 |
| --- | --- |
| 로마서 | 메시아 왕이 주신 이신칭의 복음 |

바울이 3차 여행을 마칠 무렵인 AD 56년경, 예루살렘을 방문하기 전에 고린도에서 과동하면서(행 20:2-6) 로마 교회에게 보낸 편지이다. 그 때 바울은 예루살렘에서 당할 생명의 위협을 감지했기에, 로마서는 마치 바울의 유언과 같았을 것이다(행 20:3; 참고. 롬 15:31). 골로새서와 더불어 로마서는 바울이 이전에 방문하지 않았던 교회에 보낸 편지이다. 바울은 로마에서 추방된 바 있는 브리스길라와 아굴라 그리고 로마교회와 접촉이 있던 성도로부터 로마 교회의 형편을 들었을 것이다. 로마교회는 사도행전 2장의 오순절에 예루살렘에 온 로마의 유대인 성도가 설립한 것으로 보인다. 따라서 교회가 사도의 주선 없이 생겨 날 수 없다는 주장은 역사적 근거가 없을 뿐 아니라, 성령의 조명하는 능력까지도 부인하는 일이다.[80)]

로마서는 서신의 형식에 담긴 복음을 설명한 논문이나 교리문답과 유사하다. 수에토니우스는 '크레스투스'의 선동에 의하여 폭동이 일어났기 때문에 글라우디오 황제가 AD 49년에 로마로부터 유대인들을 추방했다고 한다. 로마서가 염두에 두고 있는 형편은 AD 49년 글라우디오 황제의 추방 명령으로 인해 로마에서 축출된 유대인 그리스도인들이 AD 54년에 로마로 돌아온 후 발생한 이방인 그리스도인과의 갈등이다.[81] 로마서는 구원의 교리를 신약 성경 가운데 가장 심도 있게 다루는 책이며, 특별히 이신칭의를 상술한다. 신학적인 어조로 풀이되는 '죄의 몸'을 멸한 '하나님의 의', '교회를 향한 성령의 사역', '이스라엘의 미래', 그리고 이러한 신학적 진술에 상응하는 실제적인 적용이 강조된다. 이신칭의와 연결된 오직 은혜로 받은 '선물로서의 구원'(롬 3:22-25), '그리스도 안에서의 연합'(롬 12:10), '그리스도인의 소망'(롬 5:1-5; 8:15-17, 24-25)이 중요한 주제들이다.

로마서는 몇 가지 목적을 위해서 기록되었다: (1) 선교적 목적: 스페인 선교를 위해서 지원을 받기 위해서, (2) 변증적 목적: 공격을 받고 있는 복음을 변호하고, 대적자들의 반대로부터 로마 교회를 보호하기 위해서, (3) 목회적 목적: 교회 내의 분열의 문제를 다루기 위해서.[82]

## 구조

| | | | |
|---|---|---|---|
| 1:1-15 | 서언 | | |
| 1:16-17 | 핵심 명제 | | |
| 1:18-4:25 | 보편적 죄와 이신칭의 | | |
| 5:1-8:39 | 복음이 주는 유익 | 5:1-11 | 평화, 의, 기쁨 |
| | | 5:12-6:23 | 죄의 노예에서 해방 |
| | | 7:1-25 | 율법의 굴레에서 해방 |
| | | 8:1-17 | 성령의 능력을 통해 의롭게 삶 |
| | | 8:18-39 | 타락을 이김 |
| 9:1-11:36 | 하나님의 의와 이스라엘의 복음 거부 | | |
| 12:1-15:13 | 복음의 실천적 의미 | | |
| 15:14-16:27 | 결어 | | |

바울은 칭의(3:21-4:24)에서 머물지 않고, 성화(6:1-8:11)와 영화(8:12-30)로 나아간다. 하박국 2:4를 인용하는 로마서 1:16-17이 로마서의의 기본 체계라면, 오직 의인(1:18-5:11)은 믿음으로 말미암아(6-8), 살리라(12-15)로 바울의 논증은 펼쳐진다.

## 주제

로마서의 주요 주제들은 다음과 같다: 모든 사람이 죄인이므로 죄로부터의 구원을 필요로 한다는 사실이다(1:18-3:20; 5:12-19). 비록 모세의 율법이 선하고 거룩하지만 죄의 권능을 막지 못한다(2:12-29; 5:20; 9:30-10:8). 하나님이 계획하신 의를 통하여, 죄는 심판 받고 구원은 제공된다(3:21-26; 5:12-19; 8:1-4). 예수님이 이 세상에 오심으로써 구원의 이전 시대는 지나가고 새 시대가 도래했다(1:1-7; 5:1-8:39). 예수님의 대속의 죽으심은 하나님의 구원 계획의 핵심이다(3:21-26; 8:1-4). 칭의는 믿음으로만 가능하다(1:16-4:25; 9:30-10:21). 그리스도 안에 있는 자는 미래에 확실한 소망을 소유하고 있다(5:1-8:39). 그리스도와 함께 죽고 성령으로 행하는 이는 새로운 삶을 산다(2:25-29; 6:1-7:6; 8:1-39). 하나님은 자신의 계획에 따라서 주권적으로 행하신다(9:1-11:36). 하나님은 유대인과 이방인에게 구원의 약속을 성취하신다(1:18-4:25; 9:1-11:36; 15:8-13). 복음의 은혜는 성도에게 성결과 섬김과 사랑을 요청한다(12:1-13:14).[83]

---

80) 도널드 거스리, 『신약서론』, 369.

81) 심상길, 『신약서론』(그리스도대학교출판국, 2007), 156. 심상길은 이방인 그리스도인은 로마교회에서 다수를 차지하면서 가정교회를 장악했고, 네로 치하에서 로마로 돌아온 유대인 성도는 이방인 그리스도인과의 주도권 다툼에서 더 유대주의화 되어 갔다고 본다.

82) 참고. 하워드 마샬 외, 『성경이해: 서신서와 요한계시록』(성서유니온선교회, 2007), 189. 바울이 최초의 편지인 갈라디아서를 AD 49년경에 기록한 후 마지막 편지인 디모데후서를 AD 64년경에 기록할 때 까지 약 15년이 흘렀다. 이 15년 동안 바울의 신학이 상당히 발전되고 변경되었을 가능성은 거의 없다. 오히려 바울은 초기부터 신학의 기본적인 구조를 확립했으며, 새롭게 제기된 문제들에 대해서 탄력적으로 신학을 적용했다. 물론 바울은 개종부터 오랜 선교를 통해서 복음을 더 구체적으로 깨달았을 것이다. 프랭크 틸만, 『신약신학』, 357.

83) *ESV Study Bible* (Wheaton: Crossway, 2008), 2154. 이 글에서 서신서 각 권의 주요 주제들은 *ESV Study Bible*을 많이 참고했다.

로마서와 갈라디아서는 '바울의 새 관점'(New Perspective on Paul) 논의에 있어 중요한 본문이다.[84] E.P. Sanders(『바울과 팔레스틴 유대교』, 1977)와 J.D.G. Dunn(『바울신학』, 1998[크리스챤다이제스트, 2003]) 그리고 N.T. Wright(『바울의 복음을 말하다』, 1997[에클레시아북스, 2011])로 대변되는 새 관점주의자들은 1세기 유대교는 행위 율법 종교가 아니라, 하나님의 은혜로 구원 안으로 들어가서, 행함으로 구원 안에 머물렀던 '언약적 신율주의'를 주장한다. 동시에 새 관점 주창자들은 하나님의 은혜로 시작된 현재적 칭의가 사람의 행함에 따라 미래적 칭의로 이어질 수도 있고, 이어지지 않을 수도 있다고 주장한다. 따라서 그들은 행위에 따르는 최후 심판을 믿는다. 던은 '율법의 행위'(ἔργων νόμου; 롬 3:20; 갈 2:16; 3:2)를 구원에 이르기 위한 사람(유대인과 이방인)의 노력이 아니라, 이방인과 구분되는 유대인의 신분적 표지인 안식법, 정결법, 할례로 좁게 이해했다. 따라서 던은 율법의 행위가 이방인 성도와 유대인 성도의 연합을 훼손시키는 요소였기에 바울이 비판했다고 주장한다. 그러므로 던에 의하면 바울의 실제 적은 율법주의가 아니라 유대교의 배타주의였다.

라이트는 '하나님의 의'를 사람에게 이동된 하나님의 전가된 의가 아니라, 언약적 신실성을 가리킨다고 보았다.[85] 새 관점 주의자들은 성경 이외의 유대문헌을 많이 의존하는데, 유대교의 행위 구원을 지지하는 진술(예. 미쉬나 아봇 3:16)을 간과함으로써 자료를 환원주의적으로 활용한다. 1세기 유대교는 큰 우산 아래에 여러 명이 들어가듯이, 한 지붕 여러 가족이기에 율법과 구원에 있어 다양한 패턴을 가지고 있다. 샌더스는 1세기 유대인들이 구원 안에 머물기 위해서 율법을 지켜야 했다고 주장함으로써, 1세기 유대교가 율법주의 종교였음을 인정하고 말았다. 인간의 노력에 좌지우지되는 미래 종말론적 심판이야 말

---

84) 참고. 새 관점주의자의 최근 입장을 다루는 톰 라이트, 『칭의를 말하다』(에클레시아북스, 2011), 278; 제임스 던, 『바울에 관한 새 관점』(에클레시아북스, 2012), 36. 라이트와 던은 새 관점이 기존의 루터교의 칭의 입장을 허물지 않았으며, 옛 관점과 많은 부분을 공유하고 서로 보충한다고 말하며 다소 외교적으로(diplomatically) 새 관점을 변호한다.

85) 칭의 즉 죄인을 의롭게 하시는 예수님의 구원 사역을 바울은 다양한 이미지로 설명한다: 예수님이 형벌을 대신하여 죽으신 대속(substitution, 롬 3:23-23; 5:6-8; 6:23), 죄와 사망의 속박에서 해방하시기 위해서 죽음이라는 비용을 치르신 구속(redemption), 손상된 관계를 회복하시기 위해서 자신의 목숨을 바치신 화해(롬 5:10; 고후 5:18-20), 사람의 죄를 위해서 희생제물로 자기 목숨을 바치신 속죄(atonement, 롬 3:25), 그리스도와 연합하여 함께 죽고 부활을 경험하는 참여(롬 6:1-11; 갈 2:19-20). 참고. 포웰, 『신약개론』, 292.

로 행위 구원을 주장하는 종교의 단면이다. 바울은 로마서와 갈라디아서에서 사람의 노력이 아니라, 예수님을 믿음으로 구원을 얻는다는 구원론을 변증함이 확실하다.[86)]

## 내용

1장은 인사와 로마 방문을 원한 바울 그리고 믿음으로 사는 의인과 불의한 자(이방인과 유대인 모두)에게 내려질 하나님의 진노를 다룬다. 로마서 1:17은 로마서에 약 10회 등장하는 '하나님의 의'를 처음으로 소개한다. '하나님의 의'는 하나님이 성도에게 주시는 의로운 지위(10:3), 옳은 것을 행하시고 자신의 약속을 지키시는 하나님의 의로운 인격(3:5, 25-26), 혹은 하나님께서 자기 백성을 구원하시려고 강권적으로 개입하시는 것(1:161-7)을 가리킨다. 이처럼 로마서에서 '하나님의 의'는 다양한 문맥 가운데 사용된다.[87)]

2장은 특권을 자랑하던 유대인에게 임하는 하나님의 심판을 다룬다. 바울 당시에 로마 도시에 13개 이상의 회당이 있었고, 4-5만 명의 유대인들이 거주했다. 3장은 죄인에게 임하는 예수님을 믿음으로 가능한 의를, 4장은 믿음의 조상 아브라함을 통한 이신칭의의 예시를 소개한다.

5장은 마지막 아담이신 예수님을 통한 화평과 생명을 다루는데, 아담으로 인한 죄의 보편성은 예수님으로 인한 은혜의 풍성함에 의해서 압도된다. 6장은 죄의 몸이 멸하고 하나님과 의의 종으로 사는 것, 7장은 율법으로부터의 해방을 다룬다. 바울은 삼위일체를 다루는데, 성부는 정죄하시고 구원하시는 것을 결정하시고, 성자는 순종으로 칭의의 기초를 놓으시고, 성령은 죄와 사망으로부터 승리와 새 생명 및 새로운 생활의 양식을 주신다. 바울은 로마서 7장에서 거듭난 이후의 자신의 모습 안에 죄악 된 성향과 선한 성향이 계속해서 싸우고 있다고 탄식한다(참고. 사람 안의 선과 악이 싸운다고 보는 민수기 라바 15:17). 하지만 바울은 성령의 은혜가 이 싸움을 승리로 이끄는 해결책임을 알고 있다. 바울의 다소 부정적인 인간관은 바울의 새 관점 주의자들의 낙관적인 인간관과 상반된다. 왜냐하면

86) 참고. 쾨스텐버그 외, 『신약개론』, 465-475. 새 관점을 비판하는 또 다른 신약개론서는 도널드 해그너, 『신약 개론』, 542-546이다.

87) 프랭크 틸만, 『신약신학』, 546.

바울은 사람이 처음 칭의는 은혜로 받지만 최종 칭의는 인간의 행위로 가능하다고 가르치지 않기 때문이다. 성령은 성도가 받은 구원의 알파이시며 오메가이시다. 8장은 성령 안에서의 삶과 그리스도와 함께 누리는 상속과 장차 나타날 영광과 하나님의 변함없는 사랑을 설명한다.

9장은 긍휼히 여길 자를 긍휼히 여기시는 하나님의 주권적인 선택과 유대인의 불신앙을, 10장은 우주적 구원 계획을, 11장은 이스라엘의 남은 자와 접붙임 당한 이방인들을 다룬다. "온 이스라엘이 구원을 받을 것이다"는 로마서 11:26의 해석은 다양하다. (세대주의) 전천년주의자들(월부르드, 래드, 쿨만)은 혈통적인 유대인이 미래에 거국적으로 구원받을 것이라는 의미로 본다. 하지만 로마서 9-11장에 11회 등장하는 '이스라엘'은 유대인들을 가리키는 것이 분명한데, 다수의 개혁주의 학자들(후크마, 바빙크, 벌코프, 리덜보스, 스트림플)은 유대인 중에서 구원받기로 예정된 사람들은 남김없이 구원을 받을 것이라고 본다.[88] 12장은 거룩한 예배적 삶과 은사 활용을, 13장은 권세자에게 순종할 것과 사랑을 통한 율법의 완성을 소개한다. 14장은 채소만 먹는 약한 자와 강한 자에게 주는 권면과 형제를 실족하게 말 것에 대한 권면을, 15장은 유대인과 이방인의 소망이신 예수님과 바울의 로마 방문 계획을, 16장은 바울이 26명을 거론하며 로마 교회에게 보낸 안부와 마지막 권면을 언급한다.

바울은 16:17-19에서 분쟁을 야기하는 거짓 교사들에게 마지막 경고를 잊지 않는다.

## 결론

바울은 로마교회에게 복음은 구약의 성취로서 구약과 연속선상에 있음을 설명한다. 복음은 죄악에 빠진 인간의 상태를 전제로 하여, 그리스도 안에서 하나님의 은혜로 이방인과 유대인 모두에게 구원을 제공하는 것이다. 따라서 로마서의 메시지는 초시간적이다. 동시에 바울은 구체적으로 로마 교회 안의 유대인 성도와 이방인 성도 사이의 갈등 문제도 다룬다.

---

88) 참고. 코르넬리스 비네마, 『개혁주의 종말론 탐구』, 177, 284. 후천년주의가 복음의 확장을 강조하기에, 유대인의 거국적 회심에 다소 호의적인 면이 있지만, 모든 후천년주의자가 전천년주의자들이 강조하는 유대인의 거국적 회심을 지지하는 것은 아니다. 전천년주의는 유대인의 개종과 백 투 예루살렘 운동과 직간접으로 연결된다.

## 고린도전서

| 성경 | 바이블 키 |
|---|---|
| 고린도전서 | 문제 있으나 여전히 존귀한 교회 |

바울의 4대 서신은 로마서, 갈라디아서, 그리고 고린도전후서다. 고린도전서는 AD 55년경 바울이 고린도교회에 보낸 편지로 바울 서신 중에서 로마서와 더불어 가장 긴 서신이다. BC 27년부터 고린도는 아가야 지방의 수도이며 로마 총독의 소재지였다(참고. 총독 갈리오, 행 18:12). 바울은 2차 전도 여행 중에 고린도교회를 설립했다(행 18:1-17).

이 편지에서 바울의 주된 관심사는 복음의 신학적인 의미인데, 그 이유는 복음의 신학적 의미가 다양한 신학적 주제, 윤리, 도덕 등에 영향을 미치기 때문이다. 바울은 교회론을 중점적으로 다루었으며, 더불어 십자가, 은사, 부활 등에 관한 고린도 교회의 잘못된 견해를 수정했다. 고린도전서는 교회의 여러 문제들을 다루는 매우 목회적인 편지인데, 기독교의 기본적인 진리에서 이탈한 성도를 바로 잡으려고 한다. 바울은 고린도전서 5:9에 언급된 '내가 너희에게 쓴 편지' 즉 고린도전서 이전에 서신을 보내었는데(아마 54년경), 고린도교회는 그 내용을 오해했다(고전 5:9-13). 그리고 고린도후서 2:4와 9절에 언급된 '눈물의 편지'('슬픔의 편지' 혹은 '혹독한 편지', 55년 하순경) 역시 지금은 분실되었다. 이 '눈물의 편지'가 고린도전서를 가리키는 것이 아니라면, 바울은 고린도 교회를 위해서 총 4편의 편지를 썼다.[89] 바울은 고린도 교회 때문에 마음이 눌리고 염려를 했는데(고후 11:28), 고린도교회보다 바울에게 염려를 끼친 교회는 없었다(고후 6:3-13).

## 구조

| 1:1-9 | 서언 | | |
|---|---|---|---|
| 1:10-6:20 | 구두 보고에 대한 답변 | 1:10-4:20 | 기독교 사역자들과 사역에 대한 적절한 시각 |
| | | 5:1-13 | 교회 안의 부도덕 |
| | | 6:1-11 | 신자 사이의 분쟁과 세상 법정에 송사 |
| | | 6:12-20 | 그리스도 안에서의 자유와 존재하는 제한 |

| 7:1-16:4 | 고린도 교회로부터 온 편지에 대한 답변 | 7:1-40<br>8:1-11:1<br>11:2-34<br>12:1-14:40<br>15:1-58<br>16:1-4 | 성과 결혼<br>우상제물<br>예배<br>은사와 은사를 시행하는 방법인 사랑<br>부활<br>구제 연보 |
|---|---|---|---|
| 16:5-24 | 결어 | | |

## 주제

고린도전서의 주요 주제들은 다음과 같다: 교회는 성령의 거처이기에 교회를 구성하는 사람들은 서로 연결되어 통일성을 유지해야 한다(3:10-16; 14:12). 그리스도인은 실제적으로 교회를 세워가야 하는데, 약한 성도를 배려하고(8:1-9:18; 10:28, 33), 세상의 문화를 잘 파악함으로써 불신자에게 복음을 전하고(9:19-23; 10:27, 32-33), 예배에 참여한 불신자가 납득할만한 방식으로 예배를 드리고(14:16, 23-25), 자기 과시가 아닌 건덕을 위해서 은사를 예배에 활용해야한다(11:2-16; 12:12-30; 14:1-35). 그리스도와 성도 간의 긴밀한 교제만큼이나 성관계는 심오하기에, 성관계는 부부 관계로 한정되어야 한다(5:1-13; 6:12-20; 7:5, 9, 36). 세례와 성찬은 하나님이 의도하신 대로 시행되어야 한다(1:14-17; 10:1-5; 11:17-34; 15:29-34). 육체의 부활은 그리스도인의 믿음과 실천에 있어 매우 중요한 요소이다(6:14; 15:1-58).

## 내용

1장은 인사와 교회 안의 분열에 대한 비판과 능력과 지혜이신 그리스도를 소개한다. 헬라의 신비종교는 입문자가 비법전수자들(mystagogues)과 특별한 방식으로 하나가 되었다고 느꼈는데, 고린도 교인은 지도자들을 이런 비법전수자들과 같은 수준으로 끌어올렸던 것 같다. 1:12의 '그리스도파'는 승천하신 그리스도로부터 직접 계시를 받는다는 열광

89) 포웰, 『신약개론』, 330; 도널드 해그너, 『신약 개론』, 703-704.

주의자로 볼 수 있다.[90]

2장은 십자가에 죽으신 그리스도를 전하는 바울과 성령을 통한 지혜를, 3장은 하나님의 동역자인 바울과 고린도 교회의 지도자들을 소개한다. 4장은 하나님의 비밀을 맡은 성도의 충성스런 사역을 소개한다. 4:8은 고린도 교회가 과도히 실현된 종말론에 심취했음을 보여준다. 5장은 교회를 더럽히는 음행을 다룬다. '고린도화 되다'(corinthianize)는 간음하다는 뜻이며, '고린도식 생활'(Corinthian life)는 화려하고 방종한 생활을 가리킨다. 6장은 세상 법정에 고소하는 문제와[91] 음행에 대한 경고를, 7장은 결혼과 독신의 은사에 대하여 다룬다.

8장은 우상에게 바친 제물을 먹는 문제를, 9장은 사도의 권리를 사용하지 않는 바울을, 10장은 우상 숭배에 대한 경고를 다룬다. 11장은 여자가 예배 중에서 숄을 착용할 것과 성만찬에 대해, 12장은 성령의 은사를 다룬다. 13장은 은사를 활용하는 가장 좋은 길인 사랑을(참고. 12:31), 14장은 예언과 방언 중심의 은사를 예배 중에 활용하는 방식에 대해 권면한다. 15장은 그리스도의 부활과 죽은 자들의 부활을, 16장은 헌금의 원리와 바울의 여행 계획 그리고 마지막 인사를 언급한다.

---

90) F.C. Baur는 '베드로파'와 '그리스도파'는 율법 중심의 복음을 주장했고, '바울파'와 '아볼로파'는 믿음 중심의 복음을 주장했다고 보았다. 참고. 도널드 해그너, 『신약 개론』, 708.

91) 성도는 부득이한 경우 세상 법정에 송사할 수 있는가? 이에 대한 신약 성경과 칼빈의 가르침을 살펴보자:
(1) 고전 6:1-11 해석: 고전 6:2를 주석하면서, 칼빈은 "바울은 여기서 불가피한 경우에 믿지 않는 세상 법정에 소송을 하는 것을 정죄하는 것이 아니다. 예를 들면 법에 고소할 수 있다. 그러나 바울이 책망하는 것은 그 방법이 아닌 다른 해결책이 있는데도 불구하고 그들의 손으로 믿는 형제들을 세상 법정에 고소하는 경우를 말하고 있는 것이다. ... 만일 당신을 상대로 한 고소 사건이 발생하였다면, 법정에 출두하여 당신의 사건을 해명하여야 한다"고 설명한다. 고전 6:8은 불의를 행하여 피해를 입힌 사람(피고)에 대한 바울의 책망이다. 만약 모든 악과 불의를 세상 법정에 고소하는 대신에 손해를 감수하고 묵인하고 받아들인다면, 교회나 기독 공동체는 악으로 가득할 것이다. 고린도 교회의 송사는 피해를 입은 사람이 양보하면 해결될 두 성도 간의 문제였지만, 개인 차원을 넘어선 경우는 달리 접근해야 한다. 고전 6:1-11의 교훈이 교인들 사이에 일어나는 모든 문제를 예외 없이 교회 안에서 해결해야 함을 의미하는 것은 아니다. 일상생활에서 발생한 특정한 하나의 민사 문제(재산 손해)를 다루는 고전 6장은 횡령과 같은 형사 문제를 다루지 않기에, 소송 문제 전체를 고전 6장에만 근거하여 최종 결론을 내리는 것은 경솔한 일이다(길성남, p. 154). 악을 악으로 갚겠다는 생각을 버리고, 자신의 처지를 공적인 보호자인 재판관에게 순전히 맡긴다면 민사 문제로도 성도가 성도와 소송할 수 있고 마땅하다.
(2) 롬 13장 해석: 바울은 롬 13:1, 3-4에서 "하나님께로부터 오지 않은 권세가 없으니 … 통치자들은 악한 행위에 대하여만 두려움이 된다.… 통치자는 너의 유익을 위하여 일하는 하나님의 일꾼이다.… 그는 하나님의 일군(사역자)이 되어 악을 행하는 자에게 하나님의 진노를 집행하는 자이다"고 밝힌다. 롬 13:3-5를 주석하면서 칼빈은 "악인의 횡포가 저지되지 않으면 … 전반적인 파멸이 오고야 말 것이다.' … (통치자들이) 죄 있는 자들의 피를 흘리

## 결론

고린도전서는 바울의 4대 주요 서신 중 하나인데, 바울은 고린도교회에서 일어난 다양한 문제를 지적하며 해답을 제시하고, 교인들이 제기한 문제들에 답변을 한다. 분파, 제사 음식, 성윤리, 사랑으로 은사를 활용하는 방법, 세상 법정에 고발하는 문제, 과도히 실현된 종말론이 초래한 부활 논쟁, 구제 헌금 등을 다룬다.

---

는 것(즉 악인을 처벌하는 것)을 부당한 것으로 여기는 자들은 하나님을 상대로 다투는 것이다.… 칼로 무장한 위정자가 악인을 처벌할 때 마다, 그는 하나님의 재앙을 수행함으로써 하나님의 명령에 순종하는 셈이다.…우리 개인에게는 주님께서 우리 위에 세워 놓은 자의 권위를 박탈할 권리가 없다"고 밝힌다. 교인들 사이에 일어나는 심각한 악행에 대한 처벌을 세상 관원들에게 맡기는 것은 지극히 당연한 일인데, 그것은 사법기관의 고유한 권한에 속한 것이기 때문이다. 그런 악행을 사법기관에 맡기지 않고, 교회가 스스로 조사하고 처벌하는 것은 명백한 잘못이다. (3) 결론: 이상에서 살펴본 신약 성경의 가르침은 우리에게 현실적인 교훈을 준다. 우리는 '불신 법정'이라고 부르기보다 '세상 법정'이라 불러야 한다. 대부분 불의하고 하찮은(고전 6:1, 4) 불신 판사로 구성되었던 사도 바울 당시와 달리, 오늘날 세상의 법정에는 그리스도인들이 나름 역할을 하고 있다. 부분적이라 할지라도 법조계 안에도 예수 그리스도의 통치가 공적인 선을 이루는 그리스도인들을 통하여 이루어지고 있다. 세상의 법정과 세상의 통치자들이 성도에게 미치는 긍정적 기능(참고. 벧전 2:13-14)을 무시하고 일방적으로 부정적으로만 묘사하는 것은 하나님이 세우신 일반 은총을 가볍게 여기는 것이다. 참고. 길성남. "형제가 형제와 더불어 소송하느냐?: 고린도전서 6:1-11에 대한 주석적 연구,"『개혁신학과 교회』, 28(2014), 131-161. 그리고 칼빈의 로마서 및 고린도전서 주석.

# 고린도후서

| 성경 | 바이블 키 |
|---|---|
| 고린도후서 | 문제 있으나 여전히 존귀한 새 언약 백성 |

고린도전서가 기록된 후 약 1년 정도 지나서 56년경 바울이 기록된 편지이다(참고. 고후 8:10; 9:2). 이 때는 3차 전도 여행을 마무리하는 시점인데, 기록 장소는 마게도니아로 추정된다. 고린도후서는 바울 서신 중에서 가장 개인적이고 격식이 없는 편지로 보인다. 고린도전서와 마찬가지로 고린도 교회의 실제적인 문제를 다루고 있지만 그 내용은 철학적인데, 자신의 사역에 대한 철학이 많이 담겨 있기 때문이다. 고린도후서의 주제는 참 지식, 옛 언약과 새 언약, 고난과 인내, 몸과 그리스도의 몸의 중요성, 성도의 갈등과 바람직한 해결, 권위의 사용과 오용 등이다.

## 구조

| | | | |
|---|---|---|---|
| 1:1-11 | 서언 | | |
| 1:12-2:11 | 바울과 고린도 교회의 관계 | | |
| 2:12-7:16 | 바울의 사역 변증 | 2:12-17 | 드로아와 마게도니아 사역 |
| | | 3:1-3 | 바울의 추천서 |
| | | 3:4-6 | 바울의 확신 |
| | | 3:7-18 | 새 언약의 사역 |
| | | 4:1-6 | 드러난 진리 |
| | | 4:7-18 | 질그릇과 보물 |
| | | 5:1-10 | 임박한 부활 |
| | | 5:11-6:2 | 화해 사역 |
| | | 6:3-13 | 고난 목록[92] |
| | | 6:14-7:1 | 바울의 대적자로부터의 분리 요청 |
| | | 7:2-16 | 바울의 최종 변증 |
| 8:1-9:15 | 예루살렘 교회를 위한 헌금 | | |
| 10:1-13:4 | 사도직에 대한 바울의 변호 | | |

| 13:5-12 | 마지막 당부 |
| --- | --- |
| 13:13 | 마지막 인사 |

## 주제

고린도후서의 주요 주제들은 다음과 같다: 사도의 고난 안에 구체화된 그리스도의 십자가는 거짓 사도와 사탄의 종들의 잘못된 가르침을 폭로한다(11:13-15). 예레미야 31:31-34와 에스겔 36:26-27의 성취로써 바울은 새 언약의 일군이 되어 성령과 의를 전파한다(3:3, 6-9; 5:14-15, 21). 적의(敵意) 가운데서 인내하고 그리스도를 닮아 행하는 것은 하나님의 은혜로만 가능하며, 타락한 세상 속에서 하나님의 현존과 능력을 드러내는 방식이다(1:12-14; 6:1; 9:13-15; 12:7-10; 13:4). 성령의 임재와 능력은 하나님의 의로운 새 창조를 누리는 성도를 하나님의 형상으로 변혁시킨다(3:18; 4:4; 5:15, 17-21). 회개는 하나님과 교회와 이웃을 사랑하는 거룩한 삶으로 이어진다(6:14-7:1; 8-9). 구주 그리스도는 행한 대로 심판하시는 분이며, 성도 안에 거하시는 성령은 미래적 구원과 의를 보장하신다(1:14; 3:6; 5:5, 9-11).

고린도후서는 단편들의 모음이라는 가설에도 불구하고 통일된 하나의 편지이다. 예를 들어, (드로아에서 디도를 못 만나고 바울이 마게도니아로 갔다고 언급하는) 고린도후서 2:13을 7:7로 곧바로 연결하는 것은 '나'에서 '우리'로 연결되기에 어색하다. 고린도후서 1:1-2:13과 2:14-7:3의 어조가 다르다는 사실은 과장되었다. 왜냐하면 바울은 두 단락에서 일관되게 변증적 자세를 취하기 때문이다(특히 1:15-2:4). 많은 학자들은 고린도후서 6:14-7:1가 전후 문맥에 어울리지 않는다고 주장하지만, 이런 가설은 고린도후서

92) 바울의 고난 목록(hardship catalog)은 스토아 학파와 공유하는 부분이 있다. 고난을 견디는 것은 그 사람이 가치 있고 명예로운 사람임을 증명한다는 사실이다. 하지만 바울은 그 당시 철학자들과 달리, 고난을 견딘 것은 자신의 자질 때문이 아니라, 하나님의 능력 덕분이라고 밝힌다(고후 1:9; 4:7). 물론 바울은 일부 철학자들처럼 고난을 신의 무관심이나 냉대로도 보지 않는다. 참고. DeSilva, *An Introduction to the New Testament*, 588.

의 통일성을 부정할 만큼 객관적이거나 결정적이지 않다. 서신의 통일성을 제쳐두고 여러 단편들로 나누는 것은 학자들의 변덕이요 탁상공론일 뿐이다.[93] 논의의 흐름이 자연스럽지 못한 단락은 우리가 바울의 편지 구성을 더 세밀하게 연구하여 풀어야 할 숙제다.

## 내용

1장은 인사와 위로의 하나님과 바울의 여행 계획의 변경에 대하여, 2장은 잘못을 범한 자를 용서하는 바울과 그리스도 안에서의 승리와 구원과 생명을 다룬다. 3장은 새 언약의 일꾼이 수행하는 영광스러운 살리는 일들을 다룬다. 옛 언약의 율법 조문은 죽이고 정죄하고 없어질 것이지만, 새 언약은 성령께서 살리고 의를 주시는 영원한 것이다. 4장은 질그릇에 가지고 있는 보배이신 그리스도를 소개한다. 5장은 하늘에 있는 영원한 집과 화목하게 하는 직분에 대해 다룬다. 5:17에서 새 창조를 언급한 후, 5:18-21에서 바울 신학의 핵심 개념 중 하나인 화목 주제로 넘어간다. 6장은 성령의 전인 성도에 관해 다루고, 7장은 디도를 만난 바울의 기쁨과 진정한 회개를 다룬다.

8장은 성도를 위해서 가난하게 되신 그리스도 그리고 디도에 대해 언급한다. 9장은 예루살렘 성도를 위한 헌금에 동참하라는 권면을, 10장은 육체를 자랑하거나 육체를 따라 행하지 않는 삶을 설명한다. 11장은 바울과 거짓 사도들의 대조와 참 사도로서 당한 바울의 고난을, 12장은 바울이 본 환상과 겸손 그리고 고린도 교회에 대한 바울의 염려를 다룬다. 7절의 바울의 육체에 있던 가시는 약한 시력(참고. 갈 4:15; 6:11), 언어 장애(고후 10:10), 만성 두통(터툴리안), 독신으로 살면서 겪은 성적 유혹(칼빈, 루터) 등 해석이 분분하다.[94] 이 질병이 무엇이건 간에 바울에게는 큰 고통을 안겨주었고, 주님의 재림 전에 자신이 죽을 수 있다고 생각하도록 만들었으며(4:7-18), 또한 죽음과 부활의 본질(5:1-10)에 대해서 숙고하도록 만들었을 것이다.[95] 13장은 죄지은 자들에 대한 바울의 마지막 경고와 인사를 다룬다.[96]

---

93) DeSilva, *An Introduction to the New Testament*, 577.
94) 포웰, 『신약개론』, 336.
95) 도널드 해그너, 『신약 개론』, 740.

## 결론

바울은 고린도 교회에게 '눈물의 편지'를 쓰고 난 후 얼마 지나지 않아서 고린도후서를 썼다. 자신의 서신을 접한 고린도 교인이 보여준 태도의 변화와 자신을 반대하지 않고 오히려 순종을 지속하는 교인들의 모습에 안도감과 감사를 표현한다. 고린도후서는 바울의 환난, 약할 때 주어지는 강한 능력을 비롯한 다양한 주제, 그리고 예수님의 고난을 본으로 삼는 사역자에 대한 설명을 담고 있다.

96) 고후 10-13장의 어조가 이전 장들과 급격히 다르므로, 고린도후서와 다른 별개의 편지라는 가설이 제기되었다. 하지만 바울이 고후 1-9장을 기록한 후에 고린도교회의 형편을 추가로 듣고 나서 고린도후서의 결론부로 기록했을 가능성이 있다. 참고. 도널드 해그너, 『신약 개론』, 704.

# 갈라디아서

| 성경 | 바이블 키 |
|---|---|
| 갈라디아서 | 자유케 하는 이신칭의의 복음 |

바울이 1차 전도 여행과 예루살렘 공의회 사이인 AD 48-49년경에 기록한 편지로서, 바울 서신은 물론 신약 성경 가운데서 가장 이른 저작으로 보인다. 이 이유로 다수의 신약 개론서들은 신약 서신서 중에서 갈라디아서를 제일 먼저 다룬다. 갈라디아서의 수신자가 갈라디아 남부에 살았는지 아니면 북부 거주민인지 논란이 되는데, 주로 18세기 이전의 북 갈라디아설(영토[territory]가설, 민족가설)과 19세기 말 W.M. Ramsay 이후의 남 갈라디아설(지방[province]가설)로 나뉜다. 갈라디아는 BC 25년에 로마제국의 주(州)가 되었는데, 바울 당시에 갈라디아는 BC 278년에 소아시아로 이주한 켈트족을 포함한 여러 인종을 포함했다.

바울 서신의 역사적인 배경의 재구축을 위해 중요한 사도행전 16:6에 의하면, 성령이 바울로 하여금 소아시아에서 복음을 전하지 못하게 하시자 2차 전도 중이던 바울 일행은 갈라디아와 브루기아 땅을 지나갔다. 사도행전 18:23에 의하면, 제3차 전도를 시작 할 무렵, 바울이 브루기아와 갈라디아의 제자들의 믿음을 굳게 했다.

남 갈라디아설이 유력한 이유는 다음과 같다: (1) 사도행전의 바울은 남 갈라디아교회(비시디아 안디옥, 루스드라, 이고니움, 더베)에 대해서 상당한 정보를 가지고 있으나 북 갈라디아교회(앙카라, 페시누스, 타비움)에 대한 정보는 전무하다. (2) 바나바가 갈라디아서에서 세 번 언급되는데(2:1, 9, 13), 그는 1차 전도 여행 중에 남 갈라디아의 도시들을 방문했다. (3) 남 갈라디아보다 더 험한 지형을 가진 북 갈라디아를 연약한 형편에 처했던 바울이 첫 번째(갈 4:13; 참고로 북 갈라디아설은 '두 번째 방문 가운데 첫째'라고 이해함) 갈라디아 전도 여행 중에 다니며 전도하기는 어려웠을 것이다. (4) 바울은 '갈라디아'를 켈트족(Celts)과 같은 '인종'이나 '민족'보다 여러 도시들을 포함하는 '지방'을 가리키는 로마의 공식 명칭으로 사용하는데, 예를 들어, 터키 서남부의 여러 도시들을 포함하는 지방인 '아시아'나 안디옥 도시를 포함하는 지방인 '비시디아'도 마찬가지다. (5) 북 갈라디아에서 온 구제 헌금의 모금 대표자는 없지만, 남 갈라디아의 더베 사람 가이오와 루스드라 출신 디모데는 언급된다(행 20:4). (6) 바울이 지닌 '예수님의 흔적'(갈 6:17)은 남 갈라디아의 루스드라에서 당한 고난을 기술하는 사도행전 14:19와 관련될 수 있다(비교. 갈 4:14의 '하나님의 천사'와 행 14:12). (7) 북 갈라디아인들이 공용어였던 헬라어를 이해했을 것이지만, 바울이 서신을 기록한 헬라어는 그들의 모국어가 아니다. (8) 바울은 주로 교통망이 잘 정비된 대도시에서 복음을 전했는데, 북 갈라디아에는 해당되지 않는다.[97] 남 혹은 북 갈라디아서는 바울의 연대기와 역사를 재구성하는데 중요하지만, 갈라디아서를 이해하는데 결정적인 요소가 되거나, 이 서신의 해석을 뒤바꿀 정도로 중요한 것은 아니다.[98]

바울은 갈라디아서를 유대주의화(참고. 5:11의 할례) 하려고 했던 거짓 교사들의 활동을 막기 위해서 기록했는데(1:6-7; 2:4-5; 3:1; 4:17; 5:7-12; 6:12-13), 그들은 도덕적 방종(특히 5:13)도 부추겼다. 바울이 다소 비꼬면서 거짓 교사들을 '성령의 사람'(6:1; 개역개정은 '신령한 너희는')이라고 부른 것처럼, 그들은 방종하게 살면서도 영화롭게 사는 지혜자로 자처했다.

갈라디아서의 주요 신학적 강조점은 예수 그리스도 안에 있는 성도의 자유인데, 바울은 이 자유의 본질 및 원칙 그리고 이 자유를 대항하는 자들에 대해 때로는 격한 감정을 가지고 설명한다. 바울의 논조는 처음부터(1:1) 끝까지(6:17) 다소 감정적이고 논쟁적이다(참고로 '악한 세대', 갈 1:4). 바울은 편지 앞부분인 1:6에서 감사 대신 "내가 이상히 여기노라"고 말하고 난 후, 문제를 일으킨 유대주의자에게 두 번씩이나 저주(ἀνάθεμα)를 퍼 붓는다(1:8, 9). 바울은 유대주의자에게 적개심을 표현한다(5:12). 이원론적인 대립도 강하다: 종노릇과 자유, 영과 육, 율법(32회 등장)과 믿음(자유: 11회 등장), 그리고 죽음과 생명. 이런 이원론적인 대립은 독자로 하여금 바울의 관점을 따르도록 하는 효과와 적대자들과 독자들 사이의 경계선(boundary)을 강화하는 효과가 있다. 즉 갈라디아 교회 내부 결속 차원의 효과를 겨냥한 것으로 보인다. 이 이유로 갈라디아서는 변증적인 수사적(forensic

---

97) 참고. 쾨스텐버그 외, 『신약개론』, 507-508; 랄프 마틴, 『신약의 초석 II』, 223-224; 거스리, 『신약서론』, 429-430; T.R. Schreiner, *Galatians* (ZECNT; Grand Rapids: Zondervan, 2010), 27-28.
98) 참고. Schreiner, *Galatians*, 29.

rhetoric) 서신으로 분류될 수 있다.[99] 바울의 질책과 요구 그리고 변증의 성격을 띤 서신이다. 덧붙여 '하늘의 편지'로 간주할 수 있는데, 이는 바울의 사도성이 신적 기원을 가지며 그리스도의 사도로서의 바울이 부각되어 있기 때문이다.

## 구조

| | | | |
|---|---|---|---|
| 1:1-5 | 서언 | | |
| 1:6-11 | 본론의 서언: 다른 복음은 없다는 기본적인 전제 | | |
| 1:12-2:21 | 복음은 사람의 복음이 아님 | | |
| 3-4장 | 이신칭의에 대한 신학적 논의 | 3:1-14<br>3:15-20<br>3:21-29<br>4:1-7<br>4:8-20<br>4:21-31 | 믿음의 법<br>율법과 약속<br>자유 혹은 속박<br>자녀와 종<br>바울의 염려와 호소<br>사라와 하갈 |
| 5-6장 | 성령을 통한 새로운 생활에 대한 권면 | 5:1-12<br>5:13-25<br>5:26-6:10<br>6:11-17<br>6:18 | 그리스도인의 자유<br>육체와 성령<br>겸손, 지원, 열정<br>본론의 마무리<br>결어[100] |

## 주제

갈라디아서의 주요 주제들은 다음과 같다: 속죄의 죽음으로써 그리스도는 성도에게 대속의 은혜와 자유와 생명을 주셨다(1:4; 2:20; 3:13). 그리스도의 구원의 복음은 사람

---

99) 대중 연설에 사용된 수사(rhetoric)를 바울이 공동체인 교회를 위해서 사용하는 것은 이상하지 않다. 그리고 대중적인 수사학을 개인적인 대화나 개인 서신에도 적용할 수 있다. 바울 서신을 고전 수사학으로 분석하는 것 외에, 그 당시 서신들의 양식 및 내용과 비교하는 서신분석(epistle analysis)도 유익하다.

100) 참고. A.B. Du Toit (ed), *Guide to the New Testament*. Vol. V. (Pretoria: NGKB, 1988), 105-106. 참고로 바울의 새 관점'(New Perspective on Paul; 종종 NPP로 축약)에 대한 소개 및 비평은 가이 프렌티스 워터스, 『바울에 관한 새 관점: 기원, 역사, 비판』(R&R, 2012) 그리고 이승구, 『톰 라이트에 대한 개혁신학적 반응』(합신대학원출판부, 2013)을 참고하라.

이 아니라 하나님에게서 온 것인데, 바울의 개종도 사람에게 문의한 것이 아니라 하나님의 은혜와 계시 덕분이었다(1:1, 11-12, 15-20). 복음은 율법 조항을 행함으로가 아니라 칭의로 이끄는 믿음으로 역사한다(2:16). 할례, 안식법 그리고 정결법을 믿음의 필수적인 보충 요소들로 간주하면 은혜와 믿음과 자유의 영역으로부터 성도를 끌어내리고 만다(2:12-14; 3:10; 4:10; 5:3). 아브라함과 하박국은 이신칭의의 복음을 보여준다(창 15:6; 합 2:4). 그리스도인의 삶은 그리스도와 함께 살고 육체를 죽이는 것이다(5:6, 16, 18, 25). 그리스도인의 삶은 사람을 기쁘게 하는 대신, 그리스도를 기쁘게 하며 고난도 감내한다(1:10; 6:12, 14).

여기서 바울과 갈라디아서의 연대기와 관련된 문제를 다루어 보자. 갈라디아서 2:1에 의하면 바울은 14년 후에 바나바와 디도와 함께 예루살렘으로 '다시' 올라갔다. 이것은 바울이 회심한 후 3년이 지나 이루어진 제 1차 예루살렘 방문(갈 1:18=행 9:26)부터 제 2차 예루살렘 방문이 이루어지기 까지 14년이 걸렸다는 뜻이다. 제 2차 예루살렘 방문은 사도행전 11:27-30에 나타난 시리아 안디옥 교회가 예루살렘 교회를 위해 모은 구제헌금을 전달하기 위한 AD 47년경의 방문이다. 바울은 이 14년 동안 예루살렘 교회의 지도와 감독을 받지 않고 예수 그리스도의 권위 아래 독자적인 사역을 감당했다.

그렇다면 이렇게 주장할 수 있는 근거는 무엇인가?[101] (1) 사도행전 11:27-30은 바울의 이방 선교에 대한 사도들의 논의, 예를 들어, 예루살렘 회의에서 결정한 세 가지 결정 사항들을 언급하지 않는다. 따라서 사도행전 15:1-20의 예루살렘 회의는 바울이 회의에 참여하기 위해서 세 번째 방문한 것이다. (2) 이방인 성도와의 식탁 교제와 관련된 베드로의 망설임(갈 2:12)은 갈라디아서가 예루살렘 회의 이전에 기록되었다면 잘 어울린다. (3) 갈라디아서 2:1-10은 예루살렘에서의 사적인 모임을 기술하고 있으나, 바울의 세 번째 방문인 사도행전 15장은 공적인 회의를 언급한다. (4) 갈라디아서 2:1-10에서 예루살렘 교회가 당한 기근에 대한 구체적인 언급이 없지만, 자신의 방문이 계시를 따른 것이라는 바울의 언급은 그 기근에 대한 아가보의 환상을 가리킬 수 있다(참고. 행 11:28). 이

---

101) 그랜트 오스본 (ed), 『갈라디아서』 (LAB주석시리즈; 성서유니온선교회, 2006), 87; 쾨스텐버그 외, 『신약개론』, 509-512; 랄프 마틴, 『신약의 초석 II』, 228, 231.

아가보의 예언을 계기로 바울은 구제 헌금 전달을 위해서 예루살렘으로 파송되었을 것이다. (5) 갈라디아서 2:1의 '14년 후'를 혹자는 바울의 회심 후 14년 후로 본다(예. W.M. Ramsay, 김세윤). 하지만 바울은 갈라디아서 1:18-21에서 예루살렘 방문을 시간 계산의 시점으로 삼고 있으며, 2:1의 첫 단어 Ἔπειτα(then)는 사건을 연대기적으로 기술하는 표현이다. 그렇다면 예루살렘 기근 구제 방문(행 11:30; 갈 2:1)은 AD 47년경, 바울의 1차 선교 여행(행 13:4-14:28)은 47-48년경, 갈라디아서 기록은 48-49년경, 예루살렘 공회(행 15:1-20)는 49년이 된다.

## 내용

1장은 인사를 간단히 한 후, 다른 복음이 있을 수 없음을 설명한다. 2장은 예루살렘의 사도들에게 인정을 받은 바울과 시리아 안디옥 사건에서 가식적으로 행동한 베드로를 책망한 바울을 소개한다. 바울이 유대주의적 성향의 성도를 의식하여 이방인 성도와 식탁교제를 꺼린 베드로를 책망한 것은 자신의 사도적 권위를 증거하는 것으로 보인다. 갈라디아서가 사도행전 15장의 예루살렘 공의회 이전에 기록되었기에, 베드로는 공회의 결정 사항을 알 수 없었다. 2:21에서 바울은 그리스도의 죽으심으로 가능하게 된 구원을 베푸시는 하나님의 은혜를 강조한다.[102]

3장은 의롭게 되는 것이 믿음으로 가능한지 아니면 행위로 가능한지 다룬다. 바울은 구체적으로 갈라디아 교회를 위협했던 유대주의자들을 비판하면서(비교. 새 관점주의자의 인종적-사회적 차원의 율법의 행위), 동시에 모든 사람들이 행위구원을 추구한다면 미래 종말에 하나님의 법정에서 받을 심판을 경고한다.[103] 율법의 행위는 유대인이건 이방인이건 그 누구도 구원으로 이끌 수 없기 때문이다. 갈라디아서에서 이신칭의는 이방인들이 할례에 굴복하지 않도록 보호하는 전략으로 사용된다. 그러나 이신칭의는 보편적인 진리이

101) 그랜트 오스본 (ed), 『갈라디아서』 (LAB주석시리즈; 성서유니온선교회, 2006), 87; 쾨스텐버그 외, 『신약개론』, 509-512; 랄프 마틴, 『신약의 초석 II』, 228, 231.
102) 참고. '하나님의 은혜'를 바울 신학의 중심으로 보는 프랭크 틸만, 『신약신학』, 756.
103) 프랭크 틸만, 『신약신학』, 429-231.

기에, 유대인이건 이방인이건 모두에게 적용되어야 한다.[104] 4장은 세상의 초보적인 원리에 복종하던 종이 아니라 하나님의 아들과 상속자로 사는 방식에 대해서 그리고 자유하는 여자 사라와 여종 하갈의 대조를 다룬다.

5장은 그리스도인이 누리는 자유와 성령을 따르는 삶에 대해 다룬다. 자유와 구분되어야 하는 방종은 사랑의 통치를 받을 때 발생하지 않는다(5:13-15). 6장은 성도가 서로 져야 할 짐과 마지막 경고 그리고 축도로 마친다.

## 결론

갈라디아서는 바울의 최초 서신인데, 구원은 이신칭의로 가능함을 유대주의자들을 논박하며 강조한다. 이신칭의는 모세 율법을 준수함으로 가능하지 않고, 그리스도의 죽음에 기초를 둔 믿음으로 말미암아 주어지는 은혜이다. 바울은 모세 율법에서 해방된 그리스도인의 자유를 성도 안에 역사하시는 성령님의 역사로 강조한다.

---

104) 도널드 해그너, 『신약 개론』, 658.

## 에베소서

| 성경 | 바이블 키 |
| --- | --- |
| 에베소서 | 그리스도 안에 나타난 새 인류인 교회와 만유의 통일 |

바울이 AD 52-55년 동안 사역했던 에베소 교회에게 AD 62년경 로마의 1차 투옥 기간에 쓴 편지(captivity epistle)이다. 에베소서는 바울 서신의 걸작이자 극치이며, 바울 신학의 기본 주제들을 농축해 놓은 서신이다.[105] 이레니우스, 알렉산드리아의 클레멘트, 터툴리안 등은 바울이 에베소서를 기록했다고 증거한다. 19세기 비평가들이 바울 저작을 반대하기 시작한 시점까지 에베소서의 바울 저작 진정성에 의문이 제기되지 않았다. 비평가들은 에베소서의 저자가 바울의 진정성이 인정된 서신들에는 등장하지 않는 단어 44개를 사용한 점 그리고 저자와 수신자들 사이에 따뜻한 감정과 교류가 나타나지 않은 점(비교. 골 1:7 이하; 2:5-16; 4:12)을 근거로 제시한다. 하지만 이 44개 단어 중에서 25개가 바울의 동역자 누가가 쓴 누가복음과 사도행전에 나타나며,[106] 에베소서와 사도행전 20장의 바울의 설교 사이에 여러 용어들이 유사하고(예. 엡 1:11-행 20:27), 에베소서 1:15 이하의 바울의 기도에는 사랑으로 가득하다(그리고 3:18; 5:1).

에베소서의 '나 바울'(ἐγὼ Παῦλος)이라는 표현은 다른 바울 서신들의 여러 곳에 나타난다(고후 10:1; 갈 5:2; 골 1:23; 살전 2:18; 몬 9). 종종 바울은 새로운 주제를 다룰 때, 새로운 용어들을 사용하기에, 서신에 등장하는 새로운 용어 자체가 바울 저작을 반대하는 기준이 될 수 없다.[107] 넓게는 에베소서 전체, 좁게는 3:1 이하에서 1인칭으로 서술하는데, 바울 자신은 에베소 교회의 과거와 현재 형편을 잘 알고 적절한 권면을 주며, 서로 친밀한 교제를 나누고 있음을 보여준다. 이런 바울의 인품은 바울의 다른 서신들이 이 사도에 대해 설명하는 내용과 잘 일치한다. 1:1에 '에베소에 있는'이라는 표현은 $p^{46}$과 X 그리고 B사본에 빠져있다. 이 이유로 에베소서가 회람서신이라는 주장이 제기되었다. 하지만 다

---

105) 도널드 해그너, 『신약 개론』, 858.
106) 랄프 마틴, 『신약의 초석 II』, 345-346.
107) 거스리, 『신약서론』, 463, 465.

수사본과 고대 역본들은 '에베소에 있는'을 포함하며, 에베소서가 기록된 후 여러 지역에서 예배에서 사용되기 위하여 이 용어가 생략되었을 수 있으며, 터툴리안은 '에베소서'라는 이 서신의 제목을 바꾸려던 말시온을 비판한 적 있다. 유사하게 로마서 1:7의 '로마에 있는'이 몇몇 사본에서 생략된바 있다.[108]

에베소서는 다른 바울 서신과 비교해 볼 때 몇 가지 특징이 있다.[109] 에베소서에 매우 긴 하나의 문장이 몇 차례 나타난다(1:15-23; 3:1-7; 참고. 골 1:3-8과 2:8-15도 한 문장임). 바울은 '모든'이라는 형용사를 15회나 사용한다. '사탄' 대신에 '마귀'(διά´βολος ; 4:27; 6:11)를 사용한다. '하나님 나라' 대신 '그리스도와 하나님 나라'로 표현한다(5:5). 믿음으로 의로워지는 대신(롬 3:28; 5:1; 갈 2:16; 3:24), 구원을 받는다(2:5, 8). '하늘'(οὐρανός, 고전 8:5) 대신에 '하늘에 속한 영역'(ἐπουράνιος)이라 표현한다(1:3, 20; 2:6; 3:10; 6:12). 성도는 그리스도와 함께 현재적으로 하늘에 앉아 있기에(2:6), 재림에 대한 언급은 거의 없다. 바울은 전치사 '안에'를 자주 사용하고, 관계절도 많이 사용한다. 바울은 소유격과 더불어 동의어를 연속적으로 사용한다(1:19). 에베소서의 이런 특징들이 다른 바울 서신에서 흔하지 않다는 이유로, 에베소서의 바울 저작성을 부인하는 근거가 될 수 없다. 바울 서신들은 각각 특징을 가지고 있기 때문이다.

몸의 머리이신 그리스도를 강조하는 논쟁적인 성격의 골로새서와는 약간 달리, 비논쟁적 성격의 에베소서에서는 그리스도의 몸으로서 교회를 강조한다. 에베소서와 골로새서는 '쌍둥이 서신'이라 불린다.[110] 표현, 어휘, 용어, 구조, 사상 등 여러 측면에서 그러하다(예. 엡 1:1-2-골 1:1-2; 엡 1:22-23-골 1:17-19; 엡 2:13-18-골 1:20-22; 엡 4:16-골 2:19; 엡 5:19-20-골 3:16; 엡 5:19-20-골 3:16; 엡 5:22-6:9-골 3:18-4:1; 엡 6:21-22-골 4:7-8).[111] 그리고 골로새서의 두 구절이 에베소서의 한 구

108) 거스리, 『신약서론』, 480; C.E. Arnold, *Ephesians* (ZECNT; Grand Rapids: Zondervan, 2010), 27-29. Contra 에베소서를 회람서신으로 보는 도널드 해그너, 『신약 개론』, 863.

109) 참고. 포웰, 『신약개론』, 368-369.

110) 골로새서와 빌레몬서의 유사점도 크다. 둘 다 옥중 서신이며, 아리스다고, 마가, 에바브라, 누가, 데마 그리고 아킵보와 같은 인물이 공통적으로 언급되고, 형제 디모데가 서두 인사말에서 바울과 나란히 등장한다.

절과 연결된 경우도 있다(엡 1:7-골 1:14, 20; 엡 1:15-16-골 1:4, 9; 엡 2:1-5-골 2:13, 3:6).[112] 상호 독립성을 유지하면서도 상호 유사성을 보이는 에베소서와 골로새서는 두 사람이 기록한 것은 아니다. 바울이 비슷한 상황과 비슷한 시기에 이 두 서신을 기록했기에, 필요한 경우 먼저 쓴 서신의 주제들을 나중에 쓴 서신에 적용한 것은 자연스럽기 때문이다. 아래 표를 참고하라:

| 용어 혹은 주제 | 에베소서 | 골로새서 |
|---|---|---|
| 두기고 | 6:21-22 | 4:7-8 |
| 교회론과 가정 규례 | 6:1 이하 | 3:18 이하 |
| 교리적 부분 | 1-3장 | 1-2장 |
| 실천적 부분 | 4-6장 | 3-5장 |
| 용납하라 | 4:1-2 | 3:12-13 |
| 찬송과 감사 | 5:19-20 | 3:16-17 |
| 위로 | 6:21-22 | 4:7-8 |

골로새서의 단어 중 3분의 1이 에베소서에 나타난다. 에베소서의 155절 중 73절이 골로새서와 병행을 이룬다. 상호 의존하면서도 서로 교묘하게 독립된 두 개의 서신을 두 사람이 기록한 것은 불가능해 보인다. 반대로, 혹자는 이런 유사한 두 개의 편지를 한 사람이 썼을 이유가 희박하다고 본다. 하지만 우리는 더 나아가서 종종 크리스마스카드를 쓸 때 수신자 이름만 바꾸고 같은 내용을 보내지 않는가? 그렇다고 바울이 에베소서를 골로새서의 일부분으로 혹은 그 역으로 의도했다고 볼 필요는 없다. 많은 학자들은 에베소서는 골로새서를 참고하여 어떤 인물이 흉내를 낸 것으로 본다. 하지만 이보다 더 나은 설명은, 바울이 골로새서를 기록한 후 얼마 안 되어서 에베소서를 기록했기에 그의 머리에는 골로새서의 내용이 남아 있었기에 에베소서에 반영된 것 같다는 것이다. 주제뿐 아니라 연대, 그리고 두 교회가 처한 상황과 기록 장소도 큰 차이가 없어 보인다. 참고로 에베소와 골로새는

111) 더 상세한 병행은 포웰, 『신약개론』, 367과 DeSilva, *An Introduction to the New Testament*, 719를 보라.
112) 거스리, 『신약서론』, 458.

약 150km 거리를 둔 도시들이다.

## 구조

유대인이나 헬라인이 차별 없는 보편적인 교회(참고. '하나의 새로운 인류', 2:15)를 에베소서의 중심으로 본다면 구조는 아래와 같다:

| | | | |
|---|---|---|---|
| 1:1-2 | 서론 | | |
| 1:3-14 | 교회의 설립 | 1:3-6<br>1:6-12<br>1:13-14 | 아버지에 의해<br>아들에 의해<br>성령에 의해 |
| 1:15-23 | 교회의 의식: 기도 | | |
| 2:1-10 | 교회를 지으심(교리적인 부분) | 재료: 분노의 자녀들로<br>수단: 은혜로 말미암아<br>목적: 선한 일들을 위해 | |
| 2:11-22 | 교회의 화합 | | |
| 3:1-21 | 교회를 부르심 | | |
| 4:1-6:9 | 교회의 활동(실천적인 부분) | | |
| 6:10-20 | 교회의 전투 | | |
| 6:21-24 | 결론 | | |

## 주제

실현된 종말론으로 잘 알려진 C.H. Dodd(1884-1973)는 에베소서를 '바울 사상의 극치'라고 불렀는데, 바울은 감옥에서 하나님의 구원에 대해 깊이 묵상했을 것이다. 감동적인 내용이 많은 에베소서의 주요 주제들은 다음과 같다: 본성적으로 모든 사람은 영적으로 죽었고 율법을 어겼으며 사탄의 통제 아래에 있다(1:7; 2:1-3, 5, 11-12). 자신의 기쁜 뜻에 따라 하나님은 거룩과 구원을 얻도록 자기 백성을 예정하셨다(1:3-14; 2:4, 8-9).

그리스도 안에서[113] 하나님은 자신의 풍성한 자비를 자신의 백성에게 베푸신다(1:7-8; 2:4-14). 그리스도의 지상 사역은 자신의 우주적 화해 사역과 승귀를 위한 한 부분이다(1:15-23; 3:1-13). 그리스도 안에 있는 성도는 언행심사에 있어 옛 방식을 벗고 새로 워져야 한다(5:21-6:9). 그리스도는 교회에게 하나됨과 성숙 그리고 사탄의 공격에 맞서도록 은사를 주셨다(4:7-16;[114] 6:10-19).

## 내용

1장은 인사와 삼위 하나님이 주신 복과 송영과 기도를 다룬다. 3절 이하에서 예수님 안에서 받은 영적 복에 대한 감사로 곧바로 들어가는 것은 바울의 평소 스타일이 아니다. 10절의 예수님은 교회를 통해서 만유를 함께 모아 하나님의 통치 아래로 통일시키는 분이다. 교회는 그리스도의 몸이며(23절), 그리스도의 건물이며(2:20-22), 그리스도의 신부이다(5:22).[115] 2장은 그리스도와 함께 죽고 살아난 성도에게 주어진 은혜를 다룬다. 예수 그리스도의 승귀는 에베소서의 신학과 우주관의 핵심이며, 교회는 한 새로운 인류(2:15)로 살도록 재창조되었다.[116] 3장은 이방인을 포함하는 구원이라는 그리스도의 비밀과 하나님의 사랑과 능력을 깨닫도록 기도하는 바울을 소개한다.

4장은 그리스도의 몸이 하나가 되어야 할 것과 옛 사람과 새 사람의 대조를 설명한다. 5장은 사랑 가운데서 행할 것과 아내와 남편에게 주는 권면을, 6장은 자녀, 종, 주인에게 주는 권면과 하나님의 전신갑주 및 마지막 인사를 다룬다. 가정 규례는 5:22-6:9까지다. 그리스도 안에서, 그리스도에 의해서 사탄에 대항하여 이미 부전승을 거둔 성도는 계속하

---

113) 에베소서에서 '그리스도 안에'는 35회 나타난다.

114) 참고. 황창기, "에베소서 4:7-10의 그리스도 완결적 해석," 『교회와 문화』 20(2008), 163-187. 이 글에서 바울이 시 68:18을 그리스도의 완결된 구원 사역(재림은 제외)의 빛에서 변형을 주어 해석함을 볼 수 있다. 유사한 맥락에서 삼위 하나님의 완결된 구원 사역이 현재적으로 교회에게 어떻게 송영하는 삶을 촉진시켰는가는 송영목, "에베소서 1-2장의 3위 완결적 해석과 교회 완결적 적용," 『교회와 문화』 16(2006), 31-58을 보라.

115) 혹자는 엡 1:3-14는 초대교회의 찬송을, 2:4-10은 초대교회의 세례 시의 신앙고백을 반영한다고 본다. 예를 들어, 도널드 해그너, 『신약 개론』, 877.

116) 참고. 에베소서의 실현된 종말론과 연결된 그리스도의 승귀와 성도가 받은 영광(1:3; 2:6)을 초기 가톨릭주의의 증거로 단정하는 도널드 해그너, 『신약 개론』, 869.

여 전신갑주를 입어야 한다.

## 결론

바울은 에베소 교회나 소아시아의 여러 교회들에서 일어난 구체적인 문제를 집중적으로 다루기보다, 기독교 신앙의 보편적 의미를 다룬다. 교회는 예수님 안에서 하나님이 구원의 역사를 이루신 결정체이며, 그리스도의 몸인 성도는 교회의 머리이신 그리스도와 연합되어 있다. 이 연합의 목적은 만유에 그리스도의 왕권을 스며들게 하는 것이다.

# 빌립보서

| 성경 | 바이블 키 |
|---|---|
| 빌립보서 | 기뻐하는 천국 백성 |

지명 '빌립보'는 BC 360년경 마게도니아의 빌립 2세가 트라키아인을 무찌르고 정복한 후, '빌립의 도시'라는 의미로 붙인 이름이다. 빌립보인들은 이탈리아 영토 안에 있는 자들의 법적 지위와 동등한 대우(*ius Italicum*)를 받았다. 따라서 사도행전 16장에서 누가가 바울과 실라가 빌립보에 투옥된 것을 상술한 것은, 이 도시에 로마의 관원들이 상주해 있었던 역사적 배경에서 이해할 수 있다. 빌립보서는 초지일관 긍정적인 어조로 기록된 '기쁨의 서신'으로 불리는데, 바울이 옥중에서(아마도 에베소) AD 55년경 기록했다. 고린도후서 11:23(그리고 고전 15:32; 고후 1:8-11)은 우리가 생각하는 것 보다 더 자주 바울이 투옥되었음을 말한다. 에베소는 빌립보에서 160km 떨어진 곳이기에 바울의 여행 계획에 문제가 없다(빌 2:24; 참고. 행 20:1-6).

빌립보서에 나타난 유대인과의 갈등(빌 3:2)은 로마 투옥 때 기록된 서신들보다는 바울의 이른 서신들인 갈라디아서나 로마서와 더 일치한다. 비문은 에베소에도 경비대(praetorian guard)가 있었다고 증거한다(빌 1:23). 따라서 빌립보서의 기록 장소로 로마 감옥도 불가능한 것은 아니지만, 아마 에베소 감옥일 것이다(지지자로 Duncan, Benoit, Bruce, Michaelis, Dibelius 등). 하지만 기록 장소를 에베소 감옥으로 볼 때 발생하는 사소한 난점들은 다음과 같다:[117] (1) 그 당시 바울의 마음을 가득 채웠던 예루살렘 교회를 위한 구제헌금 모금에 관한 언급이 빌립보서에 없고, (2) 에베소 투옥 중에 로마 시민권을 활용하거나 가이사에게 상소할 수 있었을 것인데 그런 언급이 없다. 바울은 이 편지에서 빌립보 교회를 매섭게 꾸짖거나 어떤 심각한 문제를 다루지도 않고, 그리스도의 마음으로 교훈한다.

117) 참고. 빌립보서의 기록 장소를 열린 결론으로 마무리하는 랄프 마틴, 『신약의 초석 II』, 308.

## 목적

- 에바브로디도는 빌립보 교회가 바울에게 보낸 사자요 바울의 필요를 돕는 자였는데(2:25), 바울을 잘 돌보았으나 심각한 병에 걸리게 된다. 빌립보 교회 중 일부는 에바브로디도가 너무 오랫동안 바울과 함께 거한다고 한편으로는 염려하면서, 다른 한편으로는 불만을 품은 자도 있었던 것 같다. 그리고 빌립보 교회는 그의 병에 대한 심각성을 잘 인식하지 못하고 있었던 것 같다. 여기에 관해 바른 정보를 제공할 필요성이 바울에게 있었다.
- 빌립보서 2:25와 4:15-18에 의하면 빌립보 교회가 바울에게 물질적인 도움을 보냈는데, 바울은 감사의 표시를 전달해야했다.
- 빌립보 교회의 문제를 지적하고 교정하기 위해서이다: 특히 4:2의 불일치와 불화의 문제, 그리스도의 십자가의 원수(3:18) 그리고 거짓 교사들(3:2-4). 빌립보 교회의 대적은 교회 내외적으로 여러 부류이었겠지만, 특히 빌립보서 3:2 이하의 강력한 대적들은 유대주의자들이었다. 혹자는 1:28-29를 근거해서 이방인 박해자가 있었다고 보고 이것에 대한 대응책이 기록 목적의 일부로 본다.
- 바울(참고. '나'는 52회 등장)이 보내는 디모데를 빌립보 교회가 잘 환영하도록 하기 위해서(2:19).

## 구조

18회나 언급된 '기쁨'(χαρά)을 주제로 본다면 구조는 아래와 같다:

| | | | |
|---|---|---|---|
| 1:1-2 | 서론 | | |
| 1:3-11 | 감사: 복음 전파와 관련되어 빌립보 교회의 지지에 관한 바울의 기쁨 | | |
| 1:12-4:20 | 본론 | 1:12-26 | 서론: 투옥에도 불구하고 복음을 섬길 수 있게 되어서 바울이 기쁨 |

| 1:12-4:20 | 본론 | 1:27-4:9 | 주요 논의 | 1:27-2:2 | 첫째 권면: 만일 빌립보 교회가 이단에 대항하면 바울의 기쁨임 |
|---|---|---|---|---|---|
| | | | | 2:3-18 | 둘째 권면: 예수님의 겸손한 낮아지심이 빌립보 교회에 있으면 바울의 기쁨이며 그들의 기쁨임 |
| | | | | 2:19-30 | 여행 계획: 빌립보 교회의 기쁨을 위해 에바브로디도를 돌려보냄 |
| | | | | 3:1-4:1 | 셋째 권면: 빌립보 교회가 주님 안에서 기뻐하면 이단에 대항해서 견고히 서게 됨 |
| | | | | 4:2-9 | 위로: 성도의 기쁨은 헌신과 기도의 삶에 기초하며 하나님의 평안의 약속과 함께 함 |
| | | 4:10-20 | 결론: 빌립보 교회의 헌금에 대한 바울의 감사와 기쁨 | | |
| 4:21-23 | 끝맺는 인사[118] | | | | |

## 주제

빌립보서의 주요 주제들은 다음과 같다: 그리스도인은 삶에 진보를 보여야 한다(1:12, 25; 3:12-16). 신앙 성숙을 위해서는 영적인 안목이 필요하다(1:5-11; 2:1-11; 3:7, 15; 4:7-9). 그리스도는 사랑과 신실한 섬김이 무엇인지 성도에게 보여주는 모델이다(1:12-26; 2:5-11, 19-30; 3:3-17; 4:9). 고난이 닥치더라도 믿음으로 감내한다(1:12-26; 2:14-15; 4:4, 11-13, 19). 기도는 성도가 기뻐하며 살 수 있는 열쇠다(1:3-11; 4:5-7). 복음은 개인주의를 지지하지 않고, 복음의 증진을 위하여 상호 교제

118) 빌립보서의 교차대구에 주목해 보라. 참고. 쾨스텐버그 외, 『신약개론』, 678:

1:12-26/3:1-16
1:27-30/3:17-21
2:1-11/4:1-3
2:12-18/4:4-9
2:19-30/4:10-20

를 촉진한다(1:4, 7, 24-27; 2:1-4, 19-30; 4:2-4, 14). 그리스도 안에 있는 믿음을 제쳐둔 채 옛 언약을 준수하는 것으로는 구원을 받지 못한다(3:2-10). 그리스도는 완전한 하나님이시며 사람이시기에, 주님은 낮아지셨지만 승귀하셨다(2:5-11).

## 내용

1장은 인사와 바울의 감사와 기도 및 바울 안에 역사하시는 그리스도를 다룬다. 혹자는 1:27-28에 언급된 대적이 별로 위험하지 않지만, 3:2 이하의 대적은 매우 위험하다고 이해하면서, 빌립보서가 몇 차례에 걸쳐 편집되었다고 본다. 하지만 1:27-28은 교회 외부에서 오는 박해를 가리키고, 3:2 이하는 다른 종류의 도전 즉 교회 내적 삶을 침해하는 문제를 다루는 것 같다. 그리고 편집을 지지하는 이들은 4:10-20에서 바울이 에바브로디도를 통해서 빌립보 교회가 후원한 것에 대해 감사하는데, 그렇게 뜸들이지 않고 1장에서 밝힐 수 있었다고 본다. 하지만 1:3-5에서 바울의 감사는 희미하지만 나타난다.[119]

2장은 그리스도의 비하와 그분이 보이신 본 그리고 디모데의 연단과 에바브로디도의 헌신을 다룬다. 운문체로 된 2:6-11은 바울 당시의 기독교 찬양이었는지 여전히 논란이 된다. 바울이 그 당시 찬양을 인용했다는 결정적인 증거는 없다. 바울이 이 찬양을 썼다고 주장하는 학자로는 R.P. Martin 등이 있다.

3장은 이신칭의 이후 이어져야 하는 성도의 삶과 푯대를 향한 전진을 다룬다. 3:20의 시민권은 빌립보 도시의 역사적 상황 속에서 이해할 수 있다. BC 31년 악티움 해전에서 안토니우스의 군대가 옥타비아누스에게 패배한 이후 빌립보는 시민권의 특권을 부여받은 군사 식민지가 되었다. 따라서 바울은 로마제국의 시민권과 천국 시민권을 대조한다. 십자가의 원수인 유대주의자들과 달리(3:18), 천국 시민권자는 주님의 재림 시에 있을 영화를 기다린다(3:21).[120]

4장은 기뻐하며 기도하라는 권면, 의롭고 정결한 삶을 살라는 격려, 모든 필요를 채우시는 하나님을 찬송함 그리고 마지막 인사를 다룬다.

---

119) 참고. 랄프 마틴, 『신약의 초석 II』, 309-310.

## 결론

빌립보서는 바울이 투옥된 상태에서 기록한 편지인데, 빌립보 교회의 후원에 감사를 표하고, 에바브로디도를 칭찬하고, 디모데를 자신의 사자로 추천한다. 빌립보서는 교회의 문제를 주로 다루지 않고, 친교, 감사, 기쁨, 격려의 성격을 띤다. 성도는 예수님을 본 받아 천국 시민으로 살아야 한다.

120) 빌립보서의 통일성을 의심하면서, 바울의 여러 편지를 조합한 서신이라고 주장하는 이가 있다(예. 보른캄). 그들의 가설은 몇 가지 근거에 기초한다: (1) 빌 3장이 이 서신을 마치는 듯한 어조를 보인다는 점, (2) 3:1의 '기뻐하라'와 2절의 비난 사이의 갑작스런 전환, (3) 4:9와 4:21-23 사이에 끼어든 것처럼 보이는 4:10-20. 이런 가설은 추측에 불과한데, 바울은 편지를 형식에 구애받지 않으면서 쓰기 때문이다. 도널드 해그너, 『신약 개론』, 808-809.

# 골로새서

| 성경 | 바이블 키 |
|---|---|
| 골로새서 | 성도의 모든 필요를 채우시는 탁월하신 그리스도 |

골로새서는 바울 저작이 의심되지 않는 서신들과 그렇지 않은 소위 '바울 이후의 서신들'(post-Pauline letters)을 연결하는 역할을 한다고 해서 학계에서는 가장 흥미로운 바울 서신으로 여겨진다. 하지만 골로새서를 비롯하여 바울 서신들의 서론에 분명히 밝히고 있는 바울의 저작성을 의심치 않고 수용해야 한다. 로마 감옥에 투옥된 바울이 AD 62-63년경에 쓴 편지다. 그레코-로마의 종교와 사상, 유대 율법주의, 유대 신비주의가 복합적으로 골로새 교회를 위협하는 것을 방어하기 위해, 그리고 그리스도의 인격적 우월성을 강변하기 위해서 기록되었다(골 1:15-19).[121]

골로새서 2:8의 철학과 헛된 속임수, 금욕주의(2:23), 천사숭배(2:18)도 문제였다. 철학, 영적 능력, 의식 준수 그리고 절제 등은 그리스도의 탁월성에 비추어 보면 부차적인 것임을 강조한다. 적지 않은 학자들(예. 타이센, 로메이어, 브루스, 보른캄, 콘첼만, 디벨리우스, 로제)은 골로새서를 헬라 영지주의와 혼합주의자에 대한 반박서로 이해한다('철학', '지혜', '이해', '총명'이란 용어를 이들은 중요하게 생각함). 영지주의와 골로새서의 거짓교리 사이의 사상적 차이점이 드러나자, 혹자(예. 그닐카)는 '이방 신비제의'를 거짓 교리로 본다. 다른 한편으로 골로새 교회의 기원을 회당으로 보는 이는(예. J. Dunn)은 유대인의 회당의 가르침을 바울의 주요 대적으로 본다.

최근에는 F.O. Francis, C. Rowland, A.T. Lincoln, P.T. O'Brien R. Yates와 같은 학자들은 (1) 엄격한 금욕적인 훈련으로 가능한 '천상여행'과 (2) '지상의 교회가 천사와 함께('천사를'이 아님) 예배드려 천상의 천사예배에 참여하는 것'과 같은 특징을 가진 유대 신비주의(Jewish mysticism)가 골로새 교회를 위협했던 요소라고 본다. 골로새서에 구약의 직접 인용은 나타나지 않는다.

---

121) D.W. Pao, *Colossians & Philemon* (ZECNT; Grand Rapids: Zondervan, 2012), 30.

골로새서와 빌레몬서의 유사점도 있다:[122] 둘 다 옥중서신이다. 디모데가 공동 발신자이다. 아킵보, 오네시모, 에바브라, 아리스다고, 데마, 누가가 두 서신에 언급된다. 하지만 빌레몬서는 아리스다고가 아니라 에바브라가 바울과 함께 투옥되었다고 보도하지만(몬 23), 골로새서는 에바브라가 아니라 아리스다고가 바울과 함께 투옥되었다고 밝힌다(골 4:10, 12). 또한 골로새서와 달리 빌레몬서에는 바울이 곧 방문할 것이라는 기대가 나온다(몬 22).

## 구조

리쿠스 계곡에 위치한 골로새 도시는 한 때 양모가 많이 생산되었지만, 점차 인근의 히에라폴리스와 라오디게아에 밀려서 경제가 침체되었다. 아마도 그들은 예수 그리스도의 영적, 육적인 채우심을 필요로 했을 것이다. 1차 로마 투옥 때인 AD 62년경에 기록된 골로새서의 주제를 '성도의 모든 필요를 채우시는 탁월하신 그리스도'라는 관점에서 본다면 구조는 아래와 같다:

| | | | |
|---|---|---|---|
| 1:1–2 | 인사 | | |
| 1:3–2:7 | 인격적인 관계에서 탁월하신 그리스도 | 1:3–8<br>1:9–23<br>1:24–2:7 | 인격적인 만남에서<br>인격적인 표현에서<br>인격적인 목적에서 |
| 2:8–3:4 | 교리에서 탁월하신 그리스도 | 2:8–15<br>2:16–19<br>2:20–3:4 | 거짓 철학과 그리스도<br>거짓 숭배와 그리스도<br>거짓 금욕주의와 그리스도 |
| 3:5–4:6 | 윤리에서 탁월하신 그리스도 | 3:5–11<br>3:12–17<br>3:18–4:1<br>4:2–6 | 부정적으로: '벗어버리라'<br>긍정적으로: '입어라'<br>가족관계에서<br>일반 윤리에서 |
| 4:7–18 | 결론 및 개인적인 문안 | | |

122) 참고. 포웰, 『신약개론』, 400.

## 주제

골로새서의 주요 주제들은 다음과 같다: 그리스도는 인간 권세가들이나 어떤 세력보다 위에 계신 통치자이다(1:15-20; 2:9-10; 3:1). 하나님은 그리스도를 통하여 구원을 확증하시며 자신을 믿는 자들과 화해를 이루신다(1:13-14, 20-22).[123] 따라서 그리스도 안에 있는 신자는 죽음으로부터 새로운 생명을 얻도록 그리스도와 연합된다(2:9-14; 3:1-4). 그리스도께서 십자가의 죽음으로써 어둠을 물리치셨는데, 성도도 그 승리를 공유한다(2:10, 15). 그리스도는 유대인들이 기대하던 바를 성취하신 분이며, 구약의 하나님의 백성처럼 그리스도인은 그 은덕을 누린다(1:12, 21-22, 27). 그리스도인은 악한 행실을 제거하고 덕을 계발함으로써 자라가야 한다(1:10-12, 28; 3:1-4:6).

## 내용

1장은 인사와 감사기도, 만물의 으뜸이자 교회의 소망이신 그리스도를 소개한다. 1:15-20은 승귀하셔서 만물을 통치하시는 그리스도 곧 고등기독론을 언급한다. 2장은 하나님의 비밀이신 그리스도를 온전히 알게 하려는 바울의 사역, 그리스도 안에서 사는 삶 그리고 실체이신 그리스도를 배제한 세상의 초보적 원리(8절과 20절의 '초등학문')를 따른 생활을 경계한다.[124] 골로새는 자유로운 사고를 행하는 디아스포라 유대교와 헬라의 신비 종교의 사색과 관념들과 늘 긴밀한 접촉을 갖는 곳이었다. 바울은 유대교와 헬라종교의 신비적인 접신 행위는 물론 이신칭의를 반대하는 인본주의적인 교훈 모두를 경계한다. 1:13-2:23이 그리스도의 사역을 다루는 교리적 부분이라면, 3:1-4:6은 실천적 부분이다.

3장은 그리스도와 함께 감추어져 있는 영생을 누리는 새 사람으로서의 생활과 기독교

123) 참고. 랄프 마틴은 '화목'을 바울 신학의 중심 개념으로 보는데, 바울이 칭의, 구원, 새 생명, 성령을 받음, 부활의 약속이라는 다양한 이미지로 화목을 설명한다고 본다. 랄프 마틴, 『신약의 초석 II』, 642.

124) 도널드 거스리는 '초등학문'이 바울 당시 자연계의 모든 일들을 통제한다고 널리 믿어졌던 권세 있는 영계 곧 기본적인 영들을 가리키거나, 순전히 이 세상과만 관련된 유물적인 가르침을 가리킨다고 본다. 거스리, 『신약서론』, 514.

의 가정생활의 규칙들을 아내, 남편, 자녀, 아비, 종들에게 소개한다. 4장은 기도에 힘쓰며, 불신자를 향하여 지혜롭게 행할 것을 권면한 후 인사로 마무리한다.

## 결론

바울은 옥중에서 터어키의 골로새 교회에게 편지를 보내어, 그들이 유대인과 이방인의 악한 행실과 사상의 영향을 받지 않도록 주의를 준다. 인격, 교리, 윤리에서 탁월하신 예수님은 우주적 구원을 주시며, 그 구원은 성도의 삶을 위한 도덕적인 권면의 기초가 된다.

## 데살로니가전서

| 성경 | 바이블 키 |
|---|---|
| 데살로니가전서 | 고난 중에서 지키는 믿음, 소망, 사랑 |

바울이 AD 51년경에 고린도에서 마게도니아의 수도 데살로니가에 있던 교회에 보낸 편지다. 바울은 2차 전도 여행 중에 그리스의 빌립보, 데살로니가, 베뢰아, 아덴, 고린도 순서로 전도했다. 델피의 한 비문에 따르면, 갈리오는 글라우디오 황제 제 12년에 26차 포고령을 명한 시기에 고린도의 총독으로 있었다. 글라우디오의 27차 포고령은 AD 52년 8월에 있었기에, 데살로니가전서는 그 전에 기록되었다.[125] 갈라디아서와 더불어 가장 이른 바울 서신이므로, 많은 신약 서론서는 갈라디아서 다음에 데살로니가전서를 다룬다. 튀빙겐학파와 네덜란드학파 등은 바울의 저작설을 부인한다. AD 140년경의 이단 말시온의 정경과 AD 180년경의 무라토리안 정경 그리고 교부들과 일부 역본들은 데살로니가전서를 포함하여 바울 저작으로 돌린다.

데살로니가전서 5:12에는 유일한 교회의 직분자로 '다스리며 권하는 자'가 있는데, 교회의 조직과 체계가 그리 발달된 것이 아닌 이른 연대임을 알 수 있다. 다른 바울 서신과 비교해 보면 문체나 어휘 등도 바울의 것이며, 재림의 긴급성 혹은 임박함을 기대한 사실 역시 이른 시기의 현상으로 볼 수 있다. 환언하면, 재림의 긴박성이 약하면 약할수록 재림의 기대가 식어짐으로써 후대의 것일 가능성이 크다.

사도행전 17:2에 의하면 바울은 데살로니가에 3주간 머물렀는데, 혹자는 바울의 3주 기간 동안 데살로니가전서 2:7-11에 나타난 일들이 모두 일어난 것이 불가능하다고 생각하여 체류기간을 더 오래 잡아서 은연 중에 사도행전과 데살로니가전서의 불일치를 부각시킨다. 하지만 3주라는 시간에 교회 설립을 비롯한 이런 일들이 일어날 수 없다고 단정할 필요가 전혀 없다. 왜냐하면 바울 일행이 데살로니가에서 복음을 전했을 때 그들의 인간적인 노력이나 말로만 전해진 것이 아니라 '오직 능력과 성령과 큰 확신'으로 되었기 때문이다

125) 참고. 거스리, 『신약서론』, 530.

(살전 1:5). 데살로니가전서는 바울이 고린도전서 13장에서 강조한 믿음, 소망, 사랑으로 시작하고(1:3) 마친다(5:8).

## 목적

- 디모데의 보고를 듣고 교회가 믿음으로 성장하며 좋은 소식이 들린 것을 칭찬하기 위해서.
- 그리고 유대인들의 비난에 대한 변증이 필요했다(살전 2:14-16).
- 기독교로 개종한 사람이 다시 옛 생활로 돌아가는 것을 방지하기 위해서 기독교인의 삶이 이교도의 삶보다 우월한 것임을 강조한다(살전 4:4-12).
- 주님의 재림에 대한 오해를 바로 잡으려 한다. 예수님의 재림 전에 죽은 사람들을 위해 걱정하는 사람들과 재림을 고대하면서 일을 하지 않는 사람들, 이 두 부류 교인들의 실수를 교정하기 위해서(살전 4:11, 13-18).[126]
- 지도자들을 존경하도록 권면하기 위해서(살전 5:12). 이것은 교회의 지도자에 대한 갈등이 있었음을 암시하는 것 같다.
- 성령의 은사를 더욱 진지하게 수용하도록 권한다(살전 5:19-20).

## 구조

| | | | |
|---|---|---|---|
| 1:1 | 서론 | | |
| 1:2-3:13 | 감사 표현과 데살로니가 성도를 향한 사랑 | 1:2-10<br>2:1-12<br>2:13-16<br>2:17-3:13 | 바울의 첫 번째 감사기도<br>첫 번째 방문에 대한 언급<br>두 번째 감사기도<br>데살로니가를 떠난 바울과 그들의 관계 |
| 4:1-5:22 | 권면과 교훈 | 4:1-2<br>4:3-8<br>4:9-12<br>4:13-5:11<br>5:12-22 | 권면에 대한 서언<br>성결과 성적 순결<br>사랑과 책임감 있는 삶<br>재림에 대한 권면<br>일반적 권면 |
| 5:23-28 | 결어 | | |

## 주제

데살로니가전서의 주요 주제들은 다음과 같다: 복음을 거역하는 자에게 하나님의 진노가 임한다(2:16; 5:3). 예수님의 죽으심과 부활은 그리스도인이 가질 소망의 기초다(4:14; 5:10). 그리스도께서 오실 때 그리스도인은 저주가 아니라 구원을 얻는다(1:10; 5:4, 9). 죽은 그리스도인은 재림에 참여할 것이다(4:14-17; 5:10). 하나님의 예정에 따라 부름 받은 성도는 지상 삶에 있어서 역시 하나님의 부르심에 따라 거룩하게 살아야 한다(1:4; 2:12; 3:13; 4:7; 5:9, 23-24). 그리스도인은 일상에 충실해야 한다(4:9-12; 5:14). 복음의 진실성은 복음 전파자의 충성에 의해서 확증된다(1:5; 2:1-12). 고난 중에 기뻐하는 것이야 말로 그리스도인의 표지이다(1:6; 5:16). 그리스도인은 예언된 새 언약의 실재를 경험한다(4:8-9). 믿음, 소망, 사랑은 그리스도인의 보편적이고 본질적인 특질이다(1:2-3; 5:8).

## 내용

1장은 데살로니가 성도의 믿음과 모범적 생활을 칭찬한다. 바울은 데살로니가 교회가 구약 이스라엘 백성의 대를 잇는 새 이스라엘이라고 소개한다.[127] 구약 이스라엘과 마찬가지로 데살로니가 교회는 '하나님의 교회(총회)이며(살전 1:1; 신 23:1-8), 하나님의 선택과 사랑을 받았다(살전 2:12; 4:7; 5:24; 신 7:6-8; 14:2; 사 41:8-9; 42:6; 48:12). 2장은 바울의 이전에 행한 데살로니가 사역을 언급한 후, 데살로니가를 다시 방문하기를 원한다고 심정을 밝힌다. 3장은 디모데가 바울의 대리인으로 데살로니가에 파송된 후 돌아와서 보고한 내용으로 인한 감사를, 4장은 하나님을 기쁘게 하는 거룩한 삶과 예수님의 재림에 대해 교훈한다.[128] 5장은 주님의 재림의 때와 시기에 관해서 알지 못하

---

126) 살전 4:16-17은 지구 소멸이 아니라 이 세상이 신천신지로 변혁된다는 갱신론을 지지한다(참고. 박윤선 목사의 계시록 설교). 살전 4:17의 명사 '만남'(ἀπάντησις)은 손님이 올 때 밖으로 마중 나가서 다시 안으로 돌아오는 전문 용어이다(참고. 마 25:6; 행 28:15). 대대수의 기독교세계관 운동을 하는 이도 갱신론을 지지한다. 참고. 포웰, 『신약개론』, 424.

127) 프랭크 틸만, 『신약신학』, 375.

지만 경성할 것을 권면한 후, 악을 버리고 선을 취하라는 마지막 권면과 인사를 언급한다.

## 결론

바울 서신 가운데 두 번째로 이른 편지인 데살로니가전서는 마게도니아의 데살로니가 성도가 바울에게 보여준 믿음에 대한 감사, 신앙 성숙을 칭찬함, 윤리적 권면, 그리스도 안에서 죽은 자들에 대한 가르침을 제시한다.

128) 마 24:30-31, 살전 4:16-17, 살후 1:6-7의 병행은 G.S. Shogren, *1 & 2 Thessalonians* (ZECNT; Grand Rapids: Zondervan, 2012), 32를 참고하라. Shogren은 마 24:30-31을 재림에 대한 내용이라고 속단한다.

## 데살로니가후서

| 성경 | 바이블 키 |
|---|---|
| 데살로니가후서 | 복음의 대적과 미래 종말을 준비하는 자세 |

고린도에서 데살로니가전서를 기록한지 얼마 지나지 않은 AD 52년경에 바울이 고린도에서 기록한 서신이다. 바울이 데살로니가전서를 보낸 직후에 거짓 교사가 출현하고(살후 2:2), 전서에 대한 오해가 발생했다면 지체함 없이 신속히 후서를 써서 보내야만 했다. 하지만 일부 학자(T.W. Manson, R. Gregson, J.C. West)는 다음 이유들로 데살로니가후서가 먼저 기록되었다고 추론한다.

이에 대한 반론도 같이 살펴보자: (1) 후서보다 전서에 묘사된 교회의 상황이 더 성숙해 있다. 하지만 후서는 이전 편지(살전)를 언급한다(2:2, 15; 3:17). (2) 데살로니가후서 2:5와 3:10에 따르면 바울이 구두로 행한 가르침에 오해가 발생했는데, 전서에는 그런 오해가 없다. 두 통의 편지로도 교회의 모든 문제와 오해를 불식시키기 어려운 면이 있다. (3) 연대가 아니라 길이 순서로 신약의 서신이 배열되었기에, 전서가 정경 순서 상 앞에 오게 되었다. 하지만 연대와 무관한 말시온 정경 목록에도 전서가 먼저 등장한다. (4) 전서에는 환난이 끝난 것처럼 언급되지만, 후서에는 여전히 환난을 예상한다. 하지만 전서가 위로와 격려를 위해서 기록되었기에, 어느 정도 환난은 여전히 기대된다.[129] 그런데 데살로니가후서의 바울의 진정성은 자주 도전을 받아왔다. 주로 내증을 가지고 바울 저작의 진정성을 부인하는데 그 주장들은 다음과 같다:

- **종말론**: 데살로니가전서와 후서는 종말론에서 다르다는 주장인데, 후자에는 주님의 재림이 덜 임박하다는 것이다. 혹자는 주장하기를 데살로니가후서 2:8의 '불법한 자'(ὁ ἄνομος)를 네로라고 본다면 바울 사후의 저작설이 될 가능성이 크다. 왜냐하면 바울은 네로 치하에서 베드로와 더불어 순교했다고 기독교 전설상으로 전해지기 때

129) 참고. 랄프 마틴, 『신약의 초석 II』, 252-256; 거스리, 『신약개론』, 540-541.

문이다. 하지만 종말론의 차이를 부각시키는 이 주장에는 무리가 따른다. 전서가 기록될 때에 발생하지 않았던 문제에 대해 후서는 답변을 해야 했기에 같은 종말론이라 할지라도 그 강조점은 다를 수 있음을 인정해야 한다. 종말론 자체의 변화라기보다는 변화된 상황에 따라 종말론에 대한 이해가 변화된 것이다. 종말론 자체가 과연 데살로니가전서와 후서의 기록 사이라는 짧은 기간 동안 근본적으로 변화될 수 있었겠는가? 아마 불가능했을 것이다. 즉 전서와 후서의 종말론에 있어서 근본적인 차이점은 크지 않다.

- **어조의 변화**: 애정이 많이 묻어 있는 전서보다 후서는 더욱 공식적이며 굳어 있다(예. 살전 1:2: 우리가 감사하고/ 살후 3:6, 12: 우리가 명하노니). 이 주장에 대해서도 우리는 상황의 변화가 어조의 변화를 초래했다고 볼 수 있다.
- **수신자**: 전서는 대다수의 이방인들을 위해 기록되었고, 반면에 후서는 구약의 암시로 인해 유대적 배경을 가진 수신자를 가정한다는 주장이다. 하지만 후서와 비슷한 마가복음의 묵시적 내용(막 13) 역시 이방인을 위해 쓰여진 것임을 볼 때(즉 마가공동체가 소아시아 혹은 특히 로마에 위치해 있었다는 의미) 이런 구약의 암시를 이방인 수신자라고 해서 몰랐다고 볼 수 없다. 즉 데살로니가후서 역시 주로 이방인 독자들을 위해 기록된 것이다.
- **유사성**: 바울은 왜 유사한 편지를 두 번이나 썼는가? 후서는 어떤 모방자의 글이 아닌가? 이런 질문이 가능하지만, 변화된 상황 속에서 유사하지만 다른 접근으로 글을 쓴 것으로 보면 별 문제가 안 된다. 오히려 강한 유사성들이 차이점들과 같이 공존한다면 바울의 저작일 가능성은 더욱 크다. 이상의 (a)-(d) 중 어느 것도 바울 저작의 진정성을 뒤엎을 만 것이 없다.

데살로니가 교회는 '주의 날'이 지났다는 주장에 현혹된 것 같다(참고. 살후 2:2의 '우리에게 받았다하는 편지로나'; 바울을 위장한 편지). 즉 데살로니가후서에는 종말론이 주요 논쟁거리이다.

데살로니가전서와 후서의 유사한 주제는 아래와 같다:

• 감사(살전 1:2; 살후 1:3-4)
• 바울과 데살로니가 교회의 유대관계에 대한 언급(살전 1-3; 살후 1:3-4)
• 거룩한 삶에의 초청(살전 4:1-5:22; 살후 3)
• 파루시아의 관점에서 본 종말론적 위로(살전 4:13-18; 5:1-11; 살후 1:5-10; 2:1-12)

## 구조

| | | | |
|---|---|---|---|
| 1:1-2 | 문안 인사 | | |
| 1:3-4 | 감사 | | |
| 1:5-10 | 하나님의 심판 | | |
| 1:11-12 | 바울의 기도 | | |
| 2:1-2 | 아직 도래하지 않은 주의 날 | | |
| 2:3-17 | 바울의 주장을 지지하는 증거 | 2:3-12<br>2:13-17 | 첫째 증거: 주의 날이 도래하지 않음<br>둘째 증거: 종말을 기대하면서 소망과 확신을 가지라 |
| 3:1-15 | 권면 | 3:1-5<br>3:6-15 | 기도 권면<br>게으른 자를 권면 |
| 3:16-18 | 결론 | | |

## 주제

데살로니가후서의 주요 주제들은 다음과 같다: 예수님이 재림하실 때 하나님의 의로운 심판이 완전히 계시될 것이다(1:5-10; 2:9-14). 그리스도인은 그리스도의 영광을 공유할 것이다(1:10, 12; 2:14). 그리스도의 파루시아(방문) 이전에 불법한 자와 반역이 발생할 것이다(2:3-4, 9-12). 그리스도인은 동료 그리스도인을 사랑하며 옳은 길을 걷도록 권면해야 한다(3:6-15).

## 내용

1장은 인사와 그리스도의 재림과 공의로운 심판에 대해서, 2장은 불법의 사람 곧 멸망의 아들의 활동에 맞서는 믿음으로 굳건하게 서는 삶을 소개한다. 3장은 바울이 전도할 때 대면하는 악인들로부터 구원해 달라는 기도 요청과 재림에 대한 오해로 인해 발생한 게으름에 대한 경고를 한다. 잘못된 신학은 잘못된 생활로 이어지는 법이다. 마지막으로 문안과 축복으로 마친다.

## 결론

바울은 데살로니가후서를 통하여 미래 종말에 대한 권면을 제공한다. 바울은 이미 활동 중인 불법의 사람에 대해서, 그리고 예수님의 재림을 준비하는 올바른 자세를 권면한다. 예수님이 언제 영적 혹은 육체적으로 방문하시더라도 성도는 사랑과 의를 일상 속에서 실천해야 한다.

## 디모데전서

| 성경 | 바이블 키 |
|---|---|
| 디모데전서 | 천국을 위한 사역자 |

디모데전후서와 디도서는 '목회서신'이라고 불린다. 목회를 하고 있던 디모데와 디도에게 바울이 목회적, 교리적, 윤리적 지침을 준 편지이기 때문이다. 오래 전에 어거스틴과 토마스 아퀴나스는 '목회적'이란 형용사를 목회서신에다 붙였는데, 목회서신이라는 표현은 1703년에 D.N. Berdot가 처음 사용한 것으로 보인다.[130] 비평가들은 목회서신의 바울 저작을 반대한다. 그들의 근거는 목회서신의 몇 용어들은('진지한', '경건한', '나타나는')은 ('언약', '믿음', '자랑'이 자주 나타나는) 다른 바울 서신들에 사용되지 않는 점, 그리고 발전된 교회 조직의 언급은 2세기 초의 초기 가톨릭주의(the early catholicism)를 반영한다는 추론 등이다.[131] 하지만 바울의 유언이라 할 수 있는 디모데후서에서는 교회 조직의 형태에 대한 언급이 없다. 그리고 바울은 디모데와 디도라는 특정 목회자들을 염두에 두었기에 다소 특별한 용어를 사용할 수 있었다. 바울이 처음으로 로마에 도착한 연대는 AD 59년경이고, 아마 로마에서 풀려난 후 즉 AD 64년경에 디모데전서를 기록한 것으로 보인다. 유세비우스는 바울이 두 번째로 로마에 투옥되었을 때 디모데후서를 썼고, AD 67년에 순교했다고 전한다.

AD 64년경에 바울이 에베소에서 목회하던 디모데에게 쓴 편지이다. 목회서신의 바울의 저작성 및 진정성을 증거하는 외증은 풍부하다.[132] 유세비우스는 목회서신을 정경성이 논란된 적이 없는 책(*homologoumena*)으로 간주했고, 무라토리 정경에 포함되었으며, 이레니우스, 터툴리안, 알렉산드리아의 클레멘트, 로마의 클레멘트, 이그나티우스, 폴리

---

130) 참고. G.W. Knight Ⅲ, *The Pastoral Epistles* (NIGTC; Grand Rapids: Eerdmans, 1999), 3.

131) F.C. Baur의 초대교회 역사에 대한 변증법적인 도식을 출발점으로 삼는 초기 가톨릭주의에 대해서는 프랭크 틸만, 『신약신학』, 761-775을 보라.

132) 카슨, 무, 모리스, 『신약개론』(은성, 1993), 410.

갑, 저스틴 등에 의해서 인용되었다.

내증과 관련하여 목회서신의 진정성이 공격받는 이유 및 그것에 대한 반론을 세 가지로 요약하면 다음과 같다:

- 사도행전이 바울의 로마 감옥 생활로 마치므로, 바울의 사역 중 언제 목회서신이 기록되었는지 알 수 없다. 하지만 1클레멘트 5와 무라토리 정경 등이 증거하듯이, 목회서신의 기록 시점은 바울이 두 번째로 로마에 투옥 직전과 투옥 당시로 보인다. 하지만 혹자(판 브럭헌)는 목회서신이 사도행전 28장의 로마 수감에서 석방된 후에 바울에 의해서 기록되었다면 바울이 3차에 걸쳐 전도한 지역에서 다시 정력적인 활동을 전개했다는 것은 이상하다고 보면서, 디모데전서와 디도서는 바울의 3차 전도여행 중에(AD 55-56년경), 디모데후서는 사도행전 28장의 로마 수감 중(AD 61년경)에 기록된 것으로 본다. 하지만 디도서와 디모데전서는 1-2차 로마 투옥 중간인 AD 64년에, 디모데후서는 65년경 2차 로마 투옥 중에 기록된 것으로 보는 것이 무난하다. 그리고 사도행전에 바울의 모든 행적이 기록된 것이 아님을 기억할 필요가 있다. 예를 들어, 고린도후서 11장의 바울의 고난 전체가 사도행전에 기록된 것은 아니다.
- 목회서신에 언급된 이단은 갈라디아서의 이단과 달리 2세기의 '말시온과 관련된 영지주의자'이며(예. H. von Campenhausen), 위계질서를 갖춘 발전된 교회 조직도 바울 당시와 다르며(예. F.C. Baur, De Wette), 디모데전서 5:9의 '과부'는 '여 집사'를 가리키므로 후대의 작품으로 보아야 한다(예. *Schleirmacher*). 하지만 목회서신에서 직분에 대한 언급은 적은 분량이며(딤전 3:1-13; 5:3-22; 딛 1:5-9), 더욱이 장로 혹은 감독(행 14:23; 20)은 예루살렘 교회에도 있었고, '과부'(딤전 5:3-16)는 교회 안의 직분으로 보기 어렵다. 에베소 교회가 세워진 지 약 10년 후에 디모데전후서가 기록되었다면, 어느 정도 규모가 있던 에베소 교회가 초신자를 직분자로 세우지 말아야 한다는 바울의 권면(딤전 3:6)은 적실하다. 그리고 디모데와 디도가 장로를 세울 수 있었던 것은 사도 시대 이후 이그나티우스 시대의 감독직을 연상시키는 것이 아니라는 사실은 디모데와 디도를 사도 바울의 대리자로 볼 때 이해된다.
- 목회서신의 독특한 표현(예. *hapax legomena*)과 사고방식은 바울의 것과 다르며 유사한 것은 신약 서신으로부터 빌려온 것이다(예. 딤전 1:12-14의 "그리스도 예수

님 우리 주께 감사드리는 것은"과 고전 15:9 이하의 바울의 감사). 그러나 바울 서신과 비교해서 목회서신에 흔하지 않는 특성이 나타난다는 사실 자체가, 목회서신이 바울의 편지가 아니라는 결론으로 이끌 수 없다(참고. E.E. Ellis). 목회서신의 새로운 표현들 중 다수는 LXX와 1세기 헬라 문헌에 등장하며, 그런 표현은 바울이 새로운 사상과 단락에서 얼마든지 동원할 수 있었다. 그리고 어떤 사람이 바울의 이름을 도용하여 내용과 형식에 있어서 일관성 있는 세 편지를 썼다는 것보다, 바울이 세 편지를 썼다는 것이 더 설득력 있다.[133]

| | | | |
|---|---|---|---|
| 1:1-2 | 인사 | | |
| 1:3-20 | 디모데를 향한 개인적 당부 | 1:3-11<br>1:12-17<br>1:18-20 | 에베소에서의 디모데의 임무<br>바울이 경험한 복음을 설명함<br>바울이 디모데에게 책임을 맡김 |
| 2:1-4:16 | 공동체에 대한 지침 | 2:1-8<br>2:9-15<br>3:1-13<br>3:14-16<br>4:1-16 | 공중기도의 중요성과 범위<br>여성도의 신분과 품행<br>교회 직분자들의 자격<br>교회의 특성<br>교회의 위협들 |
| 5:1-25 | 교회 안에서의 훈련 | | |
| 6:1-19 | 기타 권면들 | 6:1-2<br>6:3-5<br>6:6-10<br>6:11-16<br>6:17-19 | 종과 상전에 대해<br>거짓 교사에 대해<br>부의 위험에 대해<br>하나님의 사람의 목표에 대해<br>부자에 대해 |
| 6:20-21 | 맺는말 | | |

133) 참고. 거스리, 『신약개론』, 560-572.

## 주제

디모데전서의 주요 주제들은 다음과 같다: 복음은 성도의 삶에 거룩을 촉진시키므로, 믿음과 행실이 분리될 수 없다(1:5; 2:8-15; 3:1-16; 4:6-16; 5:4-6; 6:3-5, 11-14, 18-19). 하나님의 계획에 의하면 세상의 복음화는 불가피하다(1:15; 2:1-7; 3:16; 4:10). 복음을 믿는 이라면 공동으로 드리는 예배 가운데 바른 행실을 갖춘다(2:1-15). 교회 지도자들의 생활은 복음에 의해서 다듬어져야 한다(3:1-13; 4:6-16). 교회 안에 정당한 명예와 존중이 있어야 한다(5:1-6:2). 돈은 숭배의 대상이 아니라 적절히 활용되어야 한다(4:4-5; 6:17-19). 복음을 순전하게 보존하기 위해서는 노력이 필요하다(1:3-7, 18-20; 4:6-16; 6:2-3, 12, 20-21).

## 내용

1장은 인사와 신화와 족보와 율법에 대해 오류를 범한 거짓 선생들에 대한 경고 그리고 죄인을 구원하러 오신 예수님을 소개한다. 디모데전서와 다른 목회서신에 나타난 거짓 선생들의 가르침에는 유대적 요소가 포함되어 있는데, 율법 선생(1:7), 신화와 끝없는 족보(딤전 1:4; 4:7; 딛 3:9), 거짓된 지식(딤전 6:20), 금욕적 행위(딤전 4:3), 할례당(딛 1:10), 유대인의 신화(딛 1:14), 율법에 대한 다툼과 변론(딛 3:9)은 바울의 사역 기간 중에 알려지지 않은 것은 하나도 없다.[134]

2장은 바울의 기도와 간구와 감사 그리고 교회에서 여자의 역할에 대해 권면한다. 3장은 감독의 자격과 집사의 자격을 차례로 설명한 후, 경건이신 예수님을 소개한다. 4장은 초기 영지주의적 사상을 가진 거짓 선생들로 인해 미혹되어 믿음을 떠난 사람들과 그리스도의 선한 일꾼을 대조한다. 5장은 남자 성도, 과부 성도,[135] 장로에 대해서 권면하고, 6장은 다른 교훈에 대한 경고와 디모데에게 믿음의 선한 싸움을 싸우라는 권면 및 마지막 인사를 언급한다.

---

134) 카슨, 무, 모리스, 『신약개론』(은성, 1993), 414.

## 결론

로마 1차 투옥에서 풀려나서 선교 활동 중이던 바울은 에베소에서 목회하던 아들 디모데에게 목회 지침을 준다. 유대인과 이방인의 잘못된 주장과 생활 방식을 경계해야 한다. 바울은 교회에서 여성의 역할과 감독, 집사, 성도 개인의 자격과 역할이 무엇인지 구체적으로 설명한다.

---

135) 딤전 5:3-16의 참 과부가 에베소 교회에서 사역을 담당했는가에 대한 논의는 계속 된다. 몇 가지 자격을 갖춘 참 과부는 에베소 교회의 기도 사역(딤전 5:5)과 양육, 대접, 구제 사역에 일역을 감당했다(딤전 3:2, 11; 5:10). 그런데 참 과부는 딤전 3:11에 나타나는 여집사의 일부였는가? 이 질문에 딤전 5:3-16은 분명한 방식으로 답하지 않는다. 그러면 우리는 답을 어떻게 추론할 수 있는가? 표면적으로 볼 때, 이 단락은 참 과부의 사역을 자격보다 분명하게 밝히지 않는다. 디모데전서의 다른 본문과의 연관성(intratextuality)과 관련 어휘의 의미를 살펴보면 사정이 달라질 수 있다. 참 과부의 자격은 장로와 집사의 자격과 일부가 중복된다. 그리고 오늘과 달리, 바울 당시에 여집사의 연령 제한이 없었기에 참 과부가 여집사로 섬겼을 가능성이 크다. 참 과부는 남편에게 복종하는 대신 교회의 머리이신 그리스도께 순종하고, 자신의 자녀를 양육하는 대신에 교회의 자녀를 돌보는데 헌신하며, 경제 활동하는 대신에 환난 중에 있는 성도를 돌보는 일에 전념할 수 있었다. 여기에 딤전 2:1의 기도 사역을 추가할 수 있다. "모든 기도하는 과부들은 안나(Anna)의 자매들이다." 과부가 일상에 매이지 않은 채로 교회공동체 구성원들을 위해서 밤낮 기도할 수 있는 것은 큰 특권이었다. 제 5계명을 준수하는 차원에서 현대교회는 진정으로 도움이 필요한 노인(과부)과 그렇지 않은 사람을 구분하여 경제적으로 후원해야 한다. 그리고 참 과부에 상응하는 여성이 교회를 섬길 수 있는 장을 마련해 주어야 한다. 그런데 교회의 후원이 인간의 무책임을 조장하지 않도록 주의해야 한다. 교회 차원으로 가난한 성도를 구제하기 전에, 가족이나 성도 개인 차원에서 그들을 구제할 수 있는 기회가 있는지 먼저 살필 필요가 있다. 교회는 경제적으로 궁핍하지만 경건한 과부를 돌보아야 하며, 그들을 위한 특별한 직책을 다시 만들 필요 없이 여집사나 권사 혹은 구역 권찰로 임명하여 기도, 구제, 심방과 같은 섬김의 기회를 제공해 주어야 한다. 참고. 송영목, "참 과부와 교회(딤전 5:3-16)," 프로에클레시아 논문 발표회(신반포중앙교회, 2013).

## 디모데후서

| 성경 | 바이블 키 |
|---|---|
| 디모데후서 | 천국을 위한 사역자와 바울의 유언 |

바울이 네로 황제 치하에서 순교하기 전인 AD 65년 겨울경, 로마감옥에서 기록한 서신이다. 바울은 자신의 생을 마감할 때가 가까웠음을 알았고(4:6), 법정에서 변론해야 할 형편에 있었다(4:16). 기록 목적은 디모데전서와 거의 동일하다. 바울은 오네시보로와 로마에서 만났다고 밝히는데(1:16-17), 로마가 바울이 투옥된 장소였다. 바울은 디모데에게 마가를 데리고 오라고 부탁한다(4:11). 바울의 이 형편은 사도행전 28장의 로마 투옥과는 다른 상황이다. 바울이 드로아에 겉옷을 두고 온 것(4:13), 고린도에 에라스도를 머물게 했고 병든 드로비모를 밀레도에 두고 온 것(4:20)에 대해 말하기에, 디모데후서를 기록하기 전에 소아시아를 방문한 것이 분명하다.[136]

에베소에서 목회하고 있던 아들 디모데에게 목회적 권면을 주기 위해서이다. 디모데후서 1:15에 의하면, 네로 황제의 박해시기에 많은 변절자들이 교회 안에 발생했다. 그러므로 바울은 지금까지 목숨 걸고 전했던 바로 그 복음을 디모데에게 전하고 싶었다. 그래서 디모데후서 1장에서 '복음을 지키라는 부탁'을, 2장에서는 '복음을 위하여 고난을 받으라는 부탁'을, 3장에서는 '복음 안에서 계속 거하라는 부탁'을, 4장에서는 '복음을 전파하라는 부탁'을 받았다. 따라서 디모데후서의 핵심은 '복음에 기초한 교회의 조직'이다.

### 구조

| | | | |
|---|---|---|---|
| 1:1-2 | 서언 | | |
| 1:3-18 | 감사와 개인적 권면 | | |
| 2:1-26 | 사역 은유, 바울의 복음, 진실한 말씀 | 2:1-7<br>2:8-13<br>2:14-26 | 군인, 운동선수, 농부<br>진실한 말씀<br>일꾼, 도구, 종 |

| | | | |
|---|---|---|---|
| 3:1-4:8 | 추가 당부 | 3:1-9<br>3:10-17<br>4:1-8 | 말세의 배교<br>인내하라<br>말씀을 전파하라 |
| 4:9-18 | 최근 소식 | | |
| 4:19-22 | 마침 인사 | | |

## 주제

디모데후서의 주요 주제들은 다음과 같다: 성도에게 고난은 불가피하다(1:8, 12; 2:3, 9; 3:11-12; 4:5, 14-18).[137] 그리스도인이 고난을 당할 때 하나님의 능력으로 보호를 받는다(1:8; 2:1; 4:1-8). 복음은 그리스도인이 인내하는데 근거가 된다(1:9-11; 2:8-10; 3:15-17). 인내하지 못하는 것은 회심하지 못한 증거다(2:11-13, 19; 3:14; 4:7, 10). 거짓 가르침은 단호히 대처하여 배격해야 한다(2:16-18, 23-26; 3:1-9; 4:3-5).

## 내용

1장은 인사와 복음과 함께 고난을 받으라는 권면, 2장은 그리스도 예수님의 좋은 군사와 하나님께 인정을 받는 일꾼에 대해 권면한다. 3장은 종말에 있는 타락상과 그 타락을 이길 영감된 하나님의 말씀을 소개하고, 4장에서는 말씀을 전파할 것을 권면한 후 바울은 자신의 임종을 암시하면서 개인적인 권면을 하고 인사로 마무리한다.

136) 카슨, 무, 모리스, 『신약개론』, 429.
137) 참고. 송영목, "고난 중의 소망: 목회서신과 히브리서를 중심으로," 『그 말씀』(2013년 2월 호), 76-86.

## 결론

바울은 에베소의 목회자 디모데가 복음 때문에 고난을 감내하도록 군사로 무장될 것을 권면한다. 그리고 바울은 디모데가 그리고 말씀을 실천하여 종말의 타락상을 이길 것도 권면한다. 노사도 바울은 연약하고 소심해 보이는 목회자 디모데를 격려한다.

# 디도서

| 성경 | 바이블 키 |
|---|---|
| 디도서 | 천국을 위한 사역자 |

디도서의 연대를 바울이 1차 로마 투옥에서 석방 된 후, 그의 임종에서 멀지 않은 시기로 볼 수 있다. 따라서 AD 65년경 바울이 그레데에서 목회하던 디도에게 보낸 편지이다. 기록 장소는 불분명하다. 흥미로운 점은 로마의 클레멘트가 디도서 3:1을 인용한 것 같으며, 타티안이 디모데전후서는 부인하면서도 디도서는 그의 정경 목록에 포함했다는 사실이다.[138] 디도가 목회했던 그레데(Crete)에 대한 언급은 사도행전 27장에 나온다. 바울은 그레데(딛 1:5)와 니고볼리(딛 3:12)를 방문하여 목회한 경험이 없기에(행 27:7 이하), 디도서 3:12에 의하면, 바울은 디도를 니고볼리에서 만나기로 계획한다. 바울은 목회자 디도에게 하나님 나라의 일꾼을 세우는 원칙과 교회 구성원들을 교육시키는 방식에 대해 교훈한다. 디모데전후서처럼 사적인 언급은 많지 않지만, 디도서 3:12-15에 그런 요소가 나타난다.

## 구조

| | | | |
|---|---|---|---|
| 1:1-4 | 인사 | | |
| 1:5-9 | 교회 직분자들의 자격 | | |
| 1:1-16 | 거짓 선생들과 그들을 논박해야할 필요성 | | |
| 2:1-10 | 기독교인의 행동 규범 | 2:1-3<br>2:4-8<br>2:9-10 | 노년층<br>청년층<br>종들 |
| 2:11-3:7 | 기독교 교리와 성도의 삶 | 2:11-15<br>3:1-2<br>3:3-7 | 은혜와 양육하는 능력<br>사회 속의 기독교인<br>이교 신앙과 기독교의 대조 |

| | | | |
|---|---|---|---|
| 3:8-11 | 마지막 교훈 | 3:8<br>3:9-11 | 선한 일에 힘쓰라<br>거짓 교훈을 피하라 |
| 3:12-15 | 결론 | | |

## 주제

디도서의 주요 주제들은 다음과 같다: 복음은 본성적으로 성도의 삶에 성화를 이루는 능력이 있다(1:1; 2:1, 11-14; 3:4-7). 사람의 행실은 하나님을 아는지 혹은 모르는지 증거한다(1:16). 장로는 경건해야 한다(1:5-9). 진정한 그리스도인의 삶은 복음 전파를 촉진시킨다(2:5, 8, 10). 선행은 성도의 삶에 중요한 자리를 차지한다(2:1-10; 3:1-2, 8, 14). 교회에서 교리나 윤리에 있어 오류가 있는 가르침은 분명하고 단호히 대처해야 한다(1:10-16; 3:9-11). 복음은 그리스도인의 윤리의 기초다(2:11-14; 3:3-7).

## 내용

1장은 인사와 장로의 자격을 논한다. 디도가 목회하던 그레데 교회에서는 장로 후보자가 회심하지 못한 자녀를 두었거나 거칠고 불순종한 자녀를 두었을 가능성이 있다(1:6). 장로는 항상 거짓말하고 악한 짐승처럼 배만 위하고 게으른 그레데 사회 속에서 그리스도의 일군으로서 기능을 제대로 해야 한다(1:12). 2장은 남자, 여자, 종, 주인에 대한 권면을 한다. 3장은 권세자에게 복종하고 조심하여 모든 선한 일을 하며 이단을 경계할 것을 권면한다. 그 후 사람들을 감옥에 갇힌 바울에게 보내달라는 개인적인 부탁과 인사로 마무리한다.

138) 카슨, 무, 모리스, 『신약개론』, 435.

## 결론

로마 1차 투옥에서 풀려나서 선교하던 바울은 그레데 섬에서 목회하던 디도에게 장로의 자격과 여러 부류의 성도의 역할에 대해 목회적 권면을 한다. 천국 백성이 로마제국 안에서 처신하는 방법과 교회를 어지럽히려는 거짓 선생에 대한 경계도 이어진다.

## 빌레몬서

| 성경 | 바이블 키 |
|---|---|
| 빌레몬서 | 사랑과 용서를 통한 무익한 자의 유익한 자로의 회복 |

말시온 정경이나 무라토리안 정경에는 빌레몬서가 포함되지 않았다. 하지만 터툴리안은 말시온을 논박하면서 빌레몬서를 정경으로 인정했고, 오리겐은 권위 있는 서신으로 인용했다.[139] AD 62년경 바울이 1차 로마 투옥 중 오네시모의 주인이었던 빌레몬에게 쓴 편지이다. 이 때 바울은 갇혀 있었는데(1절), 나이가 많았다(9절). 아마 두기고(골 4:7)와 오네시모가 골로새서와 빌레몬서를 로마에서[140] 골로새 교회로 가지고 가서 전해 주었다는 설이 유력해 보인다. 사실 바울이 본 편지에서 안부를 묻는 사람들이(참고. 몬 23-24) 골로새서와 같다(참고. 골 4:10-14). 빌레몬은 골로새 교회의 일원이었다(19절). 바울은 빌레몬과 오네시모 이 두 사람 사이의 용서와 화해라는 문제를 넘어, 빌레몬의 가정교회와 오네시모 사이의 관계도 고려하고 있다.[141] 참고로 바울 당시에 노예는 전체 인구의 3분의 1정도를 차지했고, AD 4세기 초 무렵부터 빌레몬서는 노예 철폐를 놓고 벌인 논쟁의 근거가 되었다.

## 구조

| | | | |
|---|---|---|---|
| 1-3 | 문안 인사 | | |
| 4-7 | 감사와 기도 | | |
| 8-20 | 오네시모를 위한 세 가지 호소 | 8-11<br>12-16<br>17-20 | 첫째 호소: 오네시모의 유익함<br>둘째 호소: 오네시모를 형제로 수용하라<br>셋째 호소: 바울의 마음을 편하게 하라 |
| 21-25 | 결론 | | |

139) 카슨, 무, 모리스, 『신약개론』, 443.

## 주제

빌레몬서의 주요 주제들은 다음과 같다: 하나님과 화해를 한 사람은, 다른 사람과도 화해를 이루어 간다. 사랑과 덕은 화해를 이룬다. 빌레몬서에서 바울은 재치 있는 어휘를 자주 구사한다:[142)]

- 완곡어법(euphemism): 바울은 빌레몬을 피해서 도망쳤던 오네시모의 부재를 빌레몬을 '잠시 떠난 것'으로 표현한다(15).
- 역설적 재치: 바울은 빌레몬이 자신에게 진 빚을 언급하지 않겠다고 하면서 실제로는 언급한다(19).
- 언어 유희: 오네시모가 '이전에는 무익했지만'(ἄχρηστος, 11), 지금은 유익하다. 오네시모('Ονήσιμος)의 뜻은 '유익한'이다. 그리고 '무익하다'는 '그리스도가 없는'이라는 의미와 유사한 소리다. 바울은 오네시모를 '내 심복'(내 마음, 내 심장)이라고 부른다(12). 그 다음에 빌레몬에게 '내 마음'을 평안하게 해 달라고 요청한다(20). 따라서 바울 자신의 마음은 물론, 바울의 마음이었던 오네시모를 평안하게 해 달라는 의도가 있다.

## 내용

1장에서 인사와 빌레몬의 믿음과 사랑을 칭찬한다. 그 후 유익한 이로 변모한 오네시모를 받아달라는 바울의 구체적인 간청 그리고 마지막 인사로 마무리 한다. 그리스도 안에는 자유자나 종의 구분이 없다(참고. 갈 3:28; 골 3:11). 빌레몬서는 바울의 인품을 보여준

140) 혹자는 에베소를 서신의 기록 장소로 본다. 근거는 무엇인가? 바울이 빌레몬에게 방문 시 숙소를 제공해 줄 것을 요청 한 사실은(몬 22) 기록 장소는 골로새에서 멀지 않은 곳이었다. 하지만 노예가 도망가려면 먼 곳이면서 대도시일 것이라는 추측 때문에 로마인 것 같다. 기록 장소가 로마가 옳다면, 골로새서와 거의 비슷한 연대인 AD 60년대 초반일 것이고 에베소라면 50년대 말일 것이다.

141) 참고로 오네시모는 도망친 노예가 아니라 빌레몬이 바울을 돕도록 파견한 사람이라는 주장은 Pao, *Colossians & Philemon*, 345에서 볼 수 있다. 이 입장은 빌레몬이 이전에 바울에게 베푼 호의에 근거하여(5-7절), 바울이 다른 호의를 청원한다는 주장이다.

142) 참고. 포웰, 『신약개론』, 424.

다. 바울은 관용을 모르는 원칙주의자로 종종 비쳐졌지만(행 15:36-41), 빌레몬서의 바울은 도망친 종을 위해서 주인에게 관용을 부탁하고, 손해를 끼친 값을 대신 지불하려는 사랑으로 가득 찬 사람이다.[143]

## 결론

바울은 골로새 교회의 일원이었던 빌레몬에게 편지를 써서, 그에게 손해를 끼치고 도망한 노예인 오네시모의 온전한 회복을 부탁한다. 비록 바울은 노예제도가 비성경적이고 비인간적이라고 비판을 하지 않지만, 그리스도 안에서 죄인이 회복되어 유익한 자가 되어야 하며, 자유인과 노예의 차별이 없음을 강조한다.

143) 카슨, 무, 모리스, 『신약개론』, 445.

6
New Testament Key

# 일반서신

## 히브리서

| 성경 | 바이블 키 |
|---|---|
| 히브리서 | 탁월하신 그리스도와 기독교 |

히브리서는 요한일서를 제외한 모든 신약 서신들이 갖춘 그레코-로마의 서신 형식이었던 저자, 수신자, 문안인사를 생략한 채 시작한다. 하지만 복을 빔, 개인적인 인사, 작별인사라는 전형적인 서신의 형식으로 끝맺는다(13:20-25). 저자가 구체적인 경고(2:1-4; 3:7-4:11 등)나 도덕적 권면을 주기에 수신자의 실제 형편을 염두에 두었음이 분명하다(5:12; 6:10; 10:32 등).[144] 2세기의 이집트 알렉산드리아의 클레멘트와 오리겐은 난점에도 불구하고 바울을 히브리서의 저자로 인정했다. 동방교회에서도 알렉산드리아의 전통을 수용했다.

144) 카슨, 무, 모리스, 『신약개론』, 447-448.

하지만 서방교회에서는 4세기 후반까지 바울 저작을 거부한다. 419년 제 6차 카르타고 공회에서 바울서신을 히브리서를 포함한 14개로 결정했다. 이후로 서방교회에서는 대체로 히브리서의 바울 저작을 인정했다. 하지만 이레니우스, 히폴리투스, 무라토리안 정경은 바울의 저작을 거부한다. 이유 중 하나는 바울이 익명으로 편지를 쓰지 않았기 때문이다. 터툴리안은 바나바를 히브리서의 저자로 본다. 칼빈은 로마의 클레멘트나 누가를 저자로 보지만, 루터는 아볼로로 본다. 루터는 히브리서, 야고보서, 유다서, 계시록을 정경성이 의심스러운 것으로 여겼다.

히브리서를 바울 저작으로 보기 어려운 이유는 무엇인가? 일반적으로 바울이 그의 서신에서 했던 것처럼, 히브리서의 서론에서 자신의 이름을 저자로 거론하지 않았고, 바울 서신에서 흔히 등장하는 주제가 없는 것과, 히브리서 2:3에서 밝히듯이 바울이 부활하신 예수님께 직접 복음을 듣지 않고 다른 사람을 통해 복음을 들었다고는 생각할 수 없다. 결론적으로 히브리어 성경보다는 LXX에서 구약을 인용한 것으로 보아, 아마 저자는 LXX에 정통한 헬라파 유대인이었을 것이며 고상한 헬라어를 구사할 수 있었던 고등 교육을 받은 그리스도인이었을 것이다.[145]

수신자가 제 2세대 성도(히 2:3)이기에 AD 60년경이었을 것이다. 그리고 클레멘트 1서에 히브리서가 인용되었는데, 클레멘트 1서가 네로의 박해시기에 기록되었다면, 히브리서 역시 네로 이전으로 보아야 한다(히 12:4: 네로의 박해 직전?). 히브리서 13:23에 디모데가 바울의 동역자로 언급되는데, 이것 역시 이른 시기로 볼 수 있다. 중요한 것은 제의(cult)를 묘사할 때 현재 시제로 언급된 것이다(히 7:8; 9:6-7, 9, 13; 13:10). 이것은 예루살렘 멸망 이전으로 해석하는 것이 자연스럽지, 역사적 현재형(과거사실을 현재형으로 설명하는 것)으로 보는 것은 부자연스럽다. 결론적으로 AD 70년 이전이며 아마 60년 전반부일 것이다.

'신약의 구약 사용'이라는 주제로 볼 때, 그리스도 중심으로 섬세하게 구약을 주해한 히

145) 카슨, 무, 모리스, 『신약개론』, 452-453, 458. 히브리서의 기록 장소로 가장 많은 지지를 받은 곳은 로마다.

브리서는 계시록과 더불어 '신약의 여왕'이라 불릴 만하다. 히브리서에는 구약의 직접 인용(약 29-40개; 예. '성경에 기록된 바', '주께서 말씀하시기를')과 암시(약 40회. 랄프 마틴은 70회로 봄)는 물론, 구약 주제에 관한 일반적인 언급(약 13회)과 구약 역사적 사건에 대한 암시 등이 많다. 예를 들어, 히브리서의 19개의 인용과 약 15개의 암시는 시편에서 온 것이다. 이사야서는 3개의 인용과 약 4개의 암시를 보인다. 오경은 9개의 인용과 약 15개의 암시를 가진다. 일반적으로 히브리서 저자는 주로 LXX를 사용하면서, 구약을 자유롭게 변형시키면서 그리스도 안에서 성취된 의미를 찾은 것으로 평가된다. 성령께서 히브리서 저자에게 구약 사용 시 변경의 자유를 주시되 그리스도 완결적 의미를 찾도록 인도하신 것이다.

## 구조

'예수'는 히브리서에 10회 등장하는데, 예수님을 중심으로 하는 선언과 권면이 교차하는 구조는 아래와 같다:[146]

| | |
|---|---|
| 1:1-4 | 서론 |
| 1:5-2:18 | 선언: 천사보다 뛰어나신 그리스도 |
| 3:1-6:20 | 권면: 믿고 소망하라 |
| 7:1-10:18 | 선언: 예수님이 누구시며 무엇을 하셨는가 |
| 10:19-39 | 권면: 예수님을 믿고 그분을 붙잡아라 |
| 11:1-40 | 선언: 구약 역사에서 본 믿음의 본보기 |
| 12:1-13:19 | 권면: 믿음, 소망, 섬김 |
| 13:20-25 | 결론 |

146) 참고. A.B. Du Toit (ed), *Guide to the New Testament*. Vol. VI. (Pretoria: NGKB, 1998), 92.

예수님을 사도, 대제사장, 성도 앞서 경주하신 분으로 볼 때 구조는 아래와 같다:

| | |
|---|---|
| 1:1-4:16 | 신앙고백의 사도이신 예수님 |
| 4:14-10:25 | 대제사장이신 예수님 |
| 10:19-13:16 | 앞서 경주하신 예수님 |
| 13:17-25 | 결론 |

## 주제

히브리서의 주요 주제들은 다음과 같다: 예수님은 하나님이시며 사람이시다(1:1-14; 2:5-18). 하나님의 아들이신 예수님은 창조의 대리자이시며 피조물을 유지하신다(1:1-14). 예수님은 사람을 긍휼히 여기시며 대신 죽으신 대제사장이시다(1:3; 2:10-18; 4:15-16; 9:11-10:19). 예수님은 천사, 모세, 지상의 성막보다 더 뛰어나시다(1:4-2:18; 3:1-6; 5:1-10; 7:1-10; 8:1-13). 모든 인류는 죄 때문에 심판에 직면한다(4:12-13; 9:27-28; 10:26-31). 믿음은 하나님을 기쁘시게 하며, 구원과 인내에 동참하도록 한다(11:1-40; 12:1-29). 예수님의 성육신으로 종말이 임했고, 도래한 종말은 완성을 기다린다(1:2; 2:5; 4:9-11; 9:9-28; 12:22-29).

히브리서에 나타난 예수님의 신성과 인성은 아래와 같다:[147]

| 신성 | 인성 |
|---|---|
| 세상을 창조하신 분(1:2) | 성도처럼 혈과 육을 가지신 분(2:14) |
| 하나님의 영광의 광채(1:3) | 모든 면에서 우리와 같이 되신 분(2:17) |
| 하나님의 본체의 형상(1:3) | 시험을 받아 고난당하신 분(2:18) |
| 만물을 붙드시는 분(1:3) | 우리 연약함을 동정하시는 분(4:15) |
| 영광의 하나님의 우편에 앉으신 분(1:3) | 모든 일에 우리와 똑같이 시험을 받으신 분(4:15) |
| 천사보다 뛰어나시고 그들로부터 경배를 받으시는 분(1:6) | 통곡과 눈물로 간구와 소원을 올리고 순종하신 분(5:7) |

| | |
|---|---|
| 죄가 없으시고(4:15), 다른 사람들을 거룩하게 하시는 분(2:11) | 고난을 통해서 순종을 배우신 분(5:8) |
| 자기를 바라는 자들을 구원하시려고 다시 오실 분(9:28; 10:37) | 사람이 따를 수 있는 인내의 본이신 분(12:1-3) |

히브리서에서 자주 사용된 '영원한'(αἰώνιος)과 '하늘의'(ἐπουράνιος)에 주목해 보자:[148] 예수님은 영원한 구원(5:9), 영원한 심판(6:2), 영원한 속죄(9:12), 영원한 성령(9:14), 영원한 상속(9:15), 영원한 언약(13:20)을 주신다. 예수님 때문에 새 언약 백성인 그리스도인은 하늘의 부르심(3:1), 하늘의 은사(6:4), 하늘의 성소(8:5), 하늘의 것들(9:23), 하늘의 본향(11:16), 하늘의 예루살렘(12:22)을 소유한다.

## 내용

1장은 종말의 말씀 계시자이신 예수님 그리고 천사보다 뛰어난 예수님을 소개한다. 2장은 예수님이 주신 구원을 무시하는 자에게 주는 경고, 죽기를 무서워하는 자에게 구원을 주시는 예수님을 소개한다. 3장은 모세보다 뛰어난 그리스도께서 주시는 안식을, 4장은 안식을 누리는 방법인 말씀을 언급한다. 예수 그리스도는 대제사장이시라고 4장 마지막에서 밝힌 논의가 5장으로 이어진다. 그리고 배도에 대한 경고를 5:11부터 6:12까지 한다. 7장은 멜기세덱과 흡사한 대제사장이신 그리스도를, 8장은 새롭고 더 나은 언약의 대제사장이신 그리스도를 설명한다. 9장은 지상의 지성소와 그리스도를 통한 속죄 그리고 세상 끝에 나타나신 그리스도를 소개한다. 10장은 단번에 드린 그리스도의 희생 제물되심과 믿음으로 말미암은 온전한 헌신을 소개한다. 11장은 바라는 것들의 실상과 증거인 믿음과 본을 보인 허다한 구약의 증인들을, 12장은 믿음의 창시자이며 완성자이신 예수님 그리고 그

---

147) 참고. 포웰, 『신약개론』, 481.

148) 참고. 포웰, 『신약개론』, 485. 신약 성경에 4명의 야고보가 등장한다: (1) 12사도 중 세베데의 아들로서 일찍 순교했던 야고보(막 1:19; 행 12:2), (2) 12사도 중 알파오의 아들 야고보(막 3:18), (3) 12사도에 포함된 유다의 아버지 야고보(눅 6:16), (4) 예루살렘 교회의 지도자였던 예수님의 동생 야고보(행 12:17; 15:13; 21:18; 갈 1:19).

분이 주시는 흔들리지 않는 나라를, 13장은  하나님을 기쁘시게 하는 제물과 같은 성도의 경건한 삶이 무엇인지 권면한 후 마지막 인사로 마무리한다.

## 결론

히브리서 저자는 독자들에게 그리스도인이 되기 전에 고수했던 유대교 신앙으로 되돌아가서는 안 되는 이유를 제시한다. 예수님은 하나님의 최종적이고 결정적인 계시이신데, 그분은 속죄 제사를 드려서 구약 제사를 완성하시고 구원을 이루신 대제사장이시다. 예수님은 견고한 천국을 성도에게 주시고, 성도는 경건을 실천하여 그 천국의 실체를 경험한다.

## 야고보서

| 성경 | 바이블 키 |
|---|---|
| 야고보서 | 구원을 확증하는 선행 |

유세비우스는 야고보가 승귀하신 예수님을 메시아로 고백했기에 AD 62년에 유대 당국에 의해서 돌에 맞아 순교했다고 전한다. 유세비우스의 진술을 참고할 때, 야고보서는 예수님의 동생 야고보가 AD 62년경에 기록한 편지이다. 이때는 갈라디아서와 로마서가 강조하는 이신칭의의 복음이 왜곡되어 행함이 강조되지 않던 시점이었다. 기록 장소를 팔레스틴으로 본다면, 수신자의 상황은 특별히 부자들로부터(약 5:1-6) 경제적인 착취를 당하던 시기였을 것인데, 이 형편은 예루살렘 멸망 전에 적합하다. 멸망 후에 이런 부자 지주들은 유대지방에서 사라진 것으로 보인다. 갑작스런 싸움과 다툼에 대한 언급(약 4:1)은 예루살렘 함락 직전 시대의 서로 죽이는 치열한 다툼의 상황을 반영하는 것이 아닐까? 그렇다면 왜 야고보는 디아스포라를 위해 목회를 했으나 팔레스틴의 AD 70년 이전의 상황을 암시하는가? 기록 연대를 AD 40년대 후반으로 보던, 60년경으로 보던 팔레스틴과 로마제국의 상황은 전반적으로 유사했다. 혼란과 사회적인 불안정을 경험했던 시기이다. 지리적인 차이에도 불구하고 이 둘의 상황은 유사하다. 그리고 야고보서의 수신자의 주류가 유대인이었기에 AD 70년 이전의 팔레스틴의 내용을 언급하는 것은 효과가 있었을 것이다. 물론 AD 30년경의 예수님의 말씀을 야고보가 수신자에게 적용한 이유는 예수 그리스도의 복음을 디아스포라를 위해 가르치려는 의도 때문이다.[149] AD 30년경의 팔레스틴, 40년대 중반 혹은 60년경의 디아스포라의 상황은 크게 다르지 않다.

---

149) 야고보서와 예수님의 말씀 사이의 연관성은 다음과 같다: 약 1:5-마 7:7-8; 약 1:22-마 7:24; 약 2:5-눅 6:20/7:22; 약 2:8-마 22:39-40; 약 2:13-마 5:7; 약 3:12-마 7:16; 약 4:10-마 23:12; 약 4:11-12-마 7:1; 약 4:13-14-마 6:34; 약 5:1-눅 6:24-25; 약 5:12-마 5:34-37. 도널드 해그너, 『신약개론』, 989-991.

## 구조

여러 개의 설교가 모여 이루어진 것 같은 야고보서의 구조는 아래와 같다:[150)]

| | | | |
|---|---|---|---|
| 1:1 | 서언 | | |
| 1:2-27 | 성숙으로 나아가는 길 | 1:2-18<br>1:19-27 | 시험과 유혹<br>자유의 율법에 순종하라 |
| 2:1-5:11 | 신앙의 본질과 회개와 인내 | 2:1-26<br>3:1-4:10<br>4:11-5:11 | 행위로 나타나는 신앙<br>교만을 회개하라<br>심판을 예기하며 인내하라 |
| 5:12-20 | 결론 | | |

## 주제

야고보서의 주요 주제들은 다음과 같다: 하나님은 은혜로운 시여자이시며, 불변하는 창조자시며, 치유자, 질투하시는 분, 심판자이다(1:5, 17-18; 2:5, 13, 19; 4:5-6; 5:1-3, 9, 15). 하나님이 주시는 믿음은 시험을 이기게 한다(1:5; 3:13, 17). 하나님은 성도를 연단하시지만, 사탄과 사람의 정욕은 시험에 빠지게 한다(1:3, 13-14; 4:7; 5:7-8). 부자가 가난한 자를 억압하는 악이 발생하는데, 하나님은 가난한 자에게 특별한 관심을 보이신다(1:9, 27; 2:1-5, 15-16; 4:13-17; 5:1-6). 장차 보상과 심판이 있을 것이다(1:12; 2:5, 12-13; 3:1; 4:12; 5:1-7, 9, 20). 야고보서의 중앙 부분은 혀의 파괴력에 관해 강조한다(3:1-4:12).육체적인 질병과 시험 가운데 치료자 하나님께 기도해야 한다(1:5-7; 4:2-3; 5:13-18). 성도의 행실과 열매는 이신칭의를 확증한다(2:14-26).

---

150) 카슨, 무, 모리스, 『신약개론』, 467.

야고보와 바울은 믿음과 행함에 대해서 동일한 신학을 공유한다:[151)]

| 교리 | 야고보 | 바울 |
|---|---|---|
| 구원에 필수적인 믿음 | 2:18 | 엡 2:8-9 |
| 행함이 없는 믿음은 구원에 이르는 믿음이 아님 | 2:17, 24 | 고전 15:2 |
| 구원에 이르는 믿음은 행함으로 온전하게 됨 | 2:24 | 롬 3:31; 엡 2:8-10 |

야고보와 바울 사이의 공통점을 찾는 것이 중요하지만, 각자가 독자적으로 신학적으로 기여한 것을 희석시키지 말아야 한다. 행위구원에 대항하려면 특별히 바울에게서 배우고, 시초적 칭의를 입은 그리스도인에게 행위가 중요하지 않다는 잘못된 태도를 대할 때는 특히 야고보에게서 배워야 한다.[152)] 종종 야고보와 바울은 본질과 실질에서 일치하고, 용어와 표현에서 대립하는 것처럼 보인다.

## 내용

1장은 인사와 믿음의 시험을 통고하는 방법에 대해 권면한 후, 시험을 참는 자가 복되다고 설명한다. 그 후 듣고 행하는 균형 잡힌 생활을 권면한다. 2장은 성도를 외모에 따라 차별하는 죄를 경계하고, 행함 있는 구원에 이르는 믿음을 강조한다. 3장은 혀를 제어할 것과 위에서 오는 지혜가 경건한 행실을 촉진시키는 것을 설명한다. 4장은 정욕을 따라서 사는 것은 세상과 벗되는 것임을 설명하고, 형제 비방과 자랑을 하지 말 것을 권면한다. 5장은 부자에 대한 경고를 주고 나서, 다시 고난 중에 인내할 것을 권면한다.

## 결론

예수님의 동생 야고보가 순교하기 전에 기록한 야고보서는 주로 유대인 출신 기독교인

151) 참고. 쾨스텐버그 외, 『신약개론』, 859; 카슨, 무, 모리스, 『신약개론』, 478.
152) 카슨, 무, 모리스, 『신약개론』, 478.

들이 이신칭의에 집착하다가 놓쳐버린 선한 행실을 회복할 것을 권면한다. 선한 행실은 외모를 따라 차별하는 것을 금하고, 언어를 절제하며, 정욕을 따라 사는 것과 애금주의를 경계하는 것 그리고 기도로 인내하는 것을 포함한다.

## 베드로전서

| 성경 | 바이블 키 |
|---|---|
| 베드로전서 | 고난 속에서 나그네가 가질 소망 |

베드로가 로마에서 네로의 본격적인 박해(참고. 1:6; 3:13-17; 4:12-19; 5:19)가 시작되기 전인 AD 63년경에 터키의 교회에게 보낸 회람서신인데, 박해를 이겨내도록 선한 양심에 근거하여 선한 행실을 하도록 권면한다.[153] 본문의 증거에 따르면, '사도 베드로'가 저자다(벧전 1:1; 비교. 벧후 1:1). 현대의 성경 비평이 등장하기 전까지 대부분의 주석가들 및 현대의 복음주의권 학자들, 그리고 유세비우스의 교회사 4.14.9와 같은 외증은 사도 베드로 저작을 지지한다.

베드로의 이름에 대해 살펴 볼 필요가 있다. 베드로는 신약 성경에서 약 188회나 언급되는 이로, 예수님의 제자들 중에서 가장 잘 알려진 인물이다. 그의 히브리식 고유명사는 '시므온'(Συμεών)이며(행 15:14), 그것의 헬라어 상응 표현은 신약에 약 22회 언급된 '시몬'(Simon)이다. '베드로'는 사람의 고유 명사가 아니기에, '베드로라 불리는 시몬'이라는 표현이 신약에서 22회나 언급된다. 베드로후서 1:1에는 합성된 표현인 '시몬 베드로'(Simeon Peter)로 등장한다. 이중 이름 혹은 이름과 별명이 함께 나타나는 것은 그 당시 드물지 않았다. '베드로'나 '게바'(Cephas)는 아람어 혹은 헬라어에서 사람의 이름을 위한 고유명사로 거의 사용되지 않았다. 예수님은 시몬에게 '반석'이라는 의미의 '게바'라는 별명을 지어주셨다(마 16:18; 요 1:43).

## 구조

베드로전서의 몸통 부분은 원래 세례교육을 위한 설교문이었지만 나중에 서신의 서론과 결론이 몸통에 추가되었다는 단편가설은 이 서신의 통일된 구조를 찾는데 방해가 된다.[154]

153) 베드로전서 주석 가운데 가장 주목할 만한 것은 J.H. Elliott, *1 Peter* (Anchor Bible; New Haven: Yale University Press, 2000) 그리고 K.H. Jobes, *1 Peter* (Baker Exegetical Commentary; Grand Rapids: Baker, 2005)이다.

구조는 아래와 같다:

| | | | |
|---|---|---|---|
| 1:1-2 | 인사 | | |
| 1:3-12 | 구원과 영생에 대한 소망 | 1:3-5<br>1:6-9<br>1:10-12 | 성부의 구원 사역<br>성자의 구원 사역<br>성령의 구원 사역 |
| 1:13-25 | 하나님의 자녀를 향한 거룩한 삶으로의 부르심 | 1:13-21<br>1:22-25 | 하나님의 자녀의 소망과 거룩한 행실<br>하나님의 가족 간의 사랑과 말씀을 통한 중생 |
| 2:1-3 | 말씀을 통한 성숙 | | |
| 2:4-10 | 선택과 거부: 그리스도, 신자, 불신자 | | |
| 2:11-12 | 불신 세상 속에서의 성도의 명예로운 행실을 유지함 | | |
| 2:13-17 | 권세자에게 복종하라 | | |
| 2:18-25 | 그리스도의 고난과 그리스도인 종들의 행실 | | |
| 3:1-7 | 아내와 남편에게 주는 권면 | | |
| 3:8-17 | 성도가 선을 행할 때 받는 고난[155] | | |
| 3:18-22 | 성도를 하나님께로 인도하시는 그리스도의 승귀 사건 | | |
| 4:1-6 | 그리스도의 고난과 불신자의 죄악 | | |
| 4:7-11 | 하나님의 가족의 결속을 유지함 | | |
| 4:12-19 | 그리스도인으로서 당하는 고난과 기쁨 | | |
| 5:1-5a | 공동체의 결속을 유지하기 위한 장로와 젊은이의 역할 | | |
| 5:5b-11 | 겸손, 영적 싸움 그리고 신뢰 | | |
| 5:12-14 | 마지막 인사 | | |

154) 참고. 카슨, 무, 모리스, 『신약개론』, 487. 참고로 베드로전서의 기초가 되는 본문은 세례 설교였다고 보는 도널드 해그너, 『신약 개론』, 1007.

155) 이 단락의 시편 인용에 대해서는 송영목, "다윗과 베드로의 대화: 벧전 3:10-12를 중심으로," 『교회와 문화』 24(2010), 41-66을 보라. 베드로전서 전체의 구약 인용은 조석민, "베드로전서의 구약인용," 『교회와 문화』 24(2010), 9-40을 보라.

## 주제

### 성부 하나님

베드로전서에 '하나님'은 39회, '주'는 3회 등장하는데, 아버지(1:3) 하나님은 그리스도 안에서 성도의 새로운 삶을 시작하시고 완성하시는 분이다. 하나님에 의해서, 그리스도는 창세 전에 알려지셨고, 종말(신약 시대)에 계시되셨고(1:20), 부활하셨고 영화롭게 되셨고(1:21), 곧 나타나실 것이다(5:1, 4). 요한복음처럼 베드로전서는 성부와 성자 사이의 영원한 관계를 강조하기보다, 죽음에서 일으키신 역사적 사실을 더 강조한다(1:3, 21; 3:22). 하나님의 미리 아심(1:2)과 긍휼(1:3; 2:10)을 따라, 하나님과 동떨어져 있던 사람이 선택을 받고(1:2; 2:4-10; 5:13), 중생하고(1:3), 하나님의 가족에 연합하고(2:4-10), 하나님의 능력으로 보호를 받고(1:5; 5:5, 10-11), 구원(1:5, 9, 10; 2:2; 3:21)과 영광을 받는다(1:7; 5:1, 4, 10).[156] 하나님께 예수님이 순종하셨고(1:2; 2:21-24), 성도는 하나님께 믿음(1:21), 소망(1:21), 복종(1:14), 존경(1:17) 그리고 신뢰(4:19)를 바친다. 하나님은 공정한 심판관이시다(1:17; 2:23; 4:5, 6, 17). 하나님은 많은 신적수동태 동사의 주어이시다(1:2, 5, 7, 12, 13, 18, 20, 23; 2:5, 6, 7, 8, 10, 21, 22, 24, 25; 3:9, 16, 18, 20, 22; 4:18; 5:1, 4). 성도의 삶은 하나님의 부르심으로 시작되고, 하나님의 뜻에 순종하고, 하나님의 은혜로 지속되고, 하나님의 영광을 추구하는 것이다.

### 예수님과 구원

예수 그리스도는 성부 하나님의 구원 사역의 중심 역할을 대리자로서 감당하신다. '예수 그리스도를 통하여'는 그분의 중보자 사역을 가리킨다(1:1, 2, 3, 7; 2:5; 4:11). 예수님은 성부로부터 메시아와 종말의 개시자로 나타나셨다(1:18-19). 예수님의 고난과 대속의 죽으심은 속죄와 희생과 구원을 위한 것이다(1:2, 18-19; 2:21, 24; 3:18). 그분의 부활, 영화, 신원은 하나님의 구원을 위한 궁극적인 능력이 현시된 것이다. 성도가 예수

156) 참고. 송영목, "소통, 화해, 공존: 베드로전서와 요한계시록을 중심으로," 『교회와 문화』 35(2015), 139-167.

님의 부활에 세례로써(3:21) 동참하는 것은 성도의 중생(1:3), 새 생활(2:5, 24), 구원의 확신(3:21) 그리고 신뢰와 소망(1:21)의 기초다.

예수님은 성도에게 본을 보이시고, 그 본을 따라 살도록 힘을 주시는 분이시다. 혹자(예. Harink)는 베드로전서의 심장에 고난당하신 메시아가 계시다고 주장한다. 예수님은 수신자들의 영혼의 목자이시고(2:25; 5:4), 수신자들은 성령을 통해서 사랑과 믿음으로써 예수 그리스도의 현존을 누렸다(1:8, 11). 따라서 베드로는 예수님을 수신자에게 애정 어린(compassionate) 구원을 주시는 분으로 소개한다. 예수님은 수신자처럼 고난당하는 종으로서 배척을 당하셨고(2:4, 21-24), 죄 없이 고난을 당하되 인내하셨다(2:18-25). 그분의 고난, 죽음, 부활은 복음의 중심이며(1:12, 25), 그 복음이 성도를 거듭나게 하고 양식이 된다(1:23-25; 2:2). 이런 기독론은 종말론, 구원론, 교회론, 윤리론의 기초 역할을 하며, 설득과 권면을 위한 발전기 역할을 한다. 신약 신학의 연구에서 베드로 신학은 바울 신학에 가려져 있는 것 같지만 베드로만큼 그리스도의 고난과 부활을 직접 목격한 사도가 드물며, 주님의 고난을 심도 있게 논한 이는 거의 없다. 따라서 베드로 신학에 대한 연구가 더 촉진되어야 한다.

### 종말론

예수님이 종말을 개시하셨기에(1:20; 4:7), 베드로전서 안에서 종말론과 종말론에 기초한 윤리적 권면을 자주 볼 수 있다. 하나님의 심판이 가까웠다(1:17; 2:23; 4:17-18). 그리스도의 첫 번째 나타나심(1:20)과 최종적 나타나심(1:7; 4:13; 5:1, 4) 사이에 살고 있는 성도는 육체의 남은 시간을 자신의 정욕이 아니라, 하나님의 뜻에 맞추어 살아야 한다(4:2). 왜냐하면 복음을 듣고 거듭난 지금은 이전의 삶에서 벗어나서(1:17), 종말론적 하나님의 백성으로 살아야 하는 기간이기 때문이다(2:4-10). 종말을 사는 성도는 그리스도를 닮은 삶 때문에 불신 세상으로부터 잠깐 고난을 받는다(1:6; 5:10). 따라서 성도는 거룩한 삶으로써 깨어 인내해야 한다(1:13; 3:9; 4:7; 5:8). 그렇다고 베드로는 몇몇 바울 서신(고전 15:23-28; 살전 4:16-17)과 복음서(마 24-25)에서 볼 수 있는 종말의 시간표나 시나리오를 소개할 의도를 가지고 있지 않다. 대신 베드로는 악의로 가득 찬 세

상 속에서 거룩한 삶으로써, 미래의 영광을 맛보며 인내할 것을 독자들에게 권면한다.[157)]

## 교회론과 윤리

베드로전서에 비록 '교회'라는 단어는 나타나지 않지만, 이 서신을 신약 가운데 가장 교회 중심적인 책으로 평가할 수 있다. 성도는 공동체적으로 신령한 집(2:5) 혹은 하나님의 집(4:17)을 이루며, 택하신 족속, 거룩한 제사장과 나라, 하나님의 소유, 하나님의 백성(2:9-10), 하나님의 양떼(5:2), 그리스도 안에 있는 자(3:16; 5:10, 14), 그리고 형제자매(2:17; 5:9)로 산다. 이런 교회의 공동체적 정체성을 나타내는 단어로부터, 아버지 하나님은 성도를 선택하시고(1:1; 2:9), 거룩하게 하시고(1:2, 14-16, 22), 자라게 하시고(2:2), 책망하시고(4:17), 건축하시고(2:5; 5:10), 함께 모으셔서 하나의 공동체를 이루도록 하심을 알 수 있다(2:25). 이런 단어들 대부분은 구약의 이스라엘을 가리키는 명예로운 호칭이다. 수신자들은 하나님의 양떼와 가족과 백성으로 살면서, 형제자매와 더불어 거룩하게 고난을 이기며, 아버지 하나님의 보호를 받으며 살아야 한다. 무엇보다 하나님의 아들 예수님의 거부당하심과 고난 그리고 영광 받으심은 수신자들의 삶의 윤리적 모델이 된다. 교회가 그리스도의 고난, 구원, 그리고 부활 생명을 공유하는 것은 하나님께서 새 창조를 불러일으키시는 능력에 동참하는 것이다. 교회는 거저 받은 구원을 윤리적 삶으로 분명히 드러내며 살아야 한다. 혹자(예. Jobes)는 죄의 실제적인 힘은 성도가 고난과 고통을 피하려는데 있다고 주장한다. 베드로에게 있어 하나님을 대적하는 로마제국이 아니라 하나님과 하나님을 지향하는 성도의 삶이 초점이다.

윤리와 밀접히 관련된 신학은 성령님이다. 베드로는 구약에서 성령께서 선지자들을 영감시켜서 그리스도의 오심을 예언하도록 했으며, 신약 시대에는 그분에 관한 복음을 전하도록 하신다(1:11-12). 성령님은 성도를 성화시키시되, 예수님이 말씀하신대로 특히 고난 가운데서 그들과 함께 하신다(참고. 막 13:11). 결국 이 성령님을 통해서 그리스도를 본 받아, 그 분이 가신 길을 성도가 걷게 된다(2:21). 베드로 당시에 예수 그리스도와 같

157) 카슨, 무, 모리스, 『신약개론』, 490.

은 좋은 모델을 본받는 것은 행동을 복제하거나 재현하는 것이라기보다는 '덕을 재현하는 것'(re-enacting virtue)이었다. 명예와 수치가 지배하던 그 당시에 문화에서 볼 때, 좋은 모범을 따르는 것은 명예로운 행동이었다. 베드로에게 있어, 그리스도에 관한 내용을 분별하고, 그리스도를 닮아가는 것은 구원과 윤리의 근원이다.

### 베드로전서의 역사적, 사회적, 신학적 중요성

베드로전서는 기독교 공동체의 초기 단계의 상황 가운데, 어떻게 사회적인 소외와 박해 상태에서 교회가 생존할 수 있었는가를 설명한다. 따라서 신약의 다른 책보다 베드로전서는 유사한 형편에 처한 모든 시대의 교회들로부터 지속적으로 애용되었다. 하나님의 고난 당하신 종 예수님의 자취를 따라가는 성도가 세상에서 무고히 고난을 받아도, 이겨낼 수 있다는 위로의 메시지는 이 편지로 하여금 신약 가운데 가장 목회적 역할을 하도록 했다. 비록 목회서신에 포함되지 않지만, 이 서신은 모든 시대의 (순례 중인 나그네인) 교회에게 불신 세상 속에서 세상의 가치에 순응하거나 타협하지 않으며 살도록 목회적인 권면의 메시지를 제공한다. 따라서 이렇게 풍성하고 실제적인 메시지를 가진 베드로전서가 오랫동안 '신약 주석의 의붓자식' 취급을 받은 사실 자체가 아이러니라 할 수 있다. 신약 성경 중에서 요한계시록과 더불어 베드로전서는 악한 세상 속에서 그리스도인이 어떻게 자신의 정체성을 유지하며 행동해야 되는가라는 문제를 가장 심도 있게 그리고 집중적으로 다루는 하나님의 말씀이다. 참고로 베드로전서에 '하나님'은 39회 사용되어 매 43단어마다 한 번씩 사용된 셈인데, 따라서 신약 서신 가운데 매우 신학적인 서신이다. 요한일서는 매 34단어마다, 로마서는 매 46단어마다 한 번씩 '하나님'이 사용되었다.[158)]

## 내용

1장은 인사와 삼위 하나님이 주시는 구원, 산 소망과 유업을 받은 이가 거룩하게 살 것을 요청한다. 2장은 거룩한 삶은 씨와 젖과 같은 말씀으로 가능하고, 그 거룩한 삶은 제사

158) 카슨, 무, 모리스, 『신약개론』, 488-489.

장 나라로 사는 것이며 권세자에게 순종하는 것이기도 하다. 하나님의 가족에 들어온 종들은 부당한 고난을 당하더라도 십자가 지신 예수님을 본을 삼아야 한다. 3장은 아내와 남편에 대한 가정 규례를 준 후, 고난을 이겨낼 것을 구약 인용으로 권면한다. 4장은 선한 청지기로서 방탕한 삶을 물리치고, 고난 중에서라도 깨어 사랑을 실천하라고 권면한다. 5장은 하나님의 양 무리를 치는 올바른 자세가 무엇인지 설명하고, 박해 중에 있던 독자들을 격려한 후 마지막 인사로 마무리한다.

## 결론

베드로는 네로 황제의 전면적인 박해 이전에 간헐적으로 고난당하던 터키의 성도에게 선한 양심과 선한 행실로 살 것을 권면한다. 성도는 거류민과 나그네처럼 살면서 불신 이웃에게 불필요한 오해를 초래하지 말아야 했다. 어느 시대이건 하나님이 택하신 백성이요 제사장 나라인 성도는 고난보다 더 큰 하나님의 은혜와 위로를 소망해야 한다.

## 베드로후서

| 성경 | 바이블 키 |
|---|---|
| 베드로후서 | 거짓 선생을 경계할 것과 재림 소망 그리고 베드로의 유언 |

교회의 전승은 베드로후서의 저자를 베드로로 한결같이 증거한다. 베드로전서의 총 543 단어와 베드로후서의 총 399 단어 중에서 153개는 동일하다. 베드로후서는 베드로가 베드로전서를 기록한 후, 순교하기 전인 AD 65년경 로마에서 기록했다. 죽음을 앞둔(1:14) 베드로는 교회에서 일어날 배교와 이단들에 대해서 독자들에게 경고한다. 종말론과 고등 기독론(벧후 1:1, 11; 2:20 등)은 이 편지에서 두드러진다. 베드로후서와 유다서 사이에는 간본문성이 강한데, 유다서의 25절 중 19절 이상은 베드로후서와 간본문성을 보인다. 아래의 표를 참고하라:[159)]

| 베드로후서 | 유다서 |
|---|---|
| 천사들(4절) | 천사들(6절) |
| 노아(5절) | 심판(6, 15절) |
| 소돔과 고모라(6절) | 소돔과 고모라(7절) |
| 롯(7절) | 없음 |
| 천사장(11절) | 천사장 미가엘(9절) |
| 발람(15절) | 발람(11절) |

이상의 유다서와의 간본문성도 중요하지만,[160)] 베드로는 바울 서신을 알고 있었음이 분명하다(3:15). 데살로니가전후서에서 볼 수 있듯이, 베드로도 3장에서 재림에 대한 거짓 선생의 오류를 지적한다. 성경의 원저자이신 성령께서 베드로가 베드로후서를 기록할 당시 이전에 기록된 신약 서신들을 참고하도록 인도하셨다고 주장하는 것은 문제가 없다.

159) 참고. 카슨, 무, 모리스, 『신약개론』, 500. 더 상세한 간본문성은 포웰, 『신약개론』, 532를 보라. 참고로 베드로후서에 57개의 *hapax legomena*가 있고, 그 중 32개는 LXX에서도 볼 수 없다.

## 구조

| | |
|---|---|
| 1:1-2 | 문안 인사 |
| 1:3-21 | 경건 안에서 성숙하라 |
| 2:1-22 | 거짓 교사를 비난함 |
| 3:1-13 | 거짓 교사에 대한 평판과 반응 |
| 3:14-18 | 결론 |

## 주제

베드로후서의 주요 주제들은 다음과 같다: 하나님은 성도에게 자신의 성품에 참여하도록 하신다(1:2-4). 하나님의 은혜가 임하면 경건의 열매를 맺는다(1:5-15). 그리스도 안에서 진리는 계시된다(1:16-21). 거짓 선생들은 하나님의 손에 의해서 심판을 받을 것이다(2:1-10). 거짓 선생들은 윤리적으로 파산했다(2:11-22). 종말을 살고 있음을 인식함으로써 성도는 환난을 인내해야 한다(3:1-13). 주님은 참으시지만 언젠가 도둑같이 심판주로 임하시며, 결국 세상은 갱신된다(3:8-10, 13). 하나님은 의인을 건지신다(2:7-9; 3:13-18).

베드로전후서의 '교회론'의 특징은 다음과 같다: (a) 나그네(벧전 1:1)로 살기 위해서는 하나님의 성품에 참여함으로써(벧후 1:4), 짐을 가볍게 해야 한다(벧전 2:11). (b) 삼위 하나님의 복을 받은 무리(벧전 1:2). (c) 하나님의 은혜와 평강으로 사는 무리(벧전 1:2). (d) 찬양/송영의 삶을 사는 무리(벧전 1:3). (e) 기업을 받은 자(벧전 1:4; 벧후 1:3; 참고. 렘 3:2; 23:10). (f) 시련 가운데서라도 하나님의 능력을 믿음으로 보호를 받는 무리(벧전 1:5). (g) 말씀의 젖으로 자라나는 무리(벧전 2:1-2). (h) 산돌로 함께 지어져 가는

---

160) 베드로후서가 먼저 기록된 유다서를 의존하고 있다는 가설의 여러 근거 중에서 두 가지는 다음과 같다: 유다서가 더 짧기에 베드로후서는 유다서를 확대했다. (2) 유다서에 포함된 외경이나 위경의 내용을 정경 문제들이 크게 진전된 때에 기록된 베드로후서는 생략한다. 이 가설을 수용함으로써 베드로후서의 베드로 저작을 반대하는 입장은 도널드 해그너, 『신약 개론』, 1031-1032, 1042-1044에서 볼 수 있다. 해그너는 베드로후서에 등장하는 많은 *hapax legomena*와 같은 수준 높은 헬라어를 갈릴리 어부 출신 베드로가 구사할 수 없었다고 본다.

성전(벧전 2:5-6). (i) 거룩한 나라, 왕 같은 제사장, 하나님의 소유로 하나님을 찬송하는 무리(벧전 2:9). (j) 이단과 싸우는 진리 공동체(벧후 2-3). (k) 주님 재림 때 까지 성화에 힘써야 하는 공동체(벧후 3:1, 11). (l) 권징이 시행되는 교회(벧후 2:9). (m) 성찬이 시행되는 교회(벧후 2:13).

## 내용

1장은 인사와 하나님의 부르심과 택하심을 하나님의 성품을 닮아가면서 굳건하게 할 것을 권면한다. 그리고 변화산에 나타난 그리스도의 영광과 예언의 말씀을 올바로 해석하라고 주의를 준다. 2장은 거짓 선지자와 거짓 선생이 받을 심판을, 3장은 주님의 날이 임하면 신천신지가 어떻게 임할 것이지 설명하고, 인사로 마무리한다.[161)]

## 결론

베드로는 터키의 성도에게 하나님의 성품을 닮아갈 것, 거짓 선생의 교리와 윤리를 배척할 것, 주님의 재림과 세상의 갱신에 대해 권면한다. 재림을 준비하는 방식은 복음에 근거하여, 성화를 이루며 도덕적으로 사는 것이다. 이런 천국을 누리는 삶은 결국 신천신지에서의 삶으로 이어진다.

161) 벧후 3:12를 자구 소멸론이 아니라 갱신론으로 보는 입장은 코르넬리스 비네마, 『개혁주의 종말론 탐구』, 559, 567을 보라.

7
New Testament Key

# 요한서신과 유다서

신약의 21개 편지 중에서 3권은 사도 요한과 관련된다. 물론 요한 1-3서에서 요한을 저자로 언급하지 않는다. 그러나 AD 2세기 후반부터 요한을 저자로 보는 전통이 있었고, 2세기 초반에도 요한서신을 높이 평가한 기록이 있다(예. 폴리캅, 이그나티우스, 파피아스, 『사도의 편지』, 『디오그네투스에게 보낸 편지』). 요한 1-3서가 요한복음과 가지는 주제적 연관성 등으로 인해 초기 교회의 전통은 요한 1-3서의 저자를 사도 요한으로 보았다. 여전히 요한문헌의 상호 관계는 학자들에게 흥미로운 연구 주제이다.[162] 요한복음과 요한서신과 계시록 이렇게 총 5권은 사도 요한이 에베소에서 기록한 것으로서, 요한공동체와 그것과 관련된 개인을 독자로 삼고 있는 것으로 보인다. 그러므로 요한공동체의 사회적인 상황을 재구축해보는 것은 의미가 있다. 요한일서와 이서는 주제 면에서 비슷하고, 요한이서와 삼서는 형식과 길이 면에서 비슷하다. 요한일서와 요한이서와는 달리 요한삼서는 이단적인 신앙이나 관행을 다루지 않는다. 요한일서 5장의 사랑과 요한삼서 2절의 (축)복의 언급을 비롯한 요한서신의 많은 부분들이 교회에서 애용된 것은 단순한 표현 속에 심오한 사

162) 요한복음과 요한서신의 유사점은 K.H. Jobes, *1, 2 & 3 John* (ZECNT; Grand Rapids: Zondervan, 2014), 25-27을 참고하라.

상과 실제적인 적용을 가능하게 하기 때문일 것이다. 비록 요한서신들 사이에 용어와 신학적 차이점이 있으나 이런 차이들은 다른 저자로 보기에는 결정적이지 않다. 상이한 수신자가 이런 차이를 자연스럽게 유발하며, 한 저자가 유사한 언어를 사용할 수 있기 때문이다.

## 요한일서

| 성경 | 바이블 키 |
|---|---|
| 요한일서 | 진리 안에서 사랑하는 영생 얻은 성도 |

AD 190년경 로마의 감독 Victor에게 보낸 편지에서 에베소의 감독 Polycrates는 사도 요한(그리고 빌립과 그의 딸들)이 유대-로마 전쟁 직전에 소아시아로 이주했다고 전한다. 유세비우스도 이 사실을 전한다(교회사 3.31.3).[163] 요한일서는 사도 요한이 에베소에서 AD 60년대 중순(혹은 80-90년대)에 이단 곧 기독론에 있어서 오류를 보인 적그리스도에 대항하도록 기록한 편지이다. 요한은 인사와 기도, 정형화된 작별인사와 같은 서신의 형식을 거의 따르지 않는데, 유사하게도 로마의 편지들 중 상당수가 형식의 다양성을 보인다. 요한은 쉽고 간결한 303개의 단어를 사용했다. 요한서신의 사도 요한 저작을 최초로 언급한 사람은 히에라폴리스의 주교 파피아스다. 회람용 편지인 요한일서를 두고 루터는『루터 전집』제 28권에서 "나는 이렇게 단순한 단어를 사용하면서도, 이토록 형언할 수 없는 묘사를 한 책을 읽어본 적이 없다"라고 평가했다.[164]

## 구조

요한이 몇 개의 주제를 정하여 조금씩 다른 각도에서 반복하기 때문에, 혹자(하워드 마샬)는 요한일서에 통일된 구조가 없다고 주장했다.[165] 구조는 아래와 같다:

---

163) 참고. 카슨, 무, 모리스,『신약개론』, 515. 이레니우스도『이단에 대항하여』3.1.1에서 AD 66년경 사도 요한이 소아시아로 이주했다고 전한다. 참고. 랄프 마틴,『신약의 초석 II』, 546.

164) 참고. 쾨스텐버그,『신약개론』, 935.

| | | | |
|---|---|---|---|
| 1:1-4 | 서언 | | |
| 1:5-2:29 | 사귐의 원리 | | |
| 3:1-24 | 윤리 | 3:1-10<br>3:11-24 | 깨끗함을 이루는 하나님의 자녀들<br>하나님의 명령을 지키는 하나님의 자녀 |
| 4:1-5:12 | 교리 | 4:1-6<br>4:7-21<br>5:1-12 | 영들을 시험하라<br>사랑에 대한 교리적 기초<br>복음에 대한 하나님의 증거 |
| 5:13-20 | 영적인 확신 | | |
| 5:21 | 우상숭배에 대한 경고 | | |

## 주제

요한일서의 주요 주제들은 다음과 같다: 참 하나님이시며 영생이신 하나님께서 성육신하셨다.(1:1-3; 4:2; 5:20). 모든 사람이 죄인이지만, 성도는 회개와 믿음으로 하나님과 성도와 교제한다(1:3-10). 그리스도는 성부 하나님 앞에서 우리의 변호자이시고, 우리 죄를 위한 속죄제물이시다(2:1-2; 4:10). 그리스도를 아는 자는 죄를 버리고 하나님의 사랑의 계명을 지킨다(2:3-11; 3:4-24; 4:7-21). 예수님을 하나님의 아들로 믿지 않는 것은 아버지 하나님을 거부하는 것이다(2:22-23; 4:2-3; 5:10-12). 그리스도를 믿으면 죄 용서 뿐 아니라 영생과 기도의 응답과 악한 사탄으로부터 보호와 하나님을 아는 참 지각을 얻는다(5:12-21). 40여회 등장하는 '사랑'은 여러 가지 윤리적인 권면에 등장한다: 사랑의 근원은 하나님이시고, 하나님의 사랑에 대한 응답으로 성도는 사랑을 실천하고, 성도가 사랑함으로써 하나님의 자녀임을 증명하고, 성도는 사랑함으로써 하나님께 순종한다.

요한일서에 이원론이 강하게 나타난다:[166] 빛이냐 어둠이냐(1:5-7; 2:8-9), 진리냐 거짓이냐(1:6; 2:4, 21, 27; 4:6), 교회냐 세상이냐(2:15; 3:1, 13; 4:3-5; 5:19),

165) 참고. 카슨, 무, 모리스, 『신약개론』, 509.
166) 포웰, 『신약개론』, 557.

생명이냐 죽음이냐(3:14), 사랑이냐 미움이냐(4:2), 하나님의 자녀냐 마귀의 자녀냐 (3:8-10).

## 요한문헌의 연관성

요한복음-요한일서 그리고 요한복음-요한계시록의 연관성은 아래와 같다:[167] 요한복음과 요한일서와의 유사성은 다음과 같다: 빛과 어둠의 대조(요 1:4-9; 요일 1:5-7), 세상에 대한 부정적인 평가(요일 2:15), 보혜사(παράκλητος; 요 14:16; 요일 2:1), 진리에 대한 강조(요 1:14; 요일 1:6), 영생 (요 3:15-16; 요일 1:2; 2:25), 죽음에서 이미 생명으로 옮겨진 교회(요 5:24; 요일 3:14), 예수님이 그리스도요 하나님의 아들이라는 표현(요 20:30-31; 요일 2:22), 성부가 성자를 보내시고, 성자를 믿는 자는 생명을 얻음(요 3:16-17; 요일 4:9), '안다', '사랑하다', '하나님의 자녀'와 같은 표현 등. 참고로 요한복음과 요한계시록과의 유사성은 다음과 같다: 어린 양(요 1:29, 36; 계시록에는 28회), 로고스(요 1:1, 14; 계 19:13), 목양(요 10; 21:15-17; 계 2:27; 7:17; 12:5; 19:15), 생수(요 4:14; 6:35; 7:37-38; 계 7:17; 21:6; 22:1, 17)의 종말론적 이미지, 사람과 함께 거하시는 하나님(요 1:14; 계 7:15; 21:3), 성전의 파멸-부재(요 2:19, 21; 계 21:26), 숫자 7의 중요성(7개의 표적과 7교회-인-나팔-대접), 예수님이 사탄을 중요한 실체로 취급하심(요 6:70; 8:44; 13:2, 27; 계 2:9-10, 13, 24; 3:9; 13:9, 12; 20:2, 7, 10), 요한복음에서 신자와 세상의 대조는 계시록에서 하나님의 인 맞은 자와 짐승의 인 맞은 자의 대조와 비슷함, 인내, 증거, 영광, 하나님의 주권 등.

## 내용

1장은 요한이 생명의 말씀을 목격한 것과 빛 가운데 행하는 삶을, 2장은 성도가 죄를 범할 때 변호자로 일하시는 예수 그리스도를 소개하고, 하나님의 가족 은유를 사용하면서

---

167) 참고. 안드레아스 쾨스텐버그, "요한복음," (In 데스몬드 알렉산더 & 브라이언 로즈너 eds. 『IVP 성경 신학사전』, IVP. 2005, 408-415); 포웰, 『신약개론』, 548.

사랑하라는 새 계명 그리고 이단인 적그리스도에 대한 경고를 준다. 여기서 적그리스도를 요한 당시가 아니라 재림 이전에 등장할 구체적인 인물로 볼 수 없다.[168] 3장도 진리 안에서 사랑할 것을 교훈한다. 4장은 영이 하나님으로부터 온 것인지 분별하라는 권면과 사랑이신 하나님을 소개한다.[169] 4:2에서 예수님의 성육신을 부정한 이들은 아마도 에베소의 초기 영지주의자 케린투스 일당을 가리킨다. 5장은 세상을 이긴 믿음은 예수님을 하나님의 아들로 믿는 것이라고 설명한다. 신자는 기도 응답의 확신도 가질 수 있다. 요한은 편지 마지막에 우상 숭배를 하지 말 것을 권면한다. 우상들은 요한일서의 수신자들이 살던 에베소에 있던 아데미 신상과 같은 물리적인 신상을 배제하지는 않지만, 복음에서 이탈한 잘못된 개념들과 교리로 볼 수 있다. 가현설주의에 빠진 적그리스도들이 예수 그리스도를 하나님으로 고백하는 것을 우상숭배로 간주했다면, 요한은 영생이신 예수님을 부인하는 것을 우상숭배라고 본다.

## 결론

사랑의 사도이자 세베데의 아들인 요한은 에베소의 성도에게 하나님의 가족은 진리 안에서 사랑해야 함을 은유적으로 교훈한다. 진리의 사도 요한은 예수님의 성육신을 거부했던 초기 영지주의자들의 거짓을 폭로한다. 어느 시대이건 하나님의 자녀에게 진리와 사랑은 이상적인 조합이다.

168) 그렇게 보는 이는 예를 들어, 코르넬리스 비네마, 『개혁주의 종말론 탐구』, 221, 227.

169) 영국 퀘이커교인으로 미국 펜실베니아 주를 세운 William Penn(1644-1718)은 요한일서의 사랑에 감명을 받아 주도(州都)를 형제사랑이라는 의미의 '필라델피아'라 명명했다.

## 요한이서

| 성경 | 바이블 키 |
|---|---|
| 요한이서 | 진리 안에서 사랑하라 |

사도 요한이 요한일서가 기록된 직후(60년대 중순 혹은 80-90년대)에 에베소에서 기록한 편지이다. 사도 요한이 요한이서를 기록한 목적은 수신자들을 방문하기 전에 준비시키고(12절), 사랑하라는 권면을 주기 위해서(4-6절), 그리고 미혹하는 자들에 대한 경계를 주기 위해서 이다(7-8, 10절). 사랑의 사도가 거짓 선생을 경고하는 강한 말씀을 준다. 그는 '우레의 아들'이기에(참고. 막 3:17), 천둥치는 사랑의 메시지를 전한다.[170)]

### 구조

구조는 아래와 같다:

| | |
|---|---|
| 1-3 | 인사 |
| 4-6 | 진리 안에서 행함 |
| 7-11 | 하나님의 아들을 무시하는 거짓 교사들 |
| 12-13 | 결론 |

### 주제

요한이서의 주요 주제들은 다음과 같다: 예수 그리스도의 진리이시며 영원하다(2절). 그리스도인의 사람과 실천은 분리되지 않는다(6절). 그리스도에 대한 오해와 거짓 가르침은 많다(7절). 거짓 가르침은 참된 복음의 교훈을 소유한 교회에서 분별되고 배격되어야

170) S.S. Smalley는 *Thunder and Love* (Eugene: Wipf & Stock, 2013 재판)이라는 계시록 신학을 다룬 책을 썼다. 여기서 천둥은 심판을, 사랑은 구원을 가리킨다.

한다(9-11절).

## 내용

요한은 택함을 받은 부녀인 익명의 여성도에게 인사한 후, 진리 안에서 사랑할 것을 권면한다. 하나님의 가족의 가훈은 “진리 안에서 사랑하라”이다. 적그리스도 즉 가현설적 이단이 축호 전도를 할 때 집에 들이지도 말고 멀리할 것을 권면하고, 마지막 인사로 마무리한다.

## 결론

사도 요한은 요한일서에서처럼 요한이서에서도 적그리스도를 비판한다. 하나님의 자녀는 진리 안에서 사랑을 실천한다. 예수님의 성육신을 부정하면, 사람이 육체를 입고 사는 생활을 부정한 것으로 간주하여 육체의 방종으로 귀결된다.

## 요한삼서

| 성경 | 바이블 키 |
|---|---|
| 요한삼서 | 사랑과 복음 전파자를 환대함 |

에베소에서 사도 요한이 요한이서를 기록한 후인 60년대 중순(혹은 80-90년대)에 요한삼서를 쓴 목적은 디오드레베를 경계하기 위해(9절), 데메드리오를 칭찬하기 위해(12절), 그리고 요한이 수신자를 방문하기 전에 준비시키기 위해서 이다(14절).

### 구조

| | |
|---|---|
| 1 | 인사 |
| 2-8 | 가이오에 대한 칭찬 |
| 9-11 | 디오드레베에 대한 비판 |
| 12 | 데메드리오에 대한 칭찬 |
| 13-15 | 결론 |

### 주제

요한삼서의 주요 주제들은 아래와 같다: 복음을 전하는 순회 선교사들은 존귀하고 도움을 받아 마땅하다(5-8절). 건강한 사역이 활발하게 되려면 교회는 권징을 시행해야 한다(9-10절). 믿음의 진실함은 행동으로 증명된다(11절).

### 내용

가이오에게 애정 어린 따뜻한 인사를 하고, 교만하게 순회전도자를 배척한 디오드레베를 꾸짖지만, 인정을 받은 일꾼인 데메드리오는 칭찬한다. 요한은 수신자를 직접 방문하기 원한다고 말하면서 인사로 편지를 마무리한다.

## 결론

사도 요한은 에베소의 대조적인 두 인물인 데메드리오와 디오드레베를 언급하면서, 순회 전도자와 협력하는 것이 얼마나 주요한지 설명한다. 성도가 자신의 영혼이 잘됨같이 육체가 잘되기를 소망한다면, 복음 사역에 협력을 해야 한다. 또한 성도는 교회 안에서 회개하지 않고 오히려 기득권을 행사하려는 악을 포기해야 한다.

# 유다서

| 성경 | 바이블 키 |
|---|---|
| 유다서 | 거짓 선생을 경계하고 믿음 위에 서라 |

예수님의 동생 유다가 AD 60년대 초에 교회를 위협하던 거짓 선생을 경계하기 위해서 기록한 일반서신이다(참고. 마 13:55; 막 6:3).[171] 팔레스틴에서 기록한 것으로 추정된다. 유다서는 신약 중에서 가장 무시되어 온 책이라 여겨진다. 루터는 유다서가 베드로후서를 의존하는 것으로 보면서 신약 성경의 참되고 확실한 것에 포함시키지 않았다. 하지만 유다서 24-25는 교회에서 가장 멋진 '복의 선포'(benediction) 구절 중 하나로 애용할 수 있다. 수신자는 아마도 AD 60년경, 로마 제국의 한 지역, 그 중에서도 소아시아에 있었던 유대인 중심의 교회로 보인다. 기록 목적은 수신자들에게 위협을 주었던 거짓 선생들의 가르침을 따르지 않도록 주의를 주고 믿음의 도를 굳게 붙잡도록 하기 위해서 이다.

## 구조

| | |
|---|---|
| 1-2 | 인사 |
| 3-4 | 편지를 쓰는 동기 |
| 5-7 | 구약으로부터의 주의(악인에 대한 심판의 확실성을 위해) |
| 8-19 | 불경건한 사람들 |
| 20-23 | 신자를 향한 권면 |
| 24-25 | 송영 |

171) 큄멜은 방종한 영지주의의 거짓 교사들과 싸우는 내용을 담고 있는 유다서가 '초기 공교회주의'(early catholicism)와 보조를 같이 하고 있다고 본다. 그리고 유다서의 저자를 '모세의 승천'(참고. 유 14), '에녹 묵시록'(참고. 유 14), '유대인 전설'(참고. 유 9, 11)과 같은 유대교 묵시 문헌을 알고 있던 아마도 유대인 기독교인이었을 것으로 추정한다. 따라서 유다서는 주님의 형제에 의해서 기록된 것으로 알려지기 원했다고 본다. 그 결과 큄멜은 기록 연대를 AD 2세기 초로 본다. 참고로 독일어 성경 중 히브리서 서문에서 루터는 유다서를 벧후에 의존하는

아래와 같이 교차대칭 구조로도 이해할 수 있다: [172)]

A 인사말: 유다는 …… 자들에게(1-2)
  B 동기: 사랑하는 자들아(3-4)
    C 생각나게 함: 너희로 생각나게 하고자(5-7)
      D 이단: 이 사람들도 그와 같이(8-13)
      D' 이단: 에녹이 이 사람들에 대하여(14-16)
    C' 생각나게 함: 사랑하는 자들아 너희는 …… 한 말을 기억하라(17-19)
  B' 권면: 사랑하는 자들아 너희는(20-23)
A' 송영: 능히 너희를 보호하사(24-25)

## 주제

유다서의 주요 주제들은 다음과 같다: 그리스도인은 믿음의 교리를 붙잡아야 한다(3절). 거짓 교사는 부도덕한 행실로 드러난다(4, 8, 10, 12-13, 16, 18-19절). 하나님은 거짓 교사를 심판하신다(4, 5-7, 11, 14-15절). 성도는 구원에 이르도록 보호를 받는다(17-23절). 하나님께서 성도에게 자비를 주셨듯이, 성도는 타인을 자비로 대해야 한다(2, 21-23절). 하나님은 성도에게 은혜를 주심으로써 자기 백성을 보호하신다는 사실을 확실하게 한다(1-2, 24-25절). 유다는 '모세의 승천기'와 '에녹서'를 9절과 14-15절에서 각각 인용한다. 성령께서 유다에게 자신의 논의 전개에 필요한 외경을 사용하도록 허락하셨다. 1차 독자들은 이런 외경을 잘 알고 있었다. 우리는 성경 해석을 위해서 외경을 참고할 필요가 있지만, 그렇다고 외경에 정경과 동등한 권위를 부여할 수 없다.

---

것으로, 그리고 사도 이후의 것으로 간주하면서 '신약 성경의 참되고 확실한 주요 책들' 속에 포함시키지 않았다. 그러나 유다서 1절의 저자에 대한 진술을 현대 학자가 마음대로 변경할 수 없다. 참고. W.G. 큄멜, 『신약정경개론』(대한기독교출판사, 1996), 431-433.

172) 참고. R. Bauckham을 인용하는 쾨스텐버그 외, 『신약개론』, 924. 보컴은 신약 성경 중에 베드로후서와 유다서만큼 연구가 소홀히 된 책은 없다고 말한바 있다.

## 내용

인사와 거짓 선생들에게 임할 심판을 구약 인물들 중에서 심판을 받은 경우를 언급하며 설명한다. 그리고 경건치 않은 육에 속한 자들에 대해 주의를 주고, 축복으로 마친다. 거짓 선생들은 유대주의자들로 보이는데, 예수님이 그리스도이심을 부인했다(4절). 이들은 도덕폐기론자들로서(16절), 소돔과 고모라처럼 성적인 부도덕에 사로 잡혔다(7절). 이들은 또한 '꿈꾸는 자들' 즉 은사주의자로서 주관적인 황홀경에 빠져 있던 자로서, '이성 없는 짐승 같은 자들'로 불렸다(8절, 10절). 이들은 영적인 우월감을 가지고 있었는데, 황홀경을 경험함으로써 성령을 소유하고 있다는 잘못된 확신 위에 서 있었기에 영적인 교만으로 충만했다.

## 결론

예수님의 동생 유다는 교회 안에 들어온 경건하지 않은 자들의 도덕폐기적인 행위와 거짓 교리에 영향을 받지 않도록 경고를 준다. 유다는 거짓 선생들의 주장에 대해서 구체적인 반박을 하지 않는데, 그들의 도덕적 타락이 심각했기에 합리적인 논박을 할 필요가 없었던 것 같다. 거짓 선생은 자신의 드러난 악행으로 인해 비난을 받아 마땅했다. 어느 시대이건 이단은 비윤리적인 행실, 기성 교회를 무시하는 교만 그리고 신비주의적 성향을 가진다.

N e w T e s t a m e n t K e y

New Testament Key

# 묵시예언서

5

N e w T e s t a m e n t K e y

8

New Testament Key

# 묵시예언서[173)]

## 요한계시록

| 성경 | 바이블 키 |
|---|---|
| 요한계시록 | 속히 될 일들을 통한 위로와 소망의 메시지 |

요한계시록은 네로가 통치하던 로마제국과 유대인들로부터 박해를 받던 터키의 소아시아 지방에 위치한 7교회를 위로하기 위해서 기록된 편지이다. 계시록은 주로 요한 당시에 반드시 속히 일어날 일들을 다룬다. 이상적, 미래적, 교회-세상 역사적 해석보다, 계시록 1-19장은 요한 당시에 성취된 사건으로, 계시록 20-22장은 지금 성취되고 있으며 예수님의 재림으로 완성될 미래 사건으로 이해하는 '부분적 과거론'의 입장이 가장 설득력 있다.

173) 요한계시록의 전반적인 이해를 위해서는 필자의 『요한계시록은 어떤 책인가?』(쿰란출판사, 2007), 『요한계시록의 신학』(성광문화사, 2007), 그리고 『요한계시록: 반드시 속히 될 일들을 통한 위로와 소망의 메시지』(SFC, 2013)를 참고하라.

계시록 전체를 감싸면서 인클루시오 구조를 이루는 계시록 1장과 22장의 시간과 관련된 표현에 주목해야 한다:

| 계시록 서론 | 계시록 결론 |
|---|---|
| 예수 그리스도의 계시이다. 이는 하나님께서 반드시 속히 이루어질 일들을 자신의 종들에게 보이시려고 자신의 천사를 보내어 자신의 종 요한에게 지시하신 것이다(계 1:1) | 그리고 그가 내게 말하기를 이 말씀들은 확실하고 참되다. 주님, 곧 선지자들의 영들의 하나님께서 그분의 종들에게 반드시 속히 될 일들을 보이시려고 그분의 천사를 보내셨다(계 22:6) |
| 그 예언의 말씀들을 읽는 자와 듣는 자들과 그 안에 기록된 것들을 지키는 자들이 복이 있으니, 이는 때가 가깝기 때문이다(계 1:3) | 그가 또 내게 말하였다. 너는 이 책의 예언의 말씀들을 봉인하지 마라. 이는 때가 가깝기 때문이다(계 22:10) |

계시록 1장과 22장 사이의 모든 부분도 원칙적으로 이 시간표에 따라 해석되어야 한다. 계시록을 해석함에 있어서 가장 파괴적인 실수는 요한이 분명하게 언급한 1세기의 성취 즉 '반드시 속히 이루어질'(δεῖ γενέσθαι ἐν τάχει)이라는 시간표를 무시하는 것이다.

요한계시록은 편지인 동시에, 묵시-예언적(1:3; 10:11; 22:7, 11, 18-19) 특성으로 인해 묵시 예언서로 분류할 수 있다. 계시록은 (AD 110년경 파피아스의 주장대로 장로 요한이 쓴 것이 아니라) 순교자 저스틴이 '트리포와의 대화' 81.4에서 밝히듯이 사도 요한이 쓴 편지다. 요한은 그 당시 자신이 목회하던 소아시아의 7교회를 위로하기 위해 AD 66년경에 썼다.[174] 따라서 수신자들이 읽고 이해할 수 있는 방식으로 기록되었다. 상징적 표현 때문에 현대의 독자들은 이해하기 어려운 부분이 있지만, 대부분 구약에서 빌려온 상징이다. 따라서 구약 간본문은 계시록의 상징은 물론이거니와 전반적인 내러티브를 이해하는데 있어 매우 중요하다.[175] 음녀 바벨론으로 묘사된 불신 유대인과 로마 제국을 심판하실

174) 계시록이 AD 96년이 아니라, AD 66년경에 기록되었다는 수많은 내증과 외증은 송영목, "Before Nero's Death: Redating the Book of Revelation"(Paper read at SBL International Meeting, University of Vienna, 9 July. 2014)을 참고하라.

175) 참고. 송영목, 『요한계시록과 구약의 대화』(CLC, 2014). 시애틀 퍼시픽대학교의 R.W. Wall은 요한계시록을 신약성경 안에서 바로 앞에 위치한 유다서와 '요한'이라는 이름을 제목으로 공유하는 요한문헌과 비교하여 정경적으로 해석할 것을 제안한다. R.W. Wall, *Revelation* (New International Biblical Commentary; Peabody: Hendrikson Publishers, 1991).

것을 7인-7나팔-7대접의 재앙으로 설명한다. 그러므로 주님의 최종 재림 때에 있을 최후의 심판과 신천신지만 미래로 보고, 나머지는 요한 당시에 대부분 이루어질 것으로 보아야 한다. 이것을 '부분적 과거론'이라고 부른다.[176)]

## 구조

### 언약적 구조

계시록은 언약의 편지인데, 이 언약은 구약 시대의 큰 왕과 속국의 왕이 맺었던 종주권 언약과 유사하다. 큰 왕이신 예수님과 박해 받던 그의 신하인 소아시아 7교회 사이 언약적인 관계를 다루기 때문이다. 언약 관계 속에서, 신하인 7교회의 의무는 이전에 그리고 계속하여 구원을 이루어 주신 큰 왕의 선하심에 기초한다. 신하는 고난과 죽음 앞에서라도 큰 왕이 맡기신 의무를 행하는 영광을 누려야 한다.

아래의 표는 계시록 2-3장과 계시록 전체에 나타난 언약의 특징을 비교한 것이다:[177)]

| 언약 요소 | 계시록 2-3 | 계시록 전체 |
|---|---|---|
| 서론 | 큰 왕이신 예수님을 상징으로 묘사함 | 큰 왕이신 예수님 1:5 |
| 역사적 서언 | "나는 너희의 행위를 안다" 과거의 관계를 설명함 | 과거에 예수님께서 신하에게 해 주신 것을 설명함(1:5-6) |
| 의무조항 | 개 교회의 상황에 맞게 주님께서 명령하신 사항 | 충성과 신실함에 대한 요청(2-22장) |
| 증인을 세움 | 성령이 교회들에게 하시는 말씀을 들을지어다 | 22:16, 17, 20 |
| 복과[178)] 저주 | 이기는 자에게 주신 약속과 불신실한 자에게 주신 경고 | 22:7, 14, 18-19 |

---

176) 대부분은 과거에 성취되었기에, '부분적 미래론'(partial futurism)이 더 적절한 표현이다. 참고. 송영목, "요한계시록을 어떻게 읽을 것인가?: 부분적 과거론과 이상주의적 해석 비교," 『고신신학』 11(2009), 63-100; D. Chilton, *The Days of Vengeance: An Exposition of the Book of Revelation* (Tyler: Dominion Press, 1990); K.L. Gentry Jr., *Before Jerusalem fell: Dating the Book of Revelation* (Tyler, ICE, 1989); www.kennethgentry.com; contra *ESV Study Bible* (Wheaton: Crossway, 2008), 2455.

177) 참고. 송영목, 『요한계시록』, 80.

큰 왕으로서의 예수님의 모습은 3시제를 반영한다: 과거, 현재 그리고 미래(계 1:4). 교회의 예배를 받으시는 큰 왕이신 예수님과 연관된 3시제를 차례로 살펴보자.

### 큰 왕이신 예수님의 과거 사역

'죽임 당하신 어린양'이라는 말은 예수 그리스도의 과거의 십자가 위에서의 사역을 가리킨다. 계시록 안에 역사적인 예수님에 대한 언급과 상징은 주로 그분의 죽음과 부활과 승귀에 초점이 모아진다. 사건의 단회성과 결정적인 의미를 강조하는 과거형으로 표현된 '이겼다'라는 반복적인 표현은 십자가와 부활로 결정적으로 이루신 예수님의 영단번의 구속 사역을 가리킨다(계 1:5; 3:21; 5:5).[179]

### 큰 왕이신 예수님의 현재 사역

여기서 현재라는 말은 예수님의 승천에서부터 계시록을 기록하던 사도 요한 당시를 의미한다. 계시록은 미래의 예수님의 사역에 관한 언급보다는 현재적 사역을 더 많이 소개한다. 현재에 그리스도는 우주의 승귀한 왕, 곧 왕들 가운데 왕이시다.[180] 예수님이 과거에 흘린 보혈은 현재에도 유효하며(12:11), 지금 예수님은 교회 안에 거하신다(1:13; 2:1; 3:19). 무엇보다도 예수님은 현재 말씀하신다(1:1; 2:7; 2:24; 4:1; 16:15; 22:6; 22:20). 지금 주님은 왕, 제사장, 선지자로서 일하신다. 현재시제 '이기고 있는 자'(ὁ νικῶν)라는 표현은 예수님의 과거의 승리의 사역을 믿고 계속하여 승리하는 교회에게 위로를 준다. 승리하신 그리스도와 연합된 교회는 새 노래를 부른다.

### 큰 왕이신 예수님의 미래 사역

예수님이 행하실 미래의 일은 대체로 계시록이 기록된 직후에 일어날 가까운 미래 사건이다. 물론 먼 미래에 일어날 세상의 종말과 신천신지도 계시록에 나타난다. 즉 먼 미래

---

178) 계시록의 7복(1:3; 14:13; 16:15; 19:9; 20:6; 22:7; 22:14)에 대해서는 송영목, "신약의 복과 한국교회의 복 개념," 『본문과 설교』 3(2010), 171-196을 보라. 7복의 악보는 www.kosebi.org에서 볼 수 있다.
179) 송영목, "요한계시록의 부활신학," 『그 말씀』(2010년 3월 호), 110-123.
180) 송영목, "요한계시록에 나타난 예수 그리스도의 승귀와 통치," 『그 말씀』(2012년 4월 호), 70-79.

의 일은 새창조의 완성인데,[181] 예수님이 하나님 나라를 완성하실 재림과 관련된 일들이다. 가까운 미래에 성취될 사건은 주로 유대-로마전쟁을 통해서 팔레스틴 땅이 황폐화되고 돌 성전이 파괴되며(AD 70),[182] 그 무렵 네로 황제의 자살과 뒤 따르는 세 황제들인 갈바, 오토, 비텔리우스의 짧은 통치(AD 68-69)와 죽음으로 성취되었다. 계시록이 기록된 시점에서 멀리 않은 때에 소아시아 7교회를 박해했던 불신 유대인과 로마제국이 하나님의 심판을 받은 것이다.

이상의 예수님의 3가지(과거-현재-미래) 사역은 예수님의 죽음, 부활 그리고 승귀하심에 근거한다. 계시록은 그리스도 사건에 근거하여 하나님 나라가 이미 이 땅 위에 7교회 안에 임한 것을 강조하며, 계속하여 7교회가 하나님의 나라를 이 땅에 가시적으로 이루어가는 현재적 과정으로 이해해야 한다. 계시록의 요절인 계시록 11:15이 밝히듯이, 세상 역사는 세상 나라가 하나님과 그리스도의 나라로 변해가는 과정이다. 따라서 요한의 교회론은 언약적이며 하나님 나라와 승리적인 성격을 강하게 가진다.

소아시아 7교회 그리고 모든 교회는 개인적인 신앙 고백과 경건한 삶의 태도로 이 땅에서 예수님의 신하요 대리인으로 살고 있다. 사실 교회는 예수님의 인격과 사역을 빼고는 이해할 수 없다. 사실 계시록의 신학은 기독론이며, 요한의 기독론은 구원론이다. 환언하면, 하나님 나라가 하늘에서 이루어진 것처럼, 7교회는 그리스도를 닮아가면서 구원을 계속 이루어야 하고, 하나님 나라를 이 땅에 이루어가야 한다.

성부의 보좌를 공유하시는 어린양 예수님은 성부 하나님을 대신하여 구속 사역을 성취하시기 위해서 계속해서 일하신다. 일을 다 마치신 후 주님은 보좌에 앉으신다(22:1). 과거와 현재 그리고 미래의 어린양의 사역 덕분에 박해 가운데서라도 하나님 나라와 그리스도의 통치가 임했고, 완성을 향해 이루어 가고 있다. 세상 속의 교회를 위해서 계속해서 역사하시는 역동적인 하나님이 중심이다.

---

181) 송영목, "요한계시록에 나타난 창조 신학," 『그 말씀』(2014년 1월 호), 72-85.
182) 송영목, "요한계시록의 생태신학적 해석의 적합성," 『개혁논총』 20(2011), 9-42.

기억할 것은 예수님의 십자가에서의 과거의 승리는 주님의 재림 때까지 교회가 이루어야 할 현재와 미래의 모든 승리를 결정지어 버렸다는 사실이다. 십자가 사건을 통하여 하나님 나라가 이미 이루어 졌다. 환란 속에서도 성도가 충성하는 것은 세상 속에서 그들이 새 시대에 살고 있음을 증거하는 표시이다. 성도[183]가 알파와 오메가이신 하나님이 시작과 마지막을 다스리고 계심을 믿을 때에만, 이 왜곡된 세상에서 악을 악으로 갚지 않고 살 수 있다. 요한이 비록 악의 활동을 많이 그리고 있는 것은 사실이지만(예. 13장의 용과 짐승들), 계시록은 근본적으로 비관적이지 않고 소망적이다. 이 이유로 요한계시록은 고난당하는 교회를 위한 예수 그리스도의 승리를 중심 주제로 한다(계 1:7, 8; 17:14).

계시록의 비관적인 것이 아니라 위로와 소망과 승리의 메시지임을 더 살펴볼 필요가 있다. 예를 들어, 계시록 7장(6째 인과 7째 인 사이의 간주)과 10-11장(6째 나팔과 7째 나팔 사이의 간주)은 세상에서 도피하는 상황을 묘사하지 않고 인내의 기간을 묘사한다는 사실은 7교회가 세상에서 나와서 분리되어 사는 것이 아니라, 세상 속에서 능동적으로 일하고 있음을 의미한다. 이것은 계시록이 현실 도피적인 삶을 지지하지 않고 세상을 향하여 일하는 교회의 선지자적인 성격을 보여준다. 하나님과 교회가 맺은 언약 관계는 교회에게 승리와 소망을 보장한다. 결국 교회는 승리할 것이며, 세상 나라는 하나님의 나라로 변혁된다(11:15). 세상의 변혁은 어린양의 구원과 사죄의 은총, 복음 그리고 성도의 순교자적 각오로 가능하다(12:11).

183) 계시록에 관한 최근의 논의를 위해서 마이클 고먼, 『요한계시록 바르게 읽기』(새물결플러스, 2014)를 참고하라. 그리고 이상주의, 역사주의, 미래주의, 과거주의 해석을 병행해서 보려면 Steve Gregg (ed), *Revelation Four Views: A Parallel Commentary* (Nashville: Thomas Nelson Publishers, 1997)를 보라.

### 내러티브 구조

내러티브 구조는 아래와 같다:

| 구절 | 내용 | 세부 구절 | 세부 내용 |
|---|---|---|---|
| 1:1-3 | 서언 | | |
| 1:4-8 | 삼위 하나님의 은혜와 평강 | | |
| 1:9-3:22 | 7교회 안에 거하시는 인자 | 1:9-20<br>2:1-3:22 | 시작 환상<br>7편지 |
| 4:1-5:14 | 보좌 위에 앉으신 성부와 성자 하나님의 통치 | 4:1-11<br>5:1-14 | 성부 중심의 하늘 보좌 환상<br>성자 중심의 하늘 보좌 환상 |
| 6:1-18 | 6인의 심판 | | |
| 7:1-17 | 144,000명 곧 셀 수 없는 큰 무리 | | |
| 8:1 | 7째 인의 개봉 | | |
| 8:2-11:14 | 7나팔 심판과 남은 자 | 8:7-9:21<br>10:1-11<br>11:1-14 | 6나팔 심판<br>요한이 두루마리를 먹는 환상<br>두 증인의 순교와 승천 |
| 11:15-19 | 7째 나팔 | | |
| 12:1-14:13 | 전투와 승리 | 12:1-17<br>13:1-14<br>14:1-5<br>14:6-13 | 그리스도의 탄생과 승천, 박해 중에 보호받는 교회<br>사탄의 삼위일체<br>시온산 위의 144,000<br>세 천사가 전한 말 |
| 14:14-20 | 곡식과 포도 수확 환상 | | |
| 15:1-16:21 | 하나님의 진노 | 15:1-8<br>16:1-21 | 모세와 어린양의 노래 그리고 증거 장막<br>7대접의 심판 |
| 17:1-20:10 | 심판받은 음녀 바벨론 | 17:1-18:24<br>19:1-21<br>20:1-10 | 음녀 바벨론의 멸망[184]<br>승리하신 그리스도와 교회의 정복<br>천년왕국 |
| 20:11-22:5 | 재림으로 인한 하나님의 계획의 완성 | 20:11-15<br>21:1<br>21:2-22:5 | 재림으로 인한 심판<br>신천신지<br>새 예루살렘 환상 |
| 22:6-21 | 결어[185] | | |

## 결론

상징으로 인해 이해하기 어렵고, 심판 환상으로 인해 무섭게 느껴지는 요한계시록은 소아시아 7교회는 물론 모든 시대의 박해와 시련 가운데 있는 교회를 위로하고 소망을 제공한다. '반드시 속히 될 일들'은 요한 당시에 이루어질 일들이지 먼 미래에 일어날 일은 아니다. 하나님의 구원과 권세는 심판을 통해서 이루어진다. 성도는 하나님의 나라가 예수님의 보혈과 말씀과 순교적 각오로 세상에 확장된다는 핵심 내용(11:15; 12:11)을 기억해야 한다. 천년왕국 기간에 살고 있는 현대 성도는 주님의 재림과 심판을 염두에 두어야 한다.

계시록의 내용은 아래의 계시록의 장별 흐름과 내용을 참고하라.

### 요한계시록의 장별 흐름과 내용

| | | |
|---|---|---|
| **1장:** 인사 및 시작환상<br>(단 10:5-10) | **2-3장:** 7교회에게 보낸 편지<br>(예수님의 이름이 문제의 열쇠) | **4-5장:** 천상의 보좌 환상<br>(삼위일체, 24장로, 4생물) |
| **6장:** 7인 심판<br>(AD 66-70년 사건; 슥 6) | **7장:** 144,000명 | **8-9장:** 7나팔 심판<br>(출 7-12) |
| **10장:** 두루마리 먹는 환상<br>(겔 2-3) | **11장:** 성전 측량 및 두 증인<br>(겔 40-48; 슥 4) | **12장:** 예수님의 탄생, 승천<br>(사탄의 패배) |
| **13장:** 사탄의 삼위일체<br>(용, 바다짐승, 땅짐승) | **14장:** 144,000명 | **15장:** 모세와 어린양의 노래<br>(출애굽 주제) |

184) 음녀 바벨론은 불신 유대인들로서 '사탄의 회당'(2:9; 3:9), '거짓 선지자'(19:20)와 '땅에서 올라온 짐승'(13:11)이라고도 불린다. 음녀가 파멸된 가장 큰 이유는 성도를 죽인 것이며, 부수적으로 경제적인 착취와 사치 때문이다. 참고. 송영목, "경제정의와 한국교회(계 18:12-13)," 『본문과 설교』 3(2010), 133-159; "요한계시록의 재물관," 『그 말씀』(2010년 9월 호), 100-111. 참고로 사도 요한은 여성혐오주의자가 아니다. 참고. 송영목, "요한계시록의 여성주의적 해석 비평," 『고신신학』 12(2010), 7-33. 음녀 바벨론을 로마제국으로 해석하여 식민지후기해석과 페미니즘을 연결하는 것은 S.T. Smith, *The Woman Babylon and the Marks of Empire* (Minneapolis: Fortress Press, 2014), 17을 보라.

185) 계 11-12장을 중심으로 하는 계시록의 교차대칭구조는 J.B. Jordan(1999) 등 여러 학자들에게서 볼 수 있다.

**16장:** 7접시 심판
(출 7–12)

**17–18장:** 음녀 바벨론의 멸망

**19장:** 할렐루야 찬송, 혼인 잔치, 백마 탄자
(시 113–118, 145–150)

**20장**: 천년왕국: 전천년설,[186] 후천년설, 무천년설

**21–22장**: 신천신지 및 새 예루살렘 성(어린양의 신부)
(사 65–66; 벧후 3:13)

---

186) 천년왕국을 문자적 및 미래적으로 해석하는 것에 대한 비판을 위해서 송영목, "요한계시록의 세대주의 전천년설과 역사적 전천년설 비평," 『교회와 문화』 30(2013), 149–186을 보라.

## 소아시아 일곱 교회 지도

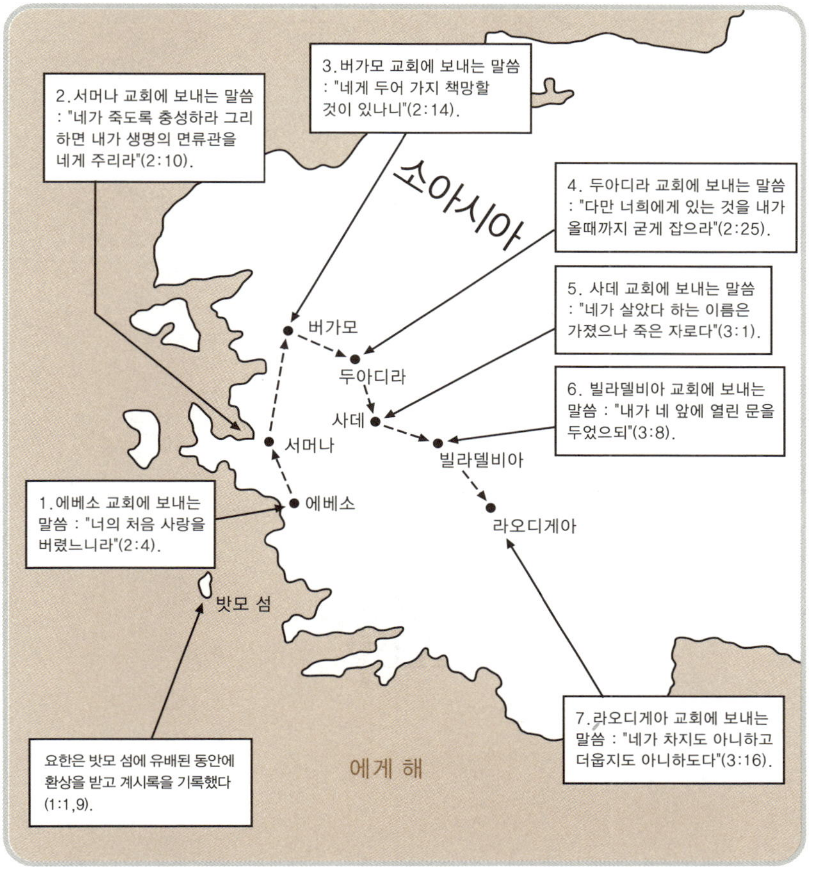

2. 서머나 교회에 보내는 말씀 : "네가 죽도록 충성하라 그리하면 내가 생명의 면류관을 네게 주리라"(2:10).
3. 버가모 교회에 보내는 말씀 : "네게 두어 가지 책망할 것이 있나니"(2:14).
소아시아
4. 두아디라 교회에 보내는 말씀 : "다만 너희에게 있는 것을 내가 올때까지 굳게 잡으라"(2:25).
5. 사데 교회에 보내는 말씀 : "네가 살았다 하는 이름은 가졌으나 죽은 자로다"(3:1).
6. 빌라델비아 교회에 보내는 말씀 : "내가 네 앞에 열린 문을 두었으되"(3:8).
버가모
두아디라
사데
서머나
빌라델비아
1. 에베소 교회에 보내는 말씀 : "너의 처음 사랑을 버렸느니라"(2:4).
에베소
라오디게아
밧모 섬
7. 라오디게아 교회에 보내는 말씀 : "네가 차지도 아니하고 더웁지도 아니하도다"(3:16).
요한은 밧모 섬에 유배된 동안에 환상을 받고 계시록을 기록했다 (1:1,9).
에게 해

New Testament Key

# 부록

6

9

New Testament Key

# 신약 성경 이해에 도움을 주는 논문자료들

## 성경: 하나님 나라의 구원 드라마

하나님의 계시인 성경은 다양한 주제를 포함하는데, 가장 큰 주제는 세상 나라가 어떻게 하나님 나라로 변화되는가이다. 하나님은 자신의 백성들의 구체적인 정황 속에서 그리고 인격적인 관계 속에서 천국에 대해 말씀하셨다. 하나님은 꿈, 천사, 환상과 같은 특별한 방식으로도 말씀하셨다. 그리고 명령, 지시, 비유, 축복, 용서, 약속, 그리고 책망이라는 유형으로 말씀이 주어졌다.[187] 계시를 어떻게 이해하는가는 신약 성경 해석과 중요한 관련이 있기에, 계시의 특징을 먼저 언급한 후, 하나님 나라를 중심으로 신약 성경의 흐름을 살펴볼 것이다.

187) 교회사는 성경에 대한 다양한 입장이 있어왔다고 증거한다: (1) 전통적인 로마 가톨릭 신학은 원리상 성경의 신적 기원과 영감과 무오성을 인정했지만, 영감론은 크게 변질되었다. 1546년 트렌트 공의회는 영감 된 성경과 영감 된 전통은 동등한 경건과 공경을 갖고 존중되어야 하며, 외경('1-2 에스드라'와 '므낫세의 기도'는 제외)을 영감 된 책으로 인정하여 구약의 일부로 받아들였다. 2차 바티칸 공의회의 성경관은 신정통주의의 영향을 받아 성경의 진실성과 권위를 구원에 관련된 가르침으로 한정시켰다. (2) 개신교 자유주의는 초자연적 계시는 문제가 있다고 보기에, 성경의 특별한 영감을 경시하거나 부인했다(예. 이신론자, H. Bushnell, W. Rauschenbusch, J. Barr). (3) 신정통주의 신학은 성경을 하나님의 말씀에 대한 증언, 곧 시간의 제약을 받고 문화의 영향을 받는

## 구약에 나타난 하나님의 말씀

### 말씀과 행위

말씀은 행위나 실재와 어떤 관계를 가지는가? 말씀은 그 말씀이 가리키는 대상과 그 말씀의 결과와 밀접하게 관련된다. 하나님의 말씀이 일단 발해지면 성취된다(사 46:11). 그러나 청중이 하나님의 말씀에 청종치 않으면 심판이 임한다(민 14:35).

### 계시로서의 하나님의 말씀

여호와는 말씀하시는 분이시며, 이스라엘은 그 말씀을 듣는 특권을 가지고 있었다(신 4:33, 36). 그러나 우상은 말할 수 없다(시 115:5). 하나님의 자기 계시의 주요 수단이 말씀하심이다. 말씀을 통하여 하나님은 어떤 분이시며, 하나님이 자신의 목적을 이루시기 위해서 무엇을 행하셨으며, 장차 무엇을 행할 것이며, 사람은 자신에게 어떻게 반응해야 할지를 가르치신다.

여기서 계시 의존적 사색과 삶에 대해 살펴보자.

- **정의**: '계시'(Ἀποκάλυψις, 啓示)란 하나님의 주도와 허용이 없이는 사람들의 접근이 불가능한 진리가 하나님에 의해 드러나는 것이다(계 1:1). 계시는 지혜의 성령께서 주신다(엡 1:17).

- **계시의 유형**: 창조 세계가 하나님의 영광을 선포하고 하나님이 하신 일을 나타낸다(시 19:1; 롬 1:20). 예수님도 자연을 통해서 가르치신다(마 6:28, 30). 그러나 자연계시는 창조주가 계심을 드러낼 뿐이다. 신자에게 자연계시는 하나님의 전능하심과

---

인간이 과거에 겪었던 계시적 만남에 대한 인간의 말로 간주한다. 바르트에 의하면 성경은 하나님의 말씀과 동일시 할 수 없다. (4) 자유주의적 복음주의(소위 '부분 무오주의자')는 성경의 진실성과 권위를 구원에 대한 가르침으로 한정시킨다(C.S. Lewis, D. Beegle, J. Rogers). (5) 개신교 근본주의는 성령의 지시로 인간 저자들에게 신적 구술이 기계적으로 주어졌다고 본다. (6) 대다수의 교부, 교회 개혁가 및 복음주의자는 유기적 영감을 따른다(참고. 고든 루이스 & 브루스 데머리스트, 2009:257-271).

위대하심과 광대하심이라는 속성을 분명하게 깨닫도록 한다. 똑같은 자연계시를 가지고서 창조주 하나님을 신앙하는 신자에게는 그 속에 담긴 의미가 불신자보다 더 분명하게 다가온다. 일반계시와는 달리 '여호와의 증거, 율례, 법도, 계명, 말씀'이라고 불리는 특별계시가 있다. 십자가와 부활을 정점으로 하는 구원의 지식은 특별계시에만 달려있다.

• **계시의 방법**: 히브리서 1:1은 하나님께서 선지자들을 통하여 여러 부분과 여러 모양으로 구약 백성에게 계시하셨다고 밝힌다. 계시는 '말씀과 행동'이라는 방법을 통해서 나타난다. 성경에는 '신현'과 '기적'이라는 행동 계시가 등장한다. 구약에서 여호와는 종종 천사의 모습으로 현현하신다(창 16:7; 18; 32:29-30; 출 3:2-6; 수 5:14-15; 삿 6:11-14; 대상 21:16, 18). 신약에서도 여전히 꿈도 계시의 수단이었다(창 20:3; 28:12; 31:24; 37:5, 9; 41:1; 삿 7:13-15; 왕상 3:5; 단 7:1; 마 1:20; 2:12-13; 27:19). 여호와는 영광의 구름으로 현현하시고 성전에 머무신다. '기이한 일'은 여호와께서 계시하시는 방법인데, 예수님도 기적과 표적을 행하셨다. 선지자는 '신탁'(神託)이라고 불리는 예언의 말씀을 하나님에게서 직접 받는다. 계시는 행동과 말씀의 결합으로 온전히 나타난다. 성령의 감동으로 말씀이 주어지고 지금은 특별 계시가 닫혔다(딤후 3:16; 벧후 1:21).

• **계시의 단계**: 구약의 계시는 결국 기록된 성경이 되고, 신약에서 인용된다. 1500년에 걸쳐서 기록된 계시는 점진적으로 축적되어 66권을 형성한다. 신구약 중간기의 계시의 암흑은 세례 요한을 통해서 끝나고, 계시의 절정인 예수님에게서 빛을 발한다. 예수님은 구약 백성이 알지 못하는 '비밀'을 종말에 계시하신다. 그것은 천국의 우주성 및 현재성과도 관련된다(엡 1:9). 이제 그리스도의 구속 사역이 완성되고 사도의 시대가 끝났기에 계시는 종결되었다.

• **계시의 권위**: 계시의 권위는 하나님의 본질에서 찾아야 한다. 하나님이 정경이시다.[188] 거짓을 모르시는 참 하나님의 입에서 나온 말씀이기에 계시는 참되다. 계시를

통해서 역사하시는 성령도 참되신 영이시기에 인간에게 감동과 화해와 구원의 역사를 일으키신다.

- **계시의 목적**: 계시 의존적 사색과 삶: 계시를 받은 사람은 겸비하고, 화목의 초대에 응한다. 하나님과 교제하며 순종하고 찬양한다. 환언하면, 계시 의존적 사색을 하여 계시 의존적 삶으로 진일보해야 한다. 계시 의존적 사색은 성경적 세계관을 우리 눈에 장착하는 것이다. 그것은 거듭난 이성으로 가능하다. 계시 의존적 사색은 기도의 질과 방향성 그리고 수준을 바꾼다. 기도 역시 계시 의존적이기 때문이다. 지식에까지 새롭게 되어야 계시 의존적 삶이 가능하다. 계시 의존적 사색과 삶은 성화를 이룬다. 그것은 하나님의 온전하고, 기뻐하시며, 선한 뜻을 이루도록 한다. 그것은 곧 하나님께 인정을 받는 성공하는 인생을 보장한다.

### 하나님의 말씀과 하나님의 백성

하나님은 에덴 동산에서 선악을 알게 하는 과실을 먹지 말라는 명령을 말씀으로 주셨다(창 2:16-17). 이스라엘 백성을 위해서 모세를 통해서 시내 산에서 계명을 주셨다. 다윗에게 약속을 주셨고, 선지자들을 통해서 구원과 심판을 예고하셨다. 그분의 백성들은 하나님이 주신 말씀을 묵상하고 즐거워하며 양식으로 삼아야 한다(신 8:3; 시 1:1-2; 렘 15:16).

### 하나님의 말씀의 권위

"여호와의 말씀이 OOO에게 임하여 가라사대", 혹은 "여호와께서 이르시기를"이라는 표현은 말씀을 받는 인간이 아니라 신적 근원을 상기시킨다. 하나님의 말씀은 권위를 가지기에, 사람은 순종과 신실함으로 응답해야 한다. 이스라엘은 하나님의 말씀을 전하는 사람들의 말을 들어야 했다(신 18:19).

---

188) 참고. W.J. Snyman, *Diktate Tekskritiek: Algemene Kanoniek van die Nuwe Testament* (Potchefstroom: PUCHE, 1956), 2.

## 신약에 나타난 하나님의 말씀

### 예수님의 가르침

신약에서는 예수님을 통해서 하나님이 말씀하시며, 동시에 예수님에 관해서 말씀하신다. 마지막 날에 성부는 아들을 통하여 구원의 복음의 메시지를 주신다(히 1:2). 예수님은 하나님 나라의 복음을 선포하신다(마 4:17). 따라서 예수님의 말씀을 듣는 것은 곧 하나님 아버지의 말씀을 듣는 것이다(눅 5:1). 성자만 성부의 계시를 온전히 받고 전한다(마 11:27; 요 14:24 이하). 그러므로 참 서기관이신 예수님의 말씀(마 13:52)은 신적 권위를 가지기에, 그 당시 가식적이었던 서기관의 가르침과 다르다. 말씀을 듣는 사람들로 하여금 회개를 일으키거나, 치유와 축귀는 예수님의 말씀의 신적권위를 증명한다. 복음서에서는 하나님 아버지께서 예수님을 통해서 말씀하신다.

### 사도행전과 서신서의 말씀

예수님의 승천 이후에 사도들이 예수님에 관해서 선포하고 말씀을 전한다(고후 2:17). 초대교회는 십자가와 부활을 중심으로 한 구원의 복음을 전했다. 살았고 운동력 있는 말씀을 전함으로써 하나님 나라가 확장된다(히 4:12).

### 하나님의 말씀과 거짓 가르침

이단들은 하나님의 말씀을 마음대로 변개하여 다른 복음을 전한다(갈 1:7). 거짓 선생들에 의해서 그리스도의 부활에 관한 말씀도 왜곡되었다(고전 15).

### 말씀이신 예수님

태초에 계신 말씀이신 예수님은 창세기 1장의 창조를 초월하는 재창조의 능력을 가지신 분이시다(창 1:3; 요 1:1-2).[189] 이 새 창조와 회복을 이루시려고 말씀이 육신이 되시어 성도 안에 장막을 치고 계신다(요 1:14; 참고. 계 7:15).

---

189) 참고. 송영목, "요한복음의 창조주제," 『교회와 문화』 23(2009), 157-184; "요한계시록에 나타난 창조 신학," 『그 말씀』(2014년 1월 호), 72-85.

### 하나님의 말씀과 성경

모세는 시내 산에서 받은 하나님의 말씀을 기록했다(출 24:4). 모세는 기록된 언약서를 가져다가 백성의 귀에 들리도록 읽었다. 마찬가지로 새 모세이신 예수님의 말씀도 기록되어 전수되어 왔다. 옛 계명을 성취하신 예수님은 새 이스라엘에게 새 계명을 주셨고(마 5:21 이하), 새 출애굽도 주셨다(눅 9:31).

## 성경: 하나님 나라의 구원 드라마[190)]

세상 역사를 'His Story'('그분의 이야기')라 부르기도 한다. 그렇다. 역사의 알파와 오메가는 하나님이시다. 성경의 핵심 줄거리는 하나님 나라의 백성을 시대마다 구원하기 위해서 펼치시는 삼위 하나님의 구원의 역사이다(참고. 엡 1:3-14; 벧전 1:2). 그러므로 성경은 시대마다 구원과 심판을 수행하신 하나님이 중심인물이다. 성경은 밋밋한 구원의 이야기가 아니라, 매우 드라마틱한 구원의 드라마이다. 성경의 이야기는 하나의 막간과 총 6막으로 구성되어 있다. 성경에서 구원의 계시를 간과한 채 윤리적 메시지만 전함으로써 성경의 인물처럼 살지 못하면 정죄하는 현대의 율법주의자가 되지 말아야 한다. 대신 구속사적으로 읽고 가르침으로써 하나님 나라의 백성이 받아 누릴 풍성한 기업을 깨닫고 그것을 누리도록 해야 한다(엡 1:17-19). 구원 계시인 성경은 하나님 나라라는 성경의 중심 주제에 맞추어 읽어야 한다.

### 성경: 6막으로 구성된 구원의 드라마

#### 제 1막: 하나님께서 자신의 나라를 세우심– 창조[191)]

하나님은 말씀으로 우주를 창조하셨다(창 1-2). 이제 창조세계가 하나님의 나라가 된다. 선하신 하나님이 창조하셨기에 피조물은 하나님이 보시기에 좋았다. 이것은 말씀이신 예수 그리스도를 통해서 세상을 새롭게 창조하실 하나님의 사역을 미리 보여주는 것이다

190) 이 단락의 기초 본문은 C.G. Bartholomew. & M.W. Goheen, *The Drama of Scripture: Finding Our Place in the Biblical Story* (Grand Rapids: Baker Academic, 2004)이다.

(요 1). 그리고 에덴동산은 계시록에서 완성될 새 하늘과 새 땅 즉 회복된 에덴(the restored Eden)을 미리 보여준다. 창조된 세상 속에서 사람은 창조자 하나님의 친밀한 교제 속에서 살아야 했다. 하나님을 대신해서 하나님의 형상으로 창조된 아담은 에덴 동산의 왕으로 다스린다. 그래서 짐승의 이름을 붙인다. 아담과 하와는 생육하고 번성하고 충만해야 한다. 사람은 자연과 하나님에게 책임을 져야 한다. 그러므로 사람은 폭군이 아니라 청지기와 같은 왕이다. 천국인 에덴 동산은 온 우주의 축소판이다.

제 2막: 하나님 나라 안에서의 반역– 타락

창세기 3장의 아담과 하와의 범죄는 창조의 선함을 손상시키는 것이며 갈등을 초래한다. 그들은 자유의지를 가지고 하나님의 통치의 청지기로 충성하는 대신에 거역하고 만 것이다. 그들은 '기쁨의 동산' 에덴을 떠나야만 한다. 이제 천국이 닫혀져 버린다. 불확실하고 위험한 세상이 펼쳐져 있고, 거룩하신 하나님의 얼굴을 바라보는 것은 두려운 일이 되고 만다. 그러나 하나님은 창세기 3:15의 '최초의 복음'(*protoevangelium*)으로 사람을 영적 그리고 육적 죽음 속에 내버려 두지 않는다.

제 3막: 왕이 이스라엘을 선택하심– 시작된 구원

1장: 왕을 위한 백성

셋의 후손이 하나님의 백성이 된다. 하지만 가인의 후손들(창 4: 야발, 유발, 두발가인)은 하나님 없는 세상 문화를 만든다. 셋의 후손은 홍수 후에 노아의 아들 셈으로 연결된다. 홍수로 인해서 죄악 세상이 심판 받고 새로운 세상이 창조된다. 방주를 통해서 구원 받은 노아 식구 8명은 남은 자이다. 그 후 하나님은 무지개를 증표로 해서 노아와 세상 보존 언약을 체결한다 (창 9:17; 최근에 북서유럽에 노아 방주를 떠올리며 식량 창고를 만든 것과 미국 국방부가 지구로 돌진하는 행성을 파괴하기 위해서 핵탄두를 준비한 것은 넌센스임). 창세기 10장에서 노아의 후손이 온 세상에 퍼짐으로써 아담에게 주신 "생육하고 번성

191) 천국에 관해 Ladd(1974:307)가 밝힌 균형 잡힌 견해를 들어보자: "For Jesus, the Kingdom of God was the dynamic rule of God which had invaded history in his own person and mission to bring men in the present age the blessings of the messianic age, and which would manifest itself yet again at the end of the age to bring this same messianic salvation to its consummation."

하고 충만하라"는 명령이 성취된다. 그러나 창세기 11장에서 '인간의 왕국'인 바벨탑이 건축된다. 바벨탑은 하나님에게서 독립된 교만한 인간의 자율성의 상징이다. 창세기 12장에서 아브라함을 부르심으로서 하나님 나라의 백성을 준비하신다. 아브라함의 씨가 번성하여(신 1:11), 가나안을 차지할 것이며, 열방의 복이 될 것이다(창 15). 이삭-야곱-요셉은 하나님의 백성의 족장들이다.[192] 그러나 이스마엘과 에서는 언약의 자손의 반열에 서지 못한다. '엘 샤다이'(전능하신 하나님, 창 17:1; 28:3; 35:11; 48:3)께서 족장들의 불순종과 아내의 불임 속에서도 전능하고도 신실하게 역사하셨다. 그들은 제사장 나라가 되어야 한다(출 19:6).

2장: 백성을 위한 땅

애굽에 내려간 야곱(이스라엘) 가족은 결국 중다한 족속을 이룬다. 그러므로 하나님은 아브라함에게 약속하신 대로 그들이 거할 땅을 준비하신다. 하나님은 이스라엘을 속량할 사람 모세를 세워서 출애굽을 이루신다(행 6:35). 출애굽기 3:14에서 '여호와'로 계시하신다. 출애굽 후 이스라엘은 시내 산 언약으로 왕이신 여호와께 속한다(출 19-24). 성막에서 하나님은 구속된 자기 백성을 만나신다. 성막을 설명하는데 출애굽기 전체에서 무려 13장을 할애한다. 레위기는 거룩한 하나님과 더불어 사는 법을 가르친다. 민수기는 약속의

---

192) 아브라함, 이삭, 야곱, 요셉의 언약을 그리스도 완결적으로 간략히 살펴보자. (1) 할례는 아브라함에게 뜻밖의 명령이었다. 손이나 귓불이 아니라 생식기의 표피를 베는 할례는 아브라함을 당황스럽게 만들었을 것이다. 생후 8일 만에 할례를 행하지 않으면 하나님의 언약을 깨뜨린 것으로 간주되어, 하나님의 백성 중에서 끊어질 것이다(창 17:14). 아브라함과 이스마엘 그리고 아브라함의 집에 있던 (이방인) 남자들이 할례를 받았다(창 17:20, 27). 할례를 받은 족장들은 아들의 기저귀를 갈 때, 아내와 성관계를 할 때, 소변을 볼 때, 목욕할 때 즉 모든 삶을 언약의 하나님의 관점으로 살아야 했다. 죄로 죽었던 신약 성도는 손으로 하지 않은 '그리스도의 할례'를 받아 구원과 죄 용서를 받았다. 따라서 성도는 그리스도와 함께 장사되었고, 그분과 함께 일으킴을 받았다(골 2:11-13). 항상 죄 사함 곧 구원을 기억하고 감사하며 신실하자. (2) 이삭은 기꺼이 죽는 자리까지 순종했다. 따라서 그는 예수님의 그림자이다. 모리아 산은 십자가 위에서 예수님 자신을 화목제물로 드린 갈보리 산의 그림자이다. (3) 야곱의 아내 레아는 아무도 원치 않았던 여인이었다. 남편 야곱조차도 레아를 진정으로 사랑하지 않았던 것 같다. 하지만 사랑받지 못하고 버림받은 여인 레아를 여호와께서 불쌍히 여기시고 태를 여셔서 4아들을 주셨다. 주목할 것은 유다를 통해서 예수님이 태어나신다는 점이다. 여호와는 과부의 남편이시며, 고아의 아버지이시다. 버림받은 사람, 매력 없는 사람, 연약한 사람, 관심을 받지 못하는 사람을 사랑하신다. 이것이 은혜요 복음이다. 예수님도 인간적으로 볼 때 아무런 흠모할 만한 것이 없는 분이시다. 주목받지 못한 여인이었던 레아의 자손이신 예수님이 자기 땅에 오셨지만 자기 백성이 거들떠보지 않았다. 혹시 스스로를 거절당한 사람, 매력 없는 사람, 낙오자, 실패자(loser)라고 생각하는가? 레아를 사랑하신 여호와, 구유에 태어나셔서 멸시를 받으신 레아의 후손이신 예수님의 은혜를 기억하자. (4) 형들에게 팔려서 죽음을 당할 뻔했지만 애굽의 통치자가 되었던 요

땅으로 여행하는 것을 다룬다. 신명기는 가나안 땅의 접경에서의 모세의 설교와 언약 갱신을 다룬다. 여호수아서는 하나님 나라 백성이 땅을 차지하는 과정을 다룬다. 이 땅은 거룩한 용사이신 여호와께서 앞서서 싸워 정복한 것이기에 하나님의 선물이다. 아담과 하와가 상실한 에덴 동산이 이제 이스라엘을 위해 회복되어 가나안 땅이 되었다. 이스라엘은 제 2의 에덴 동산인 가나안에서 하나님의 법을 따라 교제해야 한다.

사사기는 이스라엘이 열방의 빛이요 제사장 나라가 되지 못한 실패의 역사를 다룬다. 구별된 삶을 통해서 거룩한 전쟁을 수행해야 할 이스라엘이 오히려 이방 우상에 동화되고 만다. 결국 마지막 사사인 사무엘 시대에 이스라엘이 왕정국가를 형성한다. 하나님의 통치 대리인은 불신실하게 이스라엘을 다스렸지만 다윗은 신실하게 다스렸다. 그리고 솔로몬은 지혜롭게 다스렸고 성전을 건축했다. 하지만 솔로몬의 우상 숭배 때문에 하나님 나라는 북과 남으로 나뉘었다(왕상 11:33). 남과 북의 신정통치를 위해서 하나님은 선지자들을 보내서 법을 선포하시고 회개를 촉구하신다. 그럼에도 불구하고 이스라엘은 포로와 멸망을 경험한다. 그러나 스룹바벨, 에스라 그리고 느헤미야를 통해서 제 2의 출애굽인 출 바벨론이 발생하고 제 2성전이 건축된다.

선지서의 후반부에 바벨론에서의 귀환을 다룰 때, 예수님 안에서 이루어질 신약 시대 (그리고 재림까지)의 회복도 같이 다루고 있다. 이것은 원근투시법이다. 예를 들어, 이사야 65:17 이하의 낙원의 모습, 스가랴 14장 후반부의 예루살렘으로 모여드는 이방인 등이

---

셉은 가룟 유다에게 팔려서 십자가에서 죽으신 후 부활하심으로써 만왕의 왕이 되신 예수님의 그림자이다. 요셉처럼 예수님은 자신의 원수를 악으로 갚지 않으신다. 주님은 죄책감에 눌려서 두려워하는 자를 은혜 위의 은혜로 회복하신다. 예수님은 우리를 풍성한 은혜의 잔치로 초대하여 기쁨을 주신다. 요약하면, 하나님의 '은혜'와 '언약'은 같이 간다. 언약의 증표인 할례는 세례로 발전한다. 하나님은 온 세상에 자신의 나라를 건설하신다. 하나님은 이 목적을 달성하시려고, 인내하지 못하고 인간적 방법을 동원한 아브라함, 과거의 범죄로 인해서 양심에 가책을 느끼며 두려워하는 요셉의 형들, 그리고 사랑 받지 못하는 레아 같은 이들을 불러서 일꾼으로 사용하신다. 이것이 복음이요 은혜이다. 새 언약의 중보이시며 아브라함의 자손이시며, 모리아 산에서 순종한 이삭의 실체이시며, 레아의 아들 유다의 자손이시며, 요셉의 실체이신 예수님께서 온 세상을 하나님 나라로 만드신다. 그리스도의 할례를 받은 성도는 헵시바와 뿔라가 되어(사 62:4), 그리스도의 연회에 매일 초대 받아서 이 일을 감당하도록 힘을 공급받고 있다. 족장의 하나님은 예수님 안에 있는 우리의 은혜로우신 언약의 하나님이시다. 할렐루야!(참고. 데니스 존슨, 2011:31-132).

다. 이방인도 '남은 자'가 될 것이다.

막간(Interlude): 끝을 기다리는 하나님 나라 이야기- 신구약 중간기[193]

구약은 페르시아의 통치를 받는 이스라엘이 상대적인 평안 가운데 가나안에 사는 것으로 끝맺는다. 그러나 페르시아는 그리스의 알렉산더 대왕에게 정복된다. 그리고 그리스는 로마에게 정복된다. 인간 제국은 영원하지 못한 법이다. 그럼에도 이스라엘은 이런 제국들의 속국으로 계속 남아 있다. 말라기와 마태복음 사이 400년 동안 주목할 만한 변화가 일어났다(참고. 단 8). 그것은 헬레니즘이 디아스포라는 물론 이스라엘에게 까지 전파된 것과 유대인들 가운데 율법 준수를 통한 구원 사상이 일어난 점이다. 시리아의 셀류키드로부터 독립하기 위해서 BC 167년에 마카비 투쟁이 벌어졌다(참고. 마카비 왕조: BC 167-142). 그래서 유다 마카비의 형 시몬(그리고 하스모니안 왕가)이 독립된 이스라엘을 80년(BC 142-63)에 걸쳐 다스리기도 했다. 하지만 하스모니안 왕가(BC 142-63)는 결국 헬레니즘에 동화되어 버렸다. BC 63년에 로마의 폼페이 장군이 이스라엘을 정복하여 헤롯 대왕이라는 꼭두각시를 세워 통치한다. 이 로마의 통치는 폼페이 장군 이래로 약 500년이나 지속된다. 아브라함부터 신구약 중간기 까지 이스라엘을 지배한 5가지 사상은 다음과 같다: (1) 유일신, (2) 이스라엘이 선택받음, (2) 삶의 길로서의 율법, (4) 하나님이 거하시는 약속의 땅, (5) 하나님이 자기 백성을 만나시는 성전. 하지만 신구약 중간기 내내 이스라엘이 계속해서 이방인의 통치를 받게 되자 미래에 메시아를 통해서 구원하실 것이라는 소망이 일어났다. 바리새인은 민족적 정결을 통해서, 에센파는 단절과 구분을 통해서, 사두개인과 제사장은 산헤드린을 성전과 중심으로 현실안주적인 통치를 통해서, 열심당은 무력항쟁을 통해서 메시아의 구원을 소망했다. 그러나 50만으로 추정되는 이스라엘인 대부분은 어떤 특정 유대 종파에 속하지 않았다.

193) 신구약 중간기 동안 이스라엘은 이방 나라의 통치를 받았다: 페르시아(BC 539-331), 알렉산더 대왕(BC 331-320), 톨레미 왕조(BC 320-198), 시리아 셀류키드 왕조(BC 198-167), 유대 자치시대(BC 167-63). 학자들이 선호하는 용어인 '제 2성전시대'는 스룹바벨 성전이 세워진 BC 515부터 헤롯 성전이 파괴된 AD 70까지의 기간이다. 이 당시의 상세한 역사를 도표로 보려면 안드레아스 쾨스텐버거 외(2013:106-108)을 참고하고, 제 2 성전시대 유대문헌의 목록은 동일한 책 p. 130-31을 참고하라.

### 제 4막: 왕의 오심- 성취된 구원

성경의 절정적 드라마는 하나님 나라의 왕이신 예수님의 출생으로부터 시작된다. 구약에서 약속된 하나님 나라의 회복이 예수님 안에서 발생한다. 주님은 갈릴리에서 제자들을 부르심으로써 종말론적인 천국 운동을 시작하신다.[194] 성령의 강력한 능력의 현시인 치유와 축귀 그리고 선포를 통해서 천국이 현재적으로 임한다(마 11:12). 주님은 스스로 건강하고 지혜롭다고 생각하는 자들은 물리치시고, 죄인과 버림받은 자들을 환대하신다. 새로운 질서를 갖춘 천국에는 민족과 인종의 경계가 허물어진다. 하지만 대다수의 유대인들은 예수님을 천국의 왕이요 메시아로 인정하지 않는다. 예루살렘에서 출애굽(죽음, 부활, 승천)하심으로써 주님의 구속 사역은 성취된다(눅 9:31). 예수님의 초림과 공 사역 전체는 물론이거니와, 좁게는 주님의 부활과 승천이야 말로 메시아의 새 시대와 종말론적인 천국을 도래시킨 결정적 사건이다.

### 제 5막: 왕의 소식의 전파- 교회의 선교

1장: 예루살렘에서 로마까지

예수님이 승천하셔서 행하신 첫 번째 왕적 통치는 오순절에 성령님을 보내신 사건이다. 성령께서 천국 복음의 증인 역할을 감당할 새로운 공동체를 형성하신다. 사도행전 2-7장은 예루살렘 중심의 복음 전파 역사를 다룬다. 사도행전 8-12장은 온 유대와 사마리아에 복음이 전파됨을 다룬다. 사도행전 13-28장에 의하면 바울을 통해서 로마 제국 전체에 복음이 전파된다. 특이한 점은 사도행전이 '성령행전'이라는 점이다: 오순절 성령 강림(행 2), 전도자 빌립에 의해 사마리아에 임한 성령(행 8), 베드로를 통해서 가이사랴의 고넬료 가정에 임한 성령(행 10), 바울을 통해서 에베소의 세례 요한의 제자에게 임한 성령(행 19). 인종과 민족의 차별 없는 복음의 확장을 본다. 그러나 성령을 받아 거듭난 우리가 성령의 사역과 인격을 모르면 안 된다.

---

194) 예수 그리스도 중심의 종말론에 관한 Allison(1992:206-209)의 의미심장한 말을 들어보자: "종말론의 핵심은 언제 혹은 무엇이 아니라 누구이며, 시간표나 계획이 아니라 인격이다. 복음서들은 우리로 하여금 미래를 묵상하도록 하는데, 청사진을 제공함으로써가 아니라 메시아요 인자이신 예수님을 보여줌으로써 그러하다."

2장: 세상 끝 까지

바울은 자신의 대리 현존인 편지를 통하여 온 세상에 전파된 복음을 설명한다. 그리스도 안에서 하나님 나라가 동터왔고, 천국은 현재적 실재임을 강조한다. 1세기의 초대 교회는 그리스도의 사역을 온 세상에 확장시켜야 했다. 이때는 종말의 때이며, 말세이고 천년왕국 기간이다.[195)]

### 제 6막: 왕의 귀환– 완성될 구원

하나님의 구원의 드라마는 그리스도의 재림으로 완성된다(다 24:36; 계 20–22). 그때 새 하늘과 새 땅이 임할 것이다. 새 예루살렘은 교회를 가리키고, 신천신지는 교회가 살 공간적 배경이다. 결국 이 땅에 신천신지가 임한다(살전 4:17; 벧후 3:12; 계 21:1; 참고. 키이스 매티슨, 2012:627).[196)]

### 구원의 드라마 어떻게 가르칠 것인가?

지금은 구원의 시대이며 하나님 나라 확장의 시대이다(마 11:12; 고후 6:2; 계 11:15). 그러므로 성도의 정체성을 천국 시민으로 가르쳐야 한다. 사명은 천국 백성으로 복을 누리고 진수를 맛보고 확장시키는 것이다. 이것이 교회가 왕 같은 제사장으로 사는 길이다. '이미와 아직 아니'라는 관점으로 천국과 복음을 가르쳐야 한다. 우리는 이미 구원 받

---

195) 요 18:31–22, 37–38을 수록하는 $p^{52}$는 2세기 초에 제작된 것으로 이집트에서 발견되었다. 요한복음은 에베소에서 기록되었는데, 수십 년이 지나 이집트까지 복음이 기록된 형태로 신속하게 확산된 것이다. 소위 1세기 로마제국의 발달된 교통망과 코이네 헬라어라는 공통 언어 체계인 '거룩한 인터넷'이 일조했다. 그렇지만 복음서가 특정 지역의 수신자가 아니라, 헬라어를 읽을 수 있는 모든 지역의 그리스도인을 1차 독자로 삼았다고 볼 이유는 없다. $p^{52}$보다 이전 시대인 AD 95년경 로마의 클레멘트는 신약 성경을 구약 성경과 대등하게 인용했고, 사도 요한의 제자로 알려진 폴리캅(c. 69–155)과 파피아스(c. 60–130)도 마찬 가지였다(안드레아스 쾨스텐버거 외, 2013:39, 42–43).

196) 성경신학(특별계시역사)과 교의학은 상호작용한다. 혹자는 이 둘의 관계를 일방향적(one-way direction)으로 정의하여, 석의에서 성경신학적 종합을 거쳐 교의학적 종합으로 나아가야 한다고 본다. 하지만 '나선형적'(spiral)견해도 있는데, 그것은 성경신학과 교의학이 한편을 무효화(stultification)하는 대신에, 서로 풍성하게 만드는 것이다. 그렇다면 이 두 분과의 상호작용은 어떻게 가능한가? 성경신학은 교의학으로 하여금 구원에 중요한 주제인 하나님의 '역사적' 행위를 기억하게 만들어, 그것을 교의학 자체 안에 포함시키도록 한다. 그리고 교의학은 교리를 지지하는 본문을 정확하게 주석해야 하는데, 성경신학의 도움을 받는다. 그리고 성경신학의 한 주제인 '바울 신학'이라는 용어에서 조직화 과정(systematizing process)이 이미 성경 안에서 발생함을 알 수 있다(참고. Poythress, 2007:132, 134).

았다. 하지만 계속해서 몸의 구속을 두렵고 떨림으로 이루어야 한다. 우리는 이미 거룩하지만 계속 거룩해져야 한다. 그리스도와의 연합으로 우리는 이미 마귀를 부전승으로 이겼지만 계속 이겨야 한다(계 12:11).

### 참고문헌


고든 루이스 & 브루스 데머리스트. 『통합신학: 서론, 신론』. 부흥과 개혁사, 2009.

다니엘 도리아니. 『적용: 성경과 삶의 통합을 말하다』. 성서유니온선교회, 2009.

데니스 존슨 (ed). 『모든 성경에서 그리스도를 설교하라』. 부흥과 개혁사, 2011.

송인규. 『성경, 어떻게 적용할 것인가?』. 성서유니온선교회, 2001.

안드레아스 쾨스텐버거 외. 『신약개론: 요람, 십자가, 왕관』. CLC, 2013.

키이스 매티슨. 『종말론적 관점에서 본 성경 개관』. 부흥과 개혁사, 2012.

Allison, D.A. "Eschatology." (In J.B. Green, S. McKnight & I.H. Marshall eds., *Dictionary of Jesus and the Gospels*. Leicester: IVP, 1992, 206-209.)

Bartholomew, C.G. & Goheen, M.W. *The Drama of Scripture: Finding Our Place in the Biblical Story*. Grand Rapids: Baker Academic, 2004.

Carson, D.A. "성경을 어떻게 대할 것인가." (In G.J. 웬함 & J.A. 모티어 eds., 『IVP 성경주석: 구약』. 성서유니온선교회. 2005, 17-41.)

Fanning, B.M. "말씀." (In 『IVP 성경신학사전』. IVP. 2004. 654-662.)

Ladd, G.E. *The Presence of the Future*. Grand Rapids: Eerdmans, 1974.

Poythress, V.S. "Biblical Studies: Kinds of Biblical Theology." *Westminster Theological Journal*, 70(2007), 129-142.

## 마태복음: 이스라엘의 역사를 재현하신 예수님의 완결적인 구약 해석

사도 마태는 구약을 인용할 때, 구약이 의미한 바를 찾는 문법-역사적 해석을 넘어, 메시아의 성취의 관점에서 구약이 복음서의 독자들에게 주는 의의를 밝히는 그리스도 완결적(Christotelic) 해석을 시도했다. 당연히 그리스도께서 성육신하기 전에는 이런 해석은 불가능했다. 그 결과 마태는 예수님을 천국의 왕이신 동시에, 이스라엘의 역사를 재현하신(recapitulation) '참 이스라엘'로 파악한다(참고. 호 11:1을 인용한 마 2:13-15).[197] 물론 많은 유대인들은 이스라엘의 역사가 예수님 안에서 절정에 도달하거나 성취되었다고 보지 않았다. 예수님 당시 이스라엘 백성은 '포로에서 귀환'이라는 하나의 지배적인 이야기를 가지고 있었는데, 구체적으로 성전의 재건, 율법 준수, 약속의 땅에 대한 기대를 가지고 있었다.[198] 이 모든 것을 예수님이 성취하셨고, 그 성취의 관점에서 신약 기자들이 신약 성경을 기록했다.

이스라엘의 새로운 역사 안에서, 예수님은 열방을 비추는 '참 빛'이시다(사 9:1-2를 인용한 마 4:15-16). 임마누엘이신 예수님이 '참 성전'이시다(마 1:23; 26:61; 참고. 요 2:19-21). 민족적 이스라엘이 거주하던 '약속의 땅'은 새롭고 참된 이스라엘이신 예수님에 의해 재 정의된다. 즉 그리스도의 통치가 이루어지는 영역이 새로운 가나안 땅이다. 예수님을 믿는 자에게 있어서 더 이상 민족 성분은 중요하지 않다(마 7:21; 28:18-20). 지배적인 이스라엘 이야기에서 중요했던 '율법 준수'는 그리스도 완결적으로 재 정의된다. 마태복음 11:13은 "모든 율법과 선지자들은 세례 요한까지 예언했다"고 밝히는데, 구약은 하나님 나라의 새 시대를 도래하신 예수님을 증거하며 그리스도 사건 안에서 성취되었다. 율법에 대한 그리스도 완결적 해석을 이사야 42:1-4를 인용하는 마태복음 12:17-21에서도 볼 수 있다.

---

197) 이런 입장은 John Nolland와 N.T. Wright에게서 볼 수 있다. 참고로 역사적 예수 탐구의 과정과 역사 비평의 연관성에 관해서 쾨스텐버그 외, 『신약개론』, 167-183을 참고하라.
198) 참고. N.T. 라이트, 『신약성서와 하나님의 백성』(크리스챤다이제스트, 2003), 317-18.

마태복음 5:21 이하의 소위 '여섯 개의 반명제들'도 그리스도 완결적 율법의 빛에서 이해해야 한다. 예수님처럼 '세상의 빛'(마 5:14)이라는 정체성을 가진 제자들은 구약 율법을 그대로 지킴으로써가 아니라, 그리스도의 가르침(혹은 그리스도 완결적으로 재 정의된 'messianic Torah')을 지키고 따름으로써 야웨와 맺은 언약의 갱신된 관계를 유지할 수 있다. 그리스도 완결적 율법 혹은 메시아적 율법의 관점에서 볼 때, 참된 하나님 나라의 삶의 방식을 추구해야 하는 그리스도인에게 율법은 강화되고 '내면화된다'(internalization; 참고. 렘 31:31-34).

## 톰 라이트(N.T. Wright)의 역사적 예수님 및 복음서 이해[199]

오늘날 신약 연구에 있어 가장 큰 영향을 미치고 있는 스코틀란드의 세인트 엔드류대학교의 톰 라이트의 복음서 이해를 평가하는 것이 필요하다. 라이트의 많은 저술은 긍정적이건 부정적이건 여전히 큰 파급력을 보이며, 그는 복음서 연구에 있어 기존의 복음주의권의 전통적인 방식을 벗어나서 논리의 칼을 예리하게 다듬어 새로운 지평을 열었다고 평가받는다.[200]

### 장점 혹은 기여

- 예수님을 그 당시의 (유대교의) 문맥 속에서 이해하려고 한 점은 기여인데, 복음서를 초기 기독교의 (역사성이 결여된) 창작물로 보거나 예수님의 인격과 사역이 아니라 복음서의 공동체 연구에 올인하려는 경향에 해독제가 될 수 있다. 라이트는 한 단어의 사상적 배경을 구약, 유대교, 그레코-로마 세계를 종합적으로 검토하여 결정한다. 기존의 예수님에 대한 복음주의권의 연구가 기독론적 호칭 연구라는 (무역사적인) 신학적 작업에 집중한 면이 있다면, 역사와 신학의 통합을 시도했다는 긍정적 평가를 받는 라이트는 교회가 예수님에 대한 역사적 탐구를 포기하는 것은 '바보들의 천국'에 사

---

199) 송영목, "N.T. Wright의 복음서의 종말론 이해 비평: 감람산강화를 중심으로," 『교회와 문화』 27(2011), 9-51에서 요약.
200) 쾨스텐버그 외, 『신약개론』, 181.

는 것이라고 본다(참고. www.ntwrightpage.com, p. 23). 라이트에게 AD 1세기 역사는 '뿌리'인데, 그는 이것을 무시하면 복음서를 '기독교의 일반적인 진리'를 말하는 책으로 비약시킬 수 있음을 경고한다. 라이트는 역사적 탐구는 정경을 재구성하기 위함이 아니라, 정경이 기초한 뿌리를 탐구하는 것이라고 본다.[201] 하지만 여기서 주의할 것은 라이트의 기여의 한계인데, 그것은 그가 사용한 자료들의 정확성과 다양성 그리고 자료를 사용하는 그의 전제 때문에 발생한다.

- '포로에서의 귀환'과 같은 주제는 비록 유일하지는 않지만, '하나의' 유용한 성경신학적이며 계시사적 해석을 제공한다. '포로와 회복'이라는 주제는 성경의 신학적 해석에 있어 특권적 위치를 차지할 뿐 아니라, 성경의 근본적인 사고구조를 위한 이론적인 틀도 구성한다. (제 2성전 시기 유대문헌과 BC 6세기 이전의) 구약은 포로 유배에 관한 '기초적인 메타 내러티브'(foundational metanarrative)라고 여겨질 만하다.
- 복음서의 1차 독자를 비교적 잘 고려한 역사적 해석이다. 라이트는 복음서도 서신서처럼 읽힐 필요가 있음을 상기시키는데, 이것은 복음서의 '공동체 연구' 혹은 (현대의) 독자 비평에 올인 하려는 현대의 일부 흐름과 구분된다.
- 예수님의 인격을 구약의 이스라엘(즉 정적인 국가로서의 이스라엘이기보다는 이스라엘 역사의 역동적인 궤도 전체)에 비춘 '교회적 인격' 관찰이 돋보인다. 예수님의 인격과 사역을 설명함에 있어서, 예수님이 담당하신 구약 이스라엘의 성취, 요약, 반복 등의 개념은 유용하다. 라이트는 예수님 중심의 계시사적 성취를 강조한다.
- 예수님의 공 사역에서 AD 70년 사이의 특수 기간은 구약과 신약의 중첩 기간이며 그것이 예수님에 의해서 해소된다는 라이트의 이해는 주목할 만하다. 특히 라이트는 복음서의 종말론 중에서 예수님의 재림보다는 (학계에서 크게 주목받지 못한) AD 70년 사건이 복음서의 1차 독자에게 주는 계시사적 의미를 비교적 잘 강조했다.[202]

---

201) 참고. http://www.wheaton.edu/media/BITH/100416WrightPM.html.

202) 라이트는 AD 70년 사건은 단지 수많은 사건들 중 하나가 아니라, 이스라엘의 전체 역사의 절정을 이루는 사건이었다라고 평가한다. 하지만 Perrin, Bock 그리고 Eddy는 라이트의 복음서의 종말론에서 AD 70년 사건이 차지하는 비중이 너무 크고, '이미'의 측면이 지나치다고 비판한다. 물론 AD 70년 사건으로 악이 완전히 제거된 것은 아니다. 라이트가 '회복의 종말론'과 '이미와 아직 아니'의 종말론적 틀에 근거하여 예수님이 악을 처리하셨다고 보지만, 사탄과 악은 여전히 세상의 왕 노릇하고 있다(요 12:31).

- 하늘과 땅, 신학과 정치, 현재와 미래, 그리고 경건과 혁명이 맞닿는 접점을 '여기 그리고 지금' 중심으로 정리한다. 하늘과 땅 그리고 현재와 미래는 기도, 성찬, 그리고 성경 읽기 등으로 상호작용하며 맞물린다. 이것은 '저기 그리고 미래' 중심의 신학이 가지는 약점을 시정한다.
- 라이트는 묵시문학의 전통적인 정의에 두드러진 이원론적인 강조점을 인정하면서도 그것을 적절히 교정하며 극복한 기여가 있다. 라이트가 강조한 종말론과 묵시의 '지금 여기서'의 측면은 현대 교회가 감당해야 할 환경, 사회, 정치적인 책임에 대해 환기시켜 준다.
- 라이트는 신약 성경을 세분화하고 쪼개어서 연구하는 현대 신약학계의 분위기를 극복하려고 했다.

### 문제점 혹은 보완해야 할 점

- '복음'의 개념이 협소하다. 이사야서가 '기쁜 소식'을 강조하기에, 그 예언으로부터 복음의 정의를 내리는 것은 허용할 만한 일이다. 하지만 예수님의 사역은 구약 예언의 '확대-상승'된 성취임을 기억할 필요가 있다. 따라서 라이트가 예수님을 '이스라엘의 메시아'라고 명명할 때, '이스라엘'의 정의가 유대적인 뉘앙스로 한정된다는 오해를 피해야 한다.
- 종말론과 묵시의 저 세상적(즉 오는 세상적) 요소를 무시할 수 없다. 구체적으로 볼 때, 라이트는 천국과 지옥의 개념 중 '이미, 지금, 여기'의 측면만 지나치게 부각시키는 면이 있다. 라이트는 우주의 종말에 대한 내용은 신약 성경이 '힌트'(hints)만 준다고 본다(예. 롬 8; 고전 15; 계시록의 일부 본문). 라이트가 악을 제거한 결정적인 사건으로 본 예수님의 죽으심과 AD 70년 사건 이후에도 악은 여전히 존재하고 있기에, 그는 '아직 아니'를 덜 강조하면서 '이미'와 '승리'를 지나치게 강조한 면이 있다. AD 70년 사건에 지나친 의의를 부여하면 할수록, 오늘 날 '신정론'의 문제가 더 대두된다. 그리고 과연 복음서에는 예수님의 재림에 대한 언급이 없다고 말할 수 있는지 의문이다. 라이트의 말을 들어보자: "그것은(즉 예수님의 재림을 언급하는 행 1:11) 예수님 자신의 가르침의 특징이라기보다는 부활 사건 이후의 개작인 듯한 냄새를 물씬 풍긴

다.” 이 진술은 역사적 예수님과 신앙의 그리스도를 연결하려던 라이트의 시도가 이전의 탐구로 다시 돌아가는 대목이 아닌가? 신약 저자들은 유대교를 하나의 모판으로 삼았지만, 동시에 ‘그리스도 완결적 해석’을 시도했음을 라이트는 간과하는 듯하다.

- ‘포로에서의 귀환’, 그리고 유대교의 핵심 상징들(성전, 땅, 토라)은 분명히 중요한 성경신학적 주제들이지만,[203] 이것들만 성경신학의 확실한 가설로서 역할을 하거나, 전체 계시사를 지배하는 것처럼 과대평가하기는 어렵다. 제 2성전 시대의 유대인들이 하나님의 종말론적 간섭을 ‘기대했다’는 것이 포로 중에 ‘있었다’는 것과 반드시 일치하지 않는다. 그리고 그 당시 유대인들 대다수가 여전히 포로 중에 있었다고 믿었는지는 확인하기 어렵다. 그리고 라이트가 ‘공동체적 유배와 귀환’에 초점을 맞추다보니, 개인적인 죄악과 구원의 차원을 약화시킬 수 있다. 그리고 구체적으로 예를 들어, ‘부자와 나사로의 비유’를 소개하는 누가복음 16:19-31 위에다 포로에서의 귀환이라는 주제(그리고 전제)를 눌러 해석한 느낌을 준다(참고. www.wheaton.edu/media/BITH/100416Hays.html). 라이트는 ‘씨 뿌리는 자 비유’의 해석에서도 ‘포로 귀환’ 주제를 과도하게 주장한다. 예수님의 마음과 가르침에 구약 성경이 깊이 스며들어 있음을 간파했음에도 불구하고, 라이트에게 있어서 예수님의 비유들은 지나치게 ‘이스라엘 이야기의 축소판’(Israel's-story-in-miniature)이었다.
- 라이트가 예수님을 새롭고 참된 이스라엘로 보면서, 이스라엘의 역사를 회복하셔서 절정으로 치닫게 하신 분으로 본 것은 옳다. 하지만 라이트는 예수님의 인격이 새 이스라엘을 넘어 ‘만유’이시므로, 이스라엘의 회복을 넘어 ‘만유의 회복’과 새 창조까지 포함하고 있음을 언급은 하지만 그리 강조하지 않는다. 실제로 유대인들의 부활 소망은 전체 피조물의 갱신이라는 더 큰 소망의 한 부분이었다(마 1:1; 19:28).
- 라이트가 예수님을 ‘급진적인 정치가’라고 부른 것은 그리스도의 전체 사역과 우선권을 고려해 볼 때, 편협하며 지나친 사회학적 표현이다.
- 라이트가 ‘바울의 새 관점’에서 보인 문제점이 복음서 이해에도 나타난다. 예를 들어, ‘의’의 개념을 ‘하나님의 언약적 신실성’에 집중하거나, 예수님이 유대인들의 전통적인

---

203) 또한 R.B. Hays, *Reading Backwards: Figural Christology and the Fourfold Gospel Witness* (Waco: Baylor University Press, 2014), 97을 보라.

'신분적 표지들'(안식일, 음식, 율법, 땅, 성전, 가족 등)에 대한 상징을 비판하였다고 본다. 라이트는 정죄 받은 이방인과 유대인을 구원하시기 위한 '언약에 신실한 하나님의 결정적인 행동'은 '참되고 신실한 이스라엘'이신 예수님을 보내신 것으로 본다. 라이트는 유대교 자체가 잘못된 종교가 아니라, 이스라엘이 자신의 소명을 잊어버린 것이 문제라고 본다. 라이트의 신학적 관심이 자신의 역사적 설명을 전적으로 통제하거나 왜곡하여 (비평적 실재론과 라이트 자신의 가설 위에) 자신만의 '신학적 역사'를 찾고, '신학적 실증주의'에 빠진 것은 아닌지 검토해 보아야 한다. '포로 중'(Israel in Exile)이라는 주제로 돌아가 보자. 제 2성전기의 유대인들은 성전과 제의를 회복했으므로 더 이상 포로 중에 있지 않았다고 보는 '신정주의적 흐름'(theocratic stream)과 여전히 포로 중에 있으므로 종말에야 유수가 끝날 것이라고 보는 '종말론적 흐름'을 가지고 있었다. 그런데 바울의 새 관점주의가 주장하는 '언약적 율법주의'는 하나님과 그분의 백성 사이의 언약 관계 안에서의 '연속성' 및 회개를 통해 주어지는 속죄를 지나치게 강조한 결과, 팔레스틴 유대교 안의 또 다른 흐름인 종말론적 면에 주목하지 못했다. 따라서 라이트가 유대인들의 지속적인 포로 상태를 주장한 것(즉 종말론적 흐름)은 라이트 자신이 지지하는 언약적 율법주의와 불일치하는 것은 아닌가?

- 라이트는 예수님이 행하신 기적들을 주님의 메시아이심(혹은 신성)을 증거하는 차원으로 보는 것을 거부한다. 라이트는 기적들이 예수님의 공 사역의 한 부분인지 역사적 증거를 통해 검증을 받아야 하는 입장을 취하는 듯하다. 라이트는 예수님이 회개하라고 선포하시고, 죄를 용서하시고, 치유와 기적을 행하신 것은 자신의 메시아로서의 정체성을 드러내려는 것이라기보다, 절정으로 치닫는 이스라엘의 이야기의 주인공이심을 보여주는 행동이라고 본다. 따라서 라이트에게 메시아이신 예수님의 인격을 약화시킬 위험이 있다(참고. 마 11:2-6). 라이트가 (구약과) 복음서 자체의 진술보다는 제 2성전 시대의 유대문헌들의 증거 위에 서서 이스라엘의 이야기 안에서 임의로 복음서 내러티브를 재구성한 것이라면, 'Wright's Jesus'와 'Right Jesus' 사이의 거리감이 느껴질 수밖에 없다.
- 라이트는 '하나님 나라'를 'Kingdom of god'으로, '이스라엘의 하나님'을 'Israel's god'으로, '우리 하나님'을 'our god'으로 쓴다. 라이트가 소문자로 시작하는 'god'를

쓸 때, 그것이 '야웨' 혹은 'God'과 무엇이 다른지 불명확하다.

- 바울은 '구약'을 권위 있는 영감 된 하나님의 말씀으로 간주하지만(딤후 3:16), 제 2 성전 시기 유대 문헌들을 구약과 동등한 차원으로 보지 않는다. 그럼에도 불구하고, 성경 외적인 자료를 알아야만 예수님과 바울을 제대로 이해할 수 있는 것처럼 비쳐지는 라이트의 입장은 '성경의 충족성'을 약화시키는 것이 아닌가? 그리고 구약과 제 2 성전 시기 유대문헌들 사이에는 연속성과 일치점만 있는 것은 아니다.
- 라이트는 복음서 배후의 예수님에 대한 역사를 재구축함에 있어서, 요한복음을 거의 언급하지 않았을 뿐 아니라, 공관복음서 각권의 독특한 예수님에 주목하지 않았다. 라이트는 '중립적인 역사가'로 복음서를 접근하기 원하는데, 과연 교회의 신앙고백은 복음서 이해에 있어서 장애물이 되는가? 오히려 복음서의 충분함을 무시하고, 자신이 설정한 매타 내러티브(혹은 그랜드 스토리)를 따라 복음서를 이해하는 것은 라이트 자신이 '제 5의 복음서' 기자가 될 위험성이 있다. 라이트는 역사적 탐구가 없이는 세상의 실제 역사를 놓치게 되며 교회가 믿는 예수님은 (불신자가 볼 때) 우상이 될 가능성이 있기에 기독교 변증에 도움이 안 된다고 본다.

라이트는 '기독교의 기원과 하나님에 관한 연구'를 위해서 6권의 시리즈를 계획했다. 그러므로 앞으로 출판될 책에서 기존의 입장을 재확인할지 아니면 수정할지 지켜봐야 한다. 그리고 라이트의 복음서 관련 책들은 다른 책들과 병행해서 읽을 필요가 있다. 방대한 자료에 근거한 야심 찬 라이트의 제안의 장점과 약점을 인지하고 건설적으로 활용하여 '역사적인 기독교 정통주의'를 더 견고하게 할 임무는 우리에게 있다.

## 마가복음: 예수님과 바울의 '천국' 이해 비교[204]

### 들어가면서

바울 서신에 예수님의 세례 받으심, 변화산에서의 변모 사건, 비유들, 기적들, 성전 청결, 사역의 장소인 갈릴리와 예루살렘 등이 언급되지 않는다. 대신 바울은 예수님의 십자가와 부활을 지속적으로 언급한다. 바울의 서신들이 복음서보다 먼저 기록되었다. 바울은 예수님의 가르침을 알고 있었다. 그렇다면 바울이 어떻게 예수님의 가르침을 알았을까? 복음서에 예수님은 공생애 기간 동안 바울을 만나셨다는 언급이 없다. 하지만 바울은 예수님의 가르침을 알고 있었기에 기독교인을 박해했다. 다메섹 도상에서 바울이 회심 후, 예루살렘을 방문했을 때 예루살렘 교회의 지도자였던 베드로 등으로부터 예수님의 인격과 사역에 대해 들었을 것이다.[205]

바울 서신에 '주님의 말씀들'에 관한 여섯 개의 '명확한 언급'이 있다: 고린도전서 7:10-11(참고. 마 5:32; 막 10:9-12), 고린도전서 9:14(참고. 마 10:10; 눅 10:7), 고린도전서 11:23-25(참고. 막 9:31), 고린도전서 14:37, 고린도후서 12:9, 데살로니가전서 4:15-17(참고. 마 24:30 이하).[206] 이 가운데 고린도후서 12:9는 명백히 부활하시고 높

---

204) 아래의 참고문헌을 참고하라.

Barclay, J.M.G. "Jesus and Paul." (In G.F. Hawthorne et al., eds. *Dictionary of Paul and His Letters*. Downers Grove: IVP. 1993, 492-503.)

Caragounis, C.C. "Kingdom of God/Heaven." (In J.B. Green et al., eds. *Dictionary of Jesus and the Gospels*. Downers Grove: IVP. 1992, 417-430.)

Kreitzer, L.J. "Kingdom of God/Christ." (In G.F. Hawthorne et al., eds. *Dictionary of Paul and His Letters*. Downers Grove: IVP. 1993, 524-526.)

그레샴 메이천. 『바울 종교의 기원』. 한국로고스연구원, 1988.

김세윤. 『예수와 바울』. 도서출판 제자, 1995.

데이비드 웬햄. 『바울: 예수의 추종자인가, 기독교의 창시자인가?』. 크리스챤 다이제스트, 2002.

칼빈. 『기독교 강요』. 도서출판 성문, 1989.

헤르만 리델보스. 『하나님 나라』. 엠마오, 1988.

헤르만 H. 리델보스. 『바울 신학』. 개혁주의신행협회, 1985.

헨리 C. 디이슨. 『신약개론』. 생명의 말씀사, 1992.

임 받으신 예수님께서 바울에게 직접 하신 말씀에 대한 언급이며, 고린도전서 14:37에 나타난 '주님의 명령'이란 표현은 아마도 '그리스도의 마음'(고전 2:16)을 가진 바울의 '선지자적 가르침'일 것이다. 혹자(N. Walter, F. Neirynck)는 고린도전서 11:23-25를 바울이 예수님으로부터가 아니라 그 당시의 예배 의식에서 전수 받은 것으로 간주한다. 그들은 데살로니가전서 4:15의 '주님의 말씀으로'를 역사적 예수님과 무관한 선지자들의 신적 위임과 권위를 나타내는 구약의 전문 용어로 본다. 그 결과 그들에게는 바울에게 있어서 예수님의 말씀은 축소되고 만다(참고. 김세윤, 1995:320).

## 구두 전승에 대한 바른 이해

### 구두 전승을 어떻게 볼 것인가?

역사비평의 한 부류인 양식 비평은 구전을 중요시하며, 특별히 그 구전(oral tradition)이 어떤 삶의 정황(*Sitz im Leben*) 속에서 나왔는지를 묻는다. 양식비평의 삶의 정황에 대한 연구는 신약 성경 각 권의 '1차 독자' 더 나아가 '저자'인 공동체 연구로 이어졌다. 예를 들어, 적지 않은 학자들은 마태복음의 1차 독자가 아니라 저자를 사도 마태가 아니라 '마태공동체'로 본다. 그리고 '제 2 바울 서신'(Deutero-Pauline Letters)이라는 용어를 사용하여, 적지 않은 바울 서신들의 사도 바울 저작을 부인한다. 즉 이 부류에 포함되는 편지들을 바울의 영향을 받은 어떤 무리가 바울 사후에 기록했다는 것이다. 이런 입장은 초기 기독교의 역사적인 전승과 기록을 무시하는 것이며, 성경의 영감성을 파괴하는 행위이다. 이런 입장에 학자의 열정보다는 교만이 더 묻어 있다. 그렇다면 성경이 기록되기 전에 분명히 있었던 구두 전승을 어떻게 보아야 하는가?

---

205) 1900년대 초, 튀빙겐의 F.C. Baur는 예루살렘의 사도들과 팔레스틴 교회들은 예수님의 가르침에 꽤 충실했고 영향을 받았다고 보았다. 하지만 바울의 경우, 예수님의 가르침으로부터 의식적으로 독립했으며 상당히 다르다고 보았다. 하지만 요즘 바울과 예수님, 바울과 베드로 사이의 불연속성만 일방적으로 주장하는 경우는 거의 없다(참고. Barclay, 1993:492).

206) 이 외에도 김세윤(1995:319, 327-336)은 '바울 서신들에 있는 예수 전승'이라는 제목으로 설명하면서, 롬 8:15(그리고 갈 4:6)의 '아바'에 눅 11:2, 롬 12:14-21에 눅 6:27-29, 롬 13:8-10에 막 12:28-34, 롬 14:14a에 마 15:11, 그리고 고전 4:11-13에 눅 6:21-28이 반영되어 있다고 본다. 물론 바울 서신에 예수님의 말씀이 반영된 구절들을 더 찾을 수 있다.

칼빈의 『기독교강요』 1.6.2('하나님의 말씀으로서의 성경')를 중심으로 정리해 보자:

"하나님께서 우리 선조 족장들에게 신탁이나 환상, 혹은 인간의 사역이나 봉사를 통하여 그들이 후손들에게 유산으로 물려주어야 할 무엇인가를 그들의 마음속에 심어주셨다. 그리하여 그 가르침에 대한 굳건한 확실성이 그들의 마음속에 새겨져서 그들이 배운 것이 하나님으로부터 왔다는 사실을 확신하고 이해하게 되었다.…그리하여 마침내 하나님께서는 진리가 가르침을 통하여 계속 이어짐으로써 이 세계에 영원히 존속되게 하기 위하여 지금까지는 족장들에게만 위탁되었던 말씀이 공개적인 서판(書版)에 기록되기를 원하셨던 것이다. 이러한 목적을 위해 하나님께서는 율법을 선포하셨고, 선지자들은 후에 이것을 해석하는 자들로 삼으신 것이다."

칼빈의 견해는 구전과 성경의 기록 사이에 불연속성은 없으며, 성경에 기록된 구전이 곧 하나님의 말씀이라는 것이다.

#### 바울 서신의 구두 전승지표 구절들

바울이 '하나님 나라'를 말할 때에 이미 알고 있는 전승을 언급하고 있다는 것을 암시하는 '전승 지표들'이 존재한다. 예를 들면, "불의한 자가 하나님의 나라를 유업으로 받지 못할 줄을 알지 못하느냐"(고전 6:9-10); "전에 너희에게 경계한 것 같이 경계하노니 이런 일을 하는 자들은 하나님 나라를 유업으로 받지 못할 것이요"(갈 5:19-21). 바울은 '하나님 나라'라는 용어를 독자들이 알고 있다는 것을 전제로 하기에, 하나님 나라에 관한 전승된 말씀을 자기 나름대로 분명한 방식으로 상세히 설명하기도 한다.

### 예수님과 바울의 '천국'에 대한 용어 및 주제상의 간본문성

스웨덴 Lund대학교의 Caragounis(1992:417)는 '천국'을 '하나님의 주권적, 역동적, 종말론적 통치'로 간략하면서도 정확하게 정의 내린다.[207] 예수님이 선포하신 천국은 유대 묵시 사상과 구약의 약속과 어느 정도 연속성을 가지고 있지만, 신약의 '천국' 개념은 지상의 왕국이 아니라 하나님의 영원한 통치라는 점, 범위에 있어서 유대 민족에 제한되지 않고 우주적이라는 점, 그리고 천국의 실재가 막연한 먼 미래가 아니라 예수님 자신의 인격과 사역 안에 이미 현존한다는 점에 있어서 차이가 있다. 천국 개념에서 '영역'(realm) 즉 '영토적 나라'(territorial kingdom) 개념은 하나님의 주권이 시행되는 분명한 좌소(locus)를 명시할 필요가 있을 때 제기되는 이차적인 것이다. 물론 천국 개념에서 '영토'(영역)는 '왕의 주권적 통치'와 '나라의 백성'과 더불어 한 요소이다. 세례 요한은 "너희는 계속해서 회개하라. 왜냐하면 천국이 가까웠기 때문이다"고 외쳤지만(마 3:2), 그는 정작 천국에 대해서 설명하지 않았다. 왜냐하면 세례 요한 당시의 유대인과 복음서의 1차 독자들은 천국 개념을 구약을 통해서 잘 이해하고 있었기 때문일 것이다.

공관복음서에 '천국'이 예수님의 선포의 핵심인 반면에, 바울은 예수님의 '죽음과 부활'을 자신의 선포의 핵심으로 삼았다는 사실로 인해서 비평가들은 바울이 얼마나 드물게 예수님의 그 독특한 천국 개념을 사용하는가를 강조하려는 경향이 있다(예. A.J.M. Wedderburn, G. Haufe). 그러나 '하나님 나라'로 표현되는 사상은 그 당시 유대교의 핵심이었던 반면에, 그 용어 자체는 결코 흔한 것이 아니라는 사실과 공관복음 이외의 비 바울 서신들 속에 등장하는 그 용어의 빈도가 바울 서신 속에 나타나는 것보다 결코 높지 않다는 사실을 고려해야 한다(참고. 김세윤, 1995:336).

초대교회는 이방인 그리스도인에게 복음을 전할 때 자칫 유대국가적 색채나 혼동을 야

207) 구약에 '하나님의 나라'라는 표현은 없다(참고. 지혜서 10:10). 하지만 야웨께서 '왕'으로 자주 언급된다(신 9:26 LXX; 삼상 12:12; 시 24:10; 사 6:1; 66:1; 겔 1:26 등; 참고. 시락 1:8). 시 22:28은 "나라는 여호와의 것이다"라고 말씀한다. "내 백성으로 애굽에서 나가게 하라"(출 5:1)는 말씀은 부당한 왕위 찬탈자를 대항하여 합법적인 왕이 요구한 말씀 즉 구약의 야웨의 나라와 관련된 말씀이었다. 따라서 구약의 구속 사건들의 출발점 역할을 하는 출애굽 사건은 하나님 나라와 관련된다. 가나안 정복은 왕이신 야웨께서 자기 백성에게 땅을 분배한 사건이다. 이스라엘이 이방 나라처럼 인간 왕을 요구한 사건은 참 왕이신 야웨를 거부한 것으로 이해되었다(삼상 8:6-8). 다윗 왕은 야웨의 종주권 아래 야웨의 대리자로 통치했다. 즉 이스라엘의 왕정은 야웨의 통치에 대한 구체적인 명시였다. 야웨의 통치 질서 확립에 대한 의지는 자신의 선지자(나단, 엘리야)와 제사장(여호야김, 스가랴)을 왕에게 보내어 책망하고 권면한 것을 통해 볼 수 있다. 구약의 언약은 신하인 자기 백성 이스라엘에 대해 야웨께서 자신의 종주권(suzerainty)을 확언한 것이다. 따라서 언약은 하나님 나라와 관련된다. 다니엘서만큼 하나님의 나라를 중심 주제로 삼은 책도 없을 것이다. 유대주의 문헌에 지상적이며 정치적이고 이스라엘 중심적인 천국 개념과 초월적이며 우주적이며 영원한 천국 개념이 동시에 나타난다(참고. Caragounis, 1992:418).

기할 수 있는 묵시적 함의를 띤 '하나님 나라'라는 용어를 사용하는 대신, 요한복음의 '영생'이나 바울 서신의 '구원'과 같은 대체 용어를 사용하는 배려를 했다. 물론 초대교회의 입술에 '천국'이 완전히 사라진 것은 아니다(참고. Caragounis, 1992:430).

### 하나님 나라와 의

천국 개념은 바울의 사상 전체의 기초이다. 명사 βασιλεία(나라 혹은 통치)는 바울 서신에 15회만 등장한다(롬 14:17; 고전 4:20; 6:9, 10; 15:24, 50; 갈 5:21; 엡 5:5; 골 1:13; 4:11; 살전 2:12; 살후 1:5; 딤후 4:1, 14, 18). 동사 βασιλεύω는 9회 등장한다(롬 5:14, 17 [2회], 21 [2회], 6:12; 고전 4:8 [2회], 15:25; 참고. 딤후 2:12의 συμβασιλεύω[함께 다스리다]). '하나님의 나라'는 8회 등장한다(롬 14:17; 고전 4:20; 6:9; 15:50; 갈 5:21; 골 4:11; 살전 2:12[그의 나라]; 살후 1:5). 그리고 흥미롭게도 바울 서신에는 '그리스도의 나라'는 에베소서 5:5와 골로새서 1:13에만 등장한다. 바울에게 있어서 '그리스도의 나라'는 곧 '하나님 나라'이다(참고. 고전 15:24). 바울은 예수님처럼 천국의 현재성(롬 14:17; 고전 4:20; 골 1:13)과 미래성(살전 2:12)을 동시에 강조한다(참고. Kreitzer, 1993:524, 526). 그렇다면 하나님 나라와 관련하여 바울이 예수님의 가르침에 영향을 받고 있다는 구체적인 증거들은 무엇인가? 바울이 천국과 관련하여 '의'를 강조하는 것은 두 번이다(롬 14:17; 고전 6:9-10).

"하나님의 나라는 (이방신에게 바쳐졌다가 정육점에서 팔린 고기를) 먹는 것과 (이방신에게 바쳐진 포도주를) 마시는 것이 아니고, 오직 성령님 안에서 의와 평강과 기쁨이다"(바른 성경; 롬 14:17). 로마 교회 안에는 믿음이 연약한 자와 강한 자 사이의 갈등이 있었다. 강한 자는 자유 하는 자로서, 우상의 제물을 먹을 수 있다고 본 (주로) 이방인 성도(Christian Gentiles)였고, 연약한 자는 우상 제물을 금하고 채식을 했던 (주로) 유대인 성도(Christian Jews)였다.[208] 바울은 이 두 그룹에게 자기의 입장만 고집하지 말고 상대방과 교회 전체의 덕을 고려하라고 권면 한다. 성도의 자유가 절제되지 않고 악용되고 일방적이며 분

208) 유대인이건 이방인이건 유일하신 하나님을 믿었다면 우상은 아무 것도 아니라고 생각했을 것이다. 그렇다면 강한 자에 유대인 성도이건 이방인 성도이건 모두 포함될 수 있었을 것이다.

파적으로 나타난다면, 하나님과의 올바른 관계인 '의', 동료 성도끼리의 연합적인 '평강', 그리고 영적인 만족함인 '기쁨'이 상실될 것이다. 의와 평강과 기쁨의 창시자(author)는 성령님이시다. 하나님 나라를 경험하기를 원하는 성도의 삶의 방식은 하나님과의 바른 관계와 성도의 연합과 기쁨 속에서 추진되어야 한다.

"불의한 자가 하나님 나라를 상속받지 못할 것을 알지 못하는가? 속지 마라. 음행한 자나, 우상 숭배하는 자나, 간음하는 자나, 남성 동성애자(아마 고린도 신전에서 일한 남자 성창)나, 동성 연애하는 자나, 도둑질하는 자나, 탐욕을 부리는 자나, 술 취하는 자나, 남을 헐뜯는 자나, 약탈하는 자는 하나님 나라를 상속 받지 못할 것이다"(바른 성경; 고전 6:9-10).[209] 여기서 바울의 의도는 이러한 죄악을 아무런 양심의 가책도 없이 습관적으로 행함으로 회개하지 않는 사람을 염두에 두고 있다. 따라서 바울이 열거한 죄악 중 하나만 그리고 한번만 어겨도 천국에 들어가지 못한다는 의미는 아니다.

위의 두 구절의 내용은 예수님의 말씀인 마태복음 5:20("만일 너희 의가 서기관들과 바리새인들의 의보다 더 낫지 않으면, 너희는 결코 천국에 들어가지 못할 것이다")과 6:33("너희는 먼저 하나님 나라와 그분의 의를 찾아라")에도 나타난다.[210] '하나님 나라'와 '의'(천국에 들어가기 원하는 사람에게 부과된 하나님의 요구의 총체)는 예수님의 설교에 있어서 구별은 되지만 분리될 수 없는데, 동의어로 볼 수 있다(비교. 마 5:10의 '의를 위하여'와 눅 18:29의 '하나님의 나라를 위하여'; 참고. 헤르만 리델보스, 1988:362).

---

209) '양자됨'과 '상속자' 사이의 밀접한 관계는 구속사적 관점에서 중요하다. 상속자가 된다는 개념이 양자됨이라는 그리스적 법률 용어에 그 기원을 (어느 정도) 두고 있다고 하더라도, '몫'과 '상속자' 개념의 근원적인 뿌리는 구약(예. 하나님의 백성, 아브라함의 씨)이다(참고. 리델보스, 1985:256).

210) 천국 이해의 간략한 역사적 개요는 아래와 같다: 임마누엘 칸트의 이상주의 철학의 영향을 받은 자유주의자 A. Ritschl은 천국을 '윤리적 개념'으로 이해하여, 사랑에 의해 움직이는 구원 받은 사람들의 조직으로 보았다. 결국 Ritschl의 사상은 천국에 대해 개인주의적, 비 종말론적, 영적인 해석을 초래했고, 독일의 C. Blumhardt와 L. Ragaz 그리고 미국의 W. Rauschenbusch 등이 주도한 사랑과 연대(solidarity)에 기초한 현재 사회 질서를 강조한 '사회 복음 운동'도 초래했다. Ritschl의 사위인 J. Weiss는 장인과 달리, 1892년에 사탄의 나라와 대결하는 미래적, 종말적, 묵시적인 천국을 주장했다. Weiss와 맥을 같이 하여 A. Schweitzer(『하나님 나라의 비밀』, 1901, 『역사적 예수 탐구: 라이마루스에서 브레데까지』, 1906)는 미래적 혹은 철저 종말론을 주장했다. Schweitzer의 입장은 그 후 독일 학계의 입장의 기초가 되었다. 신약의 비신화화를 시도한 R. Bultmann

### 하나님 나라를 상속함/ 하나님 나라에 들어감

고린도전서 6:9-10과 갈라디아서 5:19-21 그리고 에베소서 5:5에서 바울은 '하나님 나라를 유업으로 받는 것'에 관하여 말씀한다. 반면에, 예수님은 마태복음 5:20에서 '하나님 나라에 들어가지 못하는 것'으로 말씀한다. 이것은 표현의 차이이지 사상의 차이는 아니다. 참고로 구약은 이스라엘이 약속의 땅에 들어가 그 땅을 유업으로 받을 것이라고 말씀한다(참고. 신 4:1; 6:18; 16:20; 보라. 김세윤, 1995:337; 데이비드 웬햄, 2002:113-123; 메이천, 1988:206-207).

### 기타 간본문성

예수님처럼 바울도 하나님 나라의 현재성(참고. 롬 14:17; 고전 4:20; 골 1:13; 4:11)과 미래성을 균형 있게 가르친다(참고. 리델보스, 1985:577). 예수님과 바울에게 있어서 하나님 나라는 성령을 통하여 구원하는 능력을 나타낸다(마 12:28; 고전 4:20). 하나님 나라는 오직 의인 또는 그 나라에 합당한 자들(마 5:10; 고전 6:9; 살전 2:12) 또는 하나님을 '아바'로 부르는 자녀들(막 10:15; 롬 8:15-17)만 상속 할 것이다(참고. 김세윤, 1995:358).

## 나오면서

위의 연구는 바울이 예수님의 언어와 표현 사상을 기계적으로 답습했다는 것을 증명하는 것이 아니다. 성령님은 바울의 모든 것(예. 지식, 배경 등)을 유기적으로 사용하셨다.[211)]

---

에게 있어서 천국은 종말론적, 초자연적, 초역사적 실재로서 사람으로 하여금 실존적 결단을 하도록 만든다. 반면에 영국의 A.T. Cadoux(1930), T.W. Manson(1931), 그리고 C.H. Dodd(1935)는 예수님의 가르침과 사역에 나타난 천국의 현재적이고 실현된 면을 주장하여(참고. 마 12:28; 막 1:15; 눅 17:21) 천국의 일방적인 미래적 이해를 교정했다. W. Kümmel과 J. Jeremias 등은 천국의 '이미와 아직' 측면을 종합하려고 시도했다. Funk, Via, Crossan, Ricoeur, Wheelwright(그는 상징을 steno symbol과 tensive symbol을 나눔) 등의 영향을 받은 N. Perrin(1976)은 천국을 '사상' 혹은 '개념'이 아니라 '상징'으로 이해했다. 그는 예수님의 천국에 대한 선포는 'tensive symbol'(다차원적 상징)이었는데, 제자들이 묵시적인 'steno symbol'(1:1 대응식 상징)로 바꾸었기에, 천국이 가지고 있던 지시(reference)의 풍성함과 다양성을 상실했다고 보았다(참고. Caragounis, 1992:420-422).

위의 조사를 통해서 예수님의 하나님 나라 선포와 바울의 천국 이해(그리고 칭의 교리) 사이에 진정한 연속성이 존재한다는 것이 다시 확인된다.[212)]

211) 신약 저자의 구약 인용과 해석상에 있어서의 다음의 오류처럼 보이는 경우를 들어 성경의 영감을 부인하려는 이가 있다. (1) 신약 저자가 이신 칭의를 설명하기 위해서 구약 구절에서부터 익숙한 말을 단순히 선택하여 사용한 경우가 있다. 이 때 신약 저자는 구약의 참조 구절을 자세히 주석적으로 설명하려는 의도가 없었던 것 같다(예. 신 30:12-14; 롬 10:6-8). (2) 때때로 신약 저자는 모형론적인 성취를 구약 문맥에서 이탈하면서 발견하여 사용한 경우가 있다(예. 호 11:1; 마 2:15; 이 경우 역사적 문맥이 아니라 '출애굽'이라는 주제의 일치가 나타남). (3) 신약 저자는 MT와 일치하지 않은 LXX를 사용하기도 한다(예. 시 4:4; 엡 4:26). (4) 신약 저자는 구약의 두 구절을 하나로 결합하여 마치 한 명의 말이듯이 인용하는 경우가 있다(예. 막 1:2-3). 우리는 성령님께서 적절하다고 생각하시는 대로 새로운 방법으로 보다 일찍 영감 된 진술을 사용하실 권리가 없다고 부정할 수 없다. 성령님은 하나님 자신의 말씀을 조금도 파괴함 없이 앞에서 제시된 4가지 방법 중 어느 것이든 신약 저자로 하여금 채용해 사용하도록 인도하셨다. 바울 역시 예수님의 말씀을 선교 현장이라는 새로운 상황 안에서 성령의 영감으로 나름대로 해석했을 것이다(참고. 디이슨, 1992:151-152).

212) 스코틀랜드의 글레스고대학교의 Barclay(1993:500)는 천국 이해에 있어서 예수님과 바울 사이에 중요한 불연속성이 있다고 본다. 예를 들어, 예수님은 천국이 자신의 사역(선포와 치유 등)으로 현존한다고 주장하셨지만, 바울은 십자가와 부활이라는 과거의 사건으로부터 하나님의 통치가 부활하신 주 예수님 안에 있다고 보았다. 따라서 Barclay는 바울이 예수님의 가르침에 기껏해야 암시적으로 나타난 기독론을 조직적으로 부각시켰다고 본다. 하지만 이것을 불연속성이나 불일치가 아니라 연속성으로 이해한다면, 바울의 천국 이해는 그의 기독론으로 연결되었다. 왜냐하면 바울은 역사적 예수님과 선포된 그리스도 사이의 불연속성을 가정하지 않았기 때문이다. 물론 다메섹에서의 회심, 예수님의 부활이라는 새로운 관점, 그리고 이방인 선교 활동은 바울 자신의 신학을 구체화하는 데 도움이 되었을 것이다. 즉 시간이 지남에 따라 바울은 예수님의 가르침과 인격을 더 충만히 이해하게 되었을 것이다.

## 들어가면서

학자들이 사용하는 '공관복음 문제'(synoptic problem)라는 용어는 1585년에 Georgius Sigelius가 처음으로 사용한 것으로 전해진다. 그러나 이 용어가 일반적으로 사용된 것은 1774년에 Johan J. Griesbach(1745-1812)에 의해서다. 큄멜(1996:44)은 공관복음 문제(혹은 공관 문제)를 "첫 세 복음서들 사이의 문헌학적 상호관계에 대한 연구로서 마태복음, 마가복음, 누가복음 간의 일치와 차이라는 이상하고, 복잡한 상호관계를 어떻게 설명할 것인가 하는 문제"로 정의한다.[214]

한 통계에 의하면 마가복음(막 16:9-20을 제외하면 총 661절)의 약 90%인 606절이 마태복음에 기록되어 있으며, 마가복음의 380절이 누가복음에 기록되어 있다. 마태

---

213) 아래의 참고문헌을 참고하라:
Douglas, J.D.(ed). 『새성경 사전』(기독교문서선교회, 1996).
Tuckett, C.M. Q and the History of Early Christianity. Peabody: Hendrickson, 1996.
김재현. 『Q의 예수 이야기: 최초의 내러티브 신학을 찾아서』. 한국학술정보, 2009.
도널드 거스리, 『신약서론』(크리스챤다이제스트, 2002), 제 5장.
버튼 맥. 『잃어버린 복음서: Q복음과 기독교의 기원』. 한국기독교연구소, 1999.
신현우. "역사적 예수 연구와 공관 문제." 『한국개혁신학』, 21(2009), 61-77.
신현우. 『공관복음으로의 여행』. 이레서원, 2005.
오광만. "웨스트민스터 신앙고백서의 성경관과 마가복음 우선설 비판." 개혁신학회 춘계 학술발표회 발표논문. 2010년 4월 10일. 총신대학교.
이종윤. 『신약개론』. 개혁주의 신행협회, 1988.
큄멜, W.G. 『신약정경개론』. 대한기독교출판사, 1996.
포웰, M.A. 『복음서 개론』. 크리스챤출판사, 2003.
헨리 C. 디이슨. 『신약개론』. 생명의 말씀사, 1992.

214) 신현우(2005:201)는 요한복음이 공관복음을 자료로 사용했다는 가설을 반대한다. 왜냐하면 요한복음과 공관복음이 서로 다른 부분에 요한복음의 독특한 문체가 등장하지 않고, 요한복음과 공관복음이 일치하는 부분에는 공관복음의 독특한 문체가 나타나지 않기 때문이다. 따라서 요한복음과 공관복음의 공통점이나 차이점은 요한복음이 공관복음을 자료로 사용했다는 가설을 지지하는 단서를 담고 있지 않다. 공관복음이 요한복음의 자료가 아니었다면, 요한복음이 공관복음과 다른 부분들 속에서 요한복음의 저자의 신학적 강조점을 읽을 수 있다. 요한복음의 신학은 (우선적으로) 요한복음 자체 문맥에서 읽혀야 한다. 참고. 송영목, "공관복음의 악령 들린 사람의 치유 사건 비교," 『진리와 학문의 세계』 22(2010), 13-30.

복음 1,068절 중 500절이 마가복음 606절을 담고 있다. 누가복음 1,194절 중 약 380절이 마가복음과 동일한 기록을 포함한다. 마가복음에만 언급되고, 마태복음과 누가복음에서 볼 수 없는 내용은 31절 밖에 안 된다(참고. J.D. Douglas, 1996:673; 이종윤, 1988:180).[215)]

소위 '공관복음 문제'는 공관복음을 이해하려고 할 때 사람에게 발생하는 어려움이지 하나님에게는 문제가 될 수 없다. 따라서 '공관복음 문제'라고 부르기보다는 '공관복음 유래'(the origin of the Synoptic Gospels)가 더 설득력 있다. 그렇다면 우리에게 마태-마가-누가복음의 어떤 면이 문제로 부각되는가? 사실 그리스바허가 처음으로 사용한 '공관복음'이란 용어에서 볼 수 있듯이, 차이점에도 불구하고 이 세 복음서 사이에 사건의 배열의 유사점과 문체와 어휘-용어-주제의 유사점이 있다. 따라서 어떤 복음서가 가장 먼저 기록되었고 어떤 것이 나중에 선행한 자료를 참고했는가를 추측해 보는 것은 자연스럽다. 이 공관복음 유래에 관한 난관을 해결하기 위해 지금까지 시도되어 온 해결 방안들을 간략히 살펴보아야 한다. 이런 해결 방안 중에서 그 어떤 것도 확실하게 답을 주지 못한다. 이유는 모두 확실한 근거를 제시하기 보다는 자신의 주장을 선포하는 식의 '가설'이기 때문이다. 그러므로 이 주제에 대한 해결을 위해 우리는 신중해야 한다. 이 주제는 마치 영원히 풀리지 않는 수수께끼일 수 있다(참고. 신현우, 2005:19).

### 공관복음 유래의 해결 방안들(참고. 컴멜, 1996:47-54; 이종윤, 1988:188-239)

공관복음 유래에 대한 문제가 비록 초대교회 시대 이후로 계속 제기되어 왔으나, 18세기에 합리주의가 전면에 등장하기까지는 이 문제에 대한 관심은 거의 없는 실정이었다. 참고로 타티안(c. AD 165)은 'Diatessaron'(*to dia tessaron euangelion*; 네 개로부터 온 복음서)을 편집하여 공관복음 사이의 조화를 시도했다.[216)] 타티안은 4복음서를 하나의 이야기로 구성함으로써, 3,780절을 73%인 2,769절로 축소시켰다.

215) 마태복음과 누가복음 사이의 병행은 이종윤(1988:200-201)을 참고하라.

원복음서 가설(Ur-Gospel theory, the original[혹은 primitive] Gospel hypothesis)

원래의 하나의 복음서가 존재했다는 가설이다. 제일 먼저 제시된 해결 방안은 독일 Wolfenwüttel의 도서관의 사서였던 G.E. Lessing이 1776년에 제안한 것이다. 1689년 Richard Simon은 복음서들이 고대의 아람어로 기록된 *Gospel of the Nazarenes*를[217] 요약한 것이거나 아니면 이것을 번역한 것이라고 주장했다. Lessing은 마태복음이 히브리어로 기록된 로기아(*logia*)를 수집하여 만들어진 것이라는 주장을 중요하게 여겼다.

유사하게 '구약 비평학의 아버지'라 불리는 괴팅겐의 J.G. Eichhorn(1752-1827)은 사도들이 교회의 교사들을 교육하기 위해 고안한 이 아람어 원본 성경으로부터 다른 9편의 복음서들이 만들어졌다고 보았다(그리고 J.B. Koppe). 그는 공관복음은 이러한 문서 제작의 마지막 과정에서 만들어진 것이라고 주장했다.

단편가설(the fragment[혹은 쉴라이에르마허의 용어로는 '언행록'을 가리키는 diegesis] hypothesis)

독일 하노버의 법원 목사였던 J.B. Koppe는 1782년에 지금은 잃어버렸지만 현재의 복음서 이전에 짧고 긴 단편들이 상당수 있었다고 가정했다. 그는 특별히 누가복음 1:1이 암시하는 여러 저자들을 염두에 두었다(참고. 이종윤, 1988:225). H.E.G. Paulus는

216) 초기 교부들이 복음서 순서에 대해 증거한 것을 요약하면 다음과 같다(참고. 이종윤, 1988:187): (1) 유세비우스를 포함한 모든 교부들은 요한복음이 마지막으로 기록되었다는 데 동의한다. (2) 마태가 최초로 기록 된 복음서였다는데 반대한 교부는 아무도 없었다. 다만 클레멘트는 마태가 마가와 요한 이전에 놓인 것이 그것이 먼저였다는 것을 뜻하는 것은 아니라고 주장했다. (3) 파피아스, 이레니우스, 오리겐, 그리고 유세비우스는 '히브리어 마태복음'을 언급한다. 그러나 파피아스는 이것을 헬라어로 기록된 마태복음이 히브리어 문체나 어휘를 가지고 기록된 것이라는 뜻으로 이해했다. (4) 클레멘트는 누가-마가의 순서를 지지했고, 이레니우스와 유세비우스는 그 순서에 대해 확실한 답을 주지 않았다. (5) 오리겐은 '반 말시온 누가복음 서론'에 나타난 순서를 따라 신학적 이유로 설정되었다고 보는 '마태-마가-누가-요한'의 순서를 지지했다. 즉 오리겐은 '유대인에게 먼저'라는 말씀을 따라 유대적인 마태가 다른 복음서들보다 앞에 위치했고, 그 다음으로는 유대인 기독교인들과 접근해 있으면서 이방인을 교회에 들어오도록 허용한 베드로를 대표한 마가가, 그리고 이방인에게 선교한 바울을 대표하는 누가가 놓여있다고 본 것이다. 참고로 칼빈이 공관복음 주석을 쓸 때 이런 대조(비교) 방법으로 전개한 것은 공관복음 문제가 그에게 중요해서가 아니라 단순한 편의에 의해서 그렇게 했다고 한다.

217) 제롬은 4세기에 『나사렛인들의 복음서』가 존재했다고 증거하고 있다.

마태복음과 누가복음이 예수님의 공생애 기간 동안 매일 기술한 것(memorabilia, 비망록)으로부터 생겨났다고 가정했다. 이 견해를 '19세기의 교부'라 불리는 F.E.D. Schleiermacher(1817)가 받아들였다. 그는 사도들이 당시의 목격자들에게 알려져 있던 예수님의 말씀들을 기록했을 것으로 가정했다. 이 기록들은 후에 팔레스틴 이외의 지역에서 사용될 필요성을 가졌고, 또 다양한 자료의 수집들이 발생했다. 단편적으로 자료가 수집되었는데, 환언하면 혹자는 이적 기사를 수집했고 혹자는 수난 기사를 수집했고 혹자는 다른 기사를 수집했다는 것이다. 이렇게 수집된 자료의 기록들은 복음서를 기록하는데 사용되었다.

이 단편설의 약점은 (a) 이런 단편들이 존재했다는 결정적인 증거가 없다는 점, 그리고 (b) 단편적으로 기록되었다면 찾아보기 힘든 문체와 주제의 통일성이 복음서에 나타난다는 사실이다.

구전설(the oral theory, the tradition hypothesis)

복음 전승이 문자로 기록되기 이전에는 '구전'(oral tradition)이 복음서의 기초가 되었다는 주장이다. 즉 원복음서가 기록된 형태라기보다는 오히려 구전의 형태로 있었으며 개별적인 단편들로 이루어 있었다고 보는 가설이다. 1797년에 J.G. von Herder와 1818년에 괴팅겐의 교회사가 J.C.L. Gieseler는 사도들의 가르침은 유사한 여러 개의 구전 형태로 발전되었으며, 이 구전들이 일종의 기본적인 구전 복음서를 형성했다고 추측했다. 참고로 4세기 초반의 초대교회 역사가 유세비우스(교회사, 3.39.4)는 사도 요한의 제자로 알려진 2세기의 파피아스가 기록된 복음서보다는 구전을 더 좋아했다고 기록하며, 하버드 대학교의 H. Koester도 속사도 교부들이 구전을 사용했다고 주장한다. AD 2세기에도 구전이 사용되었다면, 1세기는 더 그러했을 것이다(참고. 신현우, 2005:24).

이 주장을 따르는 이에 의하면, 이 구전형식의 복음서는 원래 아람어로 보존되었지만 이방 선교의 필요성에 따라 헬라어로 번역되었다. 이 아람어 복음서와 헬라어 번역본은 공관복음서 기자들에게 중요한 자료가 되었고 각자 다른 관점으로 사용했다. Gieseler는 조직적인 암기의 가능성을 부인했으나, 이후의 Westcott(1851)는 이것을 강조하면서 주장하기를, (a) 구전을 통한 교육에 관심이 많았던 유대인들과 기독교인들은 구전을 기록하려는 시도를 하지 않았고, (b) 사도들은 말씀의 선포자였기에 문서화가 주요 관심사가 아니었으며, (c) 복음서는 공동체가 반복적으로 사용해야 할 필요성으로 만들어 졌기에 사도들이 자주 강조하면서 설교했던 내용이 핵심 부분이었고(특히 수난과 부활 사건), (d) 마가복음의 간결하고 생생한 문체는 구전의 영향을 받았음을 반영하는 것이다.[218)]

그 후 1883년에 G. Wetzel은 마태가 구전교육을 담당했다는 이론을 전개했다. 이 구전을 배운 사람들이 문서화했고 이후에 복음서 기자들이 이것들을 이용했다는 주장이다. 1896년에 A. Wright는 베드로는 예루살렘에서 구전교육을 아람어로 했으며 마가는 헬라어를 사용하는 사람을 위해 통역했다고 추측했다. 예루살렘에서 또 다른 자료의 수집이 이루어졌는데, A. Wright는 이 자료를 'logia'라 불렀다.

이 구전설이 비판을 받는 이유는 무엇인가?

- 대부분의 학자들은 과연 구전으로 전승되어온 자료를 가지고 복음서 기자들이 우리가 가지고 있는 복음서에 기록된 것과 똑같이 기록할 수 있었는가에 대해 회의적이다. 환언하면, 우리가 가지고 있는 복음서의 어휘, 내용과 구조들이 구전에 그렇게 정확히 보관되어 전승 되었는가 라는 의문이다.[219)]
- 마태복음과 누가복음은 마가복음의 서술 순서를 벗어난 후에는 다시 마가복음의 순서를 따르고 있기에 구전보다는 기록된 마가복음을 의존했을 수 있다.

이런 약점과 비판들로 인해 학자들은 구전설 대신 자료설을 선호하는 경향이 있다.

---

218) 스웨덴의 Birger Gerhardsson(1984)은 전승을 크게 둘로 나눈다: (1) 내적(정신적) 전승, (2) 외적 전승. 후자는 다시 구전, 행동적 전승, 제도적 전승, 물질적 전승으로 나뉜다. 그는 이런 주장의 근거를 눅 1:1-4에 둔다(참고. 이종윤, 1988:221).

219) 구두 전승과 그것이 기록된 성경은 일치한다. 이것은 성령님의 영감 때문이다.

참고로 양식비평[220]과 구전설의 유사성과 차이점은 다음과 같다:

- 이 둘은 기록되기 이전의 구전의 전승 기간을 중요시한다.
- 구전설은 복음서 기록자들이 기록된 문서 자료를 사용했음을 부인하지만 양식비평은 기록된 문서를 사용했음을 인정한다.
- 구전설은 구전 전승을 애매모호한 상태로 남겨둔다는 점에서 양식비평과 대조를 이룬다. 양식비평은 이 다양한 자료들을 정확한 문학적 범주로 분류하고, 그 자료들이 발생한 삶의 정황(Sitz im Leben)을 탐구하는데 까지 나아간다.

상호의존 가설(the mutual dependence hypothesis 혹은 the utilization hypothesis)

공관복음서들이 문서상으로 서로 의존해 있다는 가설이다. 1789년에 J.J. Griesbach는 '어거스틴의 가설'(the Augustinian hypothesis)을[221] 따라서 마가복음은 마태복음을 요약한 것이며 누가복음도 마가복음보다 이른 것이라고 주장했다(비교. W.R. Farmer, 1964). 칼빈은 마가복음이 마태복음의 축소본이라는 제롬의 주장을 배격했다.

다른 형태의 상호의존 가설은 1835년에 Karl Lachmann이[222] 주장한 것인데, 마가복음이 기초를 이루며, 마태복음과 누가복음은 순서대로 기록되었다는 입장이다. 이것은 이후의 마가복음 우선설에 기초한 주장을 위해 길을 닦는 역할을 했다(보라. 1966-7,

---

220) 양식비평(form geschichtliche methode 혹은 form criticism)은 자료들을 전승의 여러 양식(form: 예화, 말씀, 교훈, 전설, 신화 등)으로 분류하고 이 자료들이 생성된 Sitz im Leben을 발견해 낸다. Martin Dibelius, Rudolf Bultmann, W.F. Bundy, F.C. Grant, E.B. Redlich, Lightfoot, Tylor가 대표적인 주창자들이다. 양식비평에 의하면, 복음서 기록자들은 '저자'가 아니라 자료의 '수집가'(collector)이며, 동시에 '편집자'로서 이미 독립적으로 어떤 형식을 갖춘 자료를 얻어 복음서를 만들었다고 본다. 따라서 양식비평은 복음서의 역사적 가치를 부인하고, 어떤 공동체의 산물로 본다. 양식비평에서 '삶의 정황'을 찾는 작업은 예수님의 생애를 알아내는 일에는 제외되고, 오히려 초대 교회의 생활 모습을 찾는데 초점을 맞추었다. 따라서 양식비평에 의하면 예수님의 역사성은 복음서를 통해서는 찾을 수 없다는 결론에 도달하고 만다(참고. 이종윤, 1988:234).

221) 마태복음이 제일 먼저 기록되었으며 마가복음이 이것을 사용했으며 그 후 누가복음이 마태복음과 마가복음을 사용했다. 즉 정경의 순서는 곧 그 책이 기록된 순서라는 입장이다. 이것을 지지하는 사람으로는 알렉산드리아의 클레멘트, 오리겐, 쉴라터, 데오도르 잔 그리고 버틀러 등이다.

NTS, 13:368-378).

문서설(The documentary hypothesis, the Oxford hypothesis[223]; 참고. 포웰, 2003:24)

두 문서설(두 자료설; two document hypothesis): 공관복음의 유사성과 다양성은 두 자료(마가복음과 Q)를 사용한 결과라는 주장이다(예. Christian Weisse, 1838). 1920년대까지는 자유주의 전통에서 정설로 인정된 가설이다. 불트만도 '공관복음 전승사'(1921)를 두 자료설에 기초하여 썼다.

두 자료설을 수정하여 영국의 B.H. Streeter(1874-1937)는 1924년에 네 문서설(혹은 네 자료설)을 주장했다. 마태복음은 마가복음과 Q 그리고 M(마태만 사용했던 자료인데, Streeter는 AD 65년에 예루살렘에서 기인한 것으로 봄)을, 누가복음은 마가복음, Q 그리고 L(누가만 사용했던 자료로 14개의 비유와 다른 내용을 포함함. AD 60-65년경)을 자료로 사용했다고 본다. 따라서 마가복음, Q, M, 그리고 L 이렇게 네 자료가 공관복음의 기본적인 자료라는 가설이다. Streeter에 의하면 Q는 시리아 안디옥을 배경으로, M은 예루살렘 강화(discourse)문서를, 그리고 L은 가이사랴를 배경으로 한다.[224]

---

222) 라흐만은 브라운슈바이그에서 출생하여 베를린대학(1825-1851)의 독일어 및 고전어 교수를 지냈다. '현대 본문비평의 창시자'로 알려진 라흐만은 최초로 오래된 사본들에만 의지하여 비평본문을 출간하였다. 복음서들이 각각 원 마가복음에 의존하고 있다고 주장하면서 동시에 原마가복음의 순서를 마가복음이 가장 잘 보존하고 있다고 주장하였다. 이 두 주장은 서로 모순이다. 전자는 공관복음서가 동등한 위치에서 原마가복음에 의존하고 있다는 주장인데 반하여, 후자는 마가복음의 우월성을 강조하는 주장이기 때문이다.

223) 옥스퍼드 가설의 가장 대표적인 연구서는 W. Sanday가 편집한 *Studies in the Synoptic Problem by the Members of University of Oxford*(1911)이며, 근래의 것은 Robert H. Stein의 *The Synoptic Problem*(1987)이다.

224) 자료 가설을 주장하는 이들은 주로 막, M, L, Q를 언급하지만, 마태와 마가와 누가 모두가 공통으로 사용한 자료도 있었을 법하다. 그리고 마태복음과 마가복음에는 나타나지만, 누가복음에만 나타나지 않은 자료도 있었을 수 있다. 그리고 마가복음과 누가복음에는 나타나지만, 마태복음에만 나타나지 않은 자료도 있었을 수 있다. 그리고 마태복음과 누가복음에는 나타나지만 마가복음에만 나타나지 않은 자료도 있었을 수 있다. 그러므로 두 자료설 혹은 네 자료설로 모든 자료들을 설명하기에는 역부족이다(참고. 오광만, 2010:20).

이상의 문서설은 마가복음 우선설과 가설적인 문서인 Q를 전제로 한 것이다. 하지만 그 누구도 Q, M, L의 출처를 정확하게 밝힐 수 없다. 참고로 소수가 수용하고 있는 '두 복음서 가설'(Two-Gospel hypothesis)은 마태복음은 누가복음과 마가복음의 기초가 되었고, 누가복음은 마가복음의 기초가 되었다는 이론인데, 마태복음 우선설에 기초한다(참고. 포웰, 2003:24).

## 마가복음 우선설 (Markan priority hypothesis)의 근거와 비판

많은 사람들이 마가우선설을 주장했다(예. 1838년의 C.G. Wilke와 1863년의 H.J. Holtzmann). 최근에는 복음주의자들인 G. Osborne, D.A. Carson, L. Morris, R.T France, R.H. Fuller, R. Stein도 이를 지지한다. 그들의 주장은 다음과 같다:

- 내용에 있어서 마태와 누가는 마가복음의 순서를 따르며, 마태와 누가가 마가의 순서를 따르지 않을 때는 서로 다르다. 그리고 마태와 누가는 마가복음의 내용을 대부분 포함한다.
- 짧은 마가복음의 원시적이고 거친 문체(예. 생생한 현장감을 위한 구어체, 아람어 표현, 군더더기 표현 등)는[225] 마태와 누가에 의해 다듬어졌기에 길어졌다.
- 마가복음에는 예수님이 사용하신 8개의 아람어가 있는데 마태복음에는 하나, 누가복음에는 없는데, 아람어를 첨가하는 것보다 빼버리는 것이 쉬운 일이다.
- 마가복음에 나타난 예수님의 인간적인 감정들이 마태와 누가복음에는 생략 혹은 수정되었다는 사실은 예수님에 대한 경외심이 후대에 점증하였다는 증거이다.
- 마가복음 8:29의 "주는 그리스도시니이다"라는 베드로의 고백(비교. 마 16:16; 눅 9:20) 그리고 마가복음 6:14의 '왕'(비교. 분봉 왕, 마 14:1; 눅 9:7)이라는 칭호와 같은 경우는 마태복음이나 누가복음과 비교해 볼 때 덜 분명한데 이런 현상은 마가복음 우선설을 주장할 수 있는 근거다.

---

225) '군더더기 표현'이라는 용어는 학자의 교만의 산물이다. 성경의 한 글자도 불필요한 것이 없으며, (마가복음의 상대적으로) 쉬운 문체는 하나님이 죄인과 의사소통하기 위해서 스스로 낮아지신 결과요 은혜이다. 마가복음의 구어체는 AD 1세기 구술문화에서 자연스러웠다.

위의 주장을 비평해 보자:

- 마태복음과 누가복음이 일치하는 구절이 마가복음과 일치하지 않을 경우 혹자는 마가복음 대신에 가설적인 문서인 '원(原) 마가복음'(Ur-Mark)을 마태와 누가가 의존했다고 가정한다. 통계로 볼 때, 마태와 마가가 주제에 있어서 68%만 공유하고, 누가와 마가는 41%만 공유한다. 단어에 있어서 마가와 마태 사이에 병행이 나타나지 않는 것은 44.51%(6,009단어)이며, 마가와 누가의 경우는 57.10%(7,168단어)이다(참고. E. Lindemann, T.R. Edgar).
- 처음부터 거친 것을 부드럽게 다듬거나 짧은 것을 늘이는 경우 없이 마가복음은 짧게 16장으로 기록되었고(그러나 총 분량이 아니라 개별 단화만 볼 때, 마가가 마태와 누가보다 길기에, 마가가 마태와 누가의 이야기를 병합시켰을 수 있음), 마태복음은 28장, 누가복음은 24장으로 기록되었을 수는 없을까? 마가복음이 무엇인가 부족하여 확대시켜야만 했단 말인가? 누가복음 1:1-4에는 조금 어색하게 보일지 모르지만,[226] 공관복음서 더 나아가 4복음서 기자들이 다른 복음서(들)를 참고하지 않고 독립적으로 기록했지만(예. Van Bruggen, Stoldt, Lindemann, Rist, Whenham, Reicke, Thomas), 성령님의 인도로 말미암아 그 내용에 있어서 놀랄만한 공통점이 있게 되었다고 생각할 수 없는가? 마가우선설에 기초한 자료설은 성령님의 영감설을 배제하지 않는가?[227]
- 누가가 마가복음을 참고했다면 누가복음에 생략된 마가복음의 중간 부분인 마가복음 6:47-8:26을 어떻게 설명 할 수 있는가? 누가는 기록했지만 후대의 편집자가 생략했는가, 아니면 누가가 우연히 생략했나, 아니면 누가의 의도와 맞지 않다고 의도적

226) 복음서 기자들은 구전과 이미 기록된 복음서를 참고하여 기록했을 수 있다. 그들이 기존의 복음서를 참고했다면 그것은 영감 된 자료이다. 하지만 자료로 사용된 기존의 복음서가 부족하다거나 불완전하다고 볼 수 없다. 복음서 기자들 사이에 '더 나은 글' 혹은 '더 나은 신학'을 추구하는 경쟁은 있을 수 없었다.

227) '영감'(inspiration)이란 성경 저자들이 사용하는 말에 이르기까지, 또 저자들로 하여금 모든 과오와 모든 탈락에서 보호함을 받기 위해 성령님께서 저자들에게 설명할 수 없는 능력을 부어주셔서 그들의 안내자로 역사하신 것이다. 성경 저자의 마음에 비친 '성령님의 계시'와 진리를 이해하기 위한 성경 저자의 정신에 비친 '성령님의 계몽'은 성경을 기록하는 데 있어서 성령님의 인도의 출발점이다. 필자는 성경의 축자적이고(verbal) 유기적이며(organic) 완전한(plenary) 영감설을 전제한다(참고. 디이스, 1992:130-133).

으로 생략했는가?[228]

- 마가복음 전체에서 5.5% 분량을 차지하는 *hapax legomena*(총 75개)를 마태와 누가는 왜 자신들의 복음서에서 반영하지 않았는가? 마가복음의 *hapax legomena*를 포함하여 187개의 단어(마가복음 전체에서 볼 때 13.5%)를 마태와 누가는 자신의 복음서에 반영하지 않았는데 이유는 무엇인가?(참고. 오광만, 2010:26-27).
- 문체에 있어 예를 들어, 변화 산 사건을 다루는 마태복음 17:5(바른 성경: "그가 아직 말하고 있을 때에 빛나는 구름이 그들을 뒤덮었으며, 마침 구름으로부터 음성이 들려왔다. 이는 내 사랑하는 아들이다. 내가 이 아들을 기뻐하니, 너희는 이 아들의 말을 들어라")이 마가복음 9:7(바른 성경: "그런데 구름이 일어나서 그들을 뒤덮으며, 구름으로부터 음성이 들려와 이는 내 사랑하는 아들이다. 너희는 이 아들의 말을 들어라 하였다")보다 더 생생한 모습을 전한다.

신학계에 만연한 '마가복음 우선설'(혹은 두 자료설)은 역사적 예수 탐구에서 마가복음이 마태복음과 누가복음보다 더 신빙성 있는 것처럼 선전한다. 이는 각 복음서의 영감성과 충족성을 부인하는 것이다. 마태와 누가가 마가복음을 자료로 삼아 복음서를 기록했다면, 그들은 예수님의 생애를 직접 목격하지 않은 사람처럼 된다. 그리고 마태와 마가에게 있어서 마가복음은 정경으로서의 권위를 갖지 못하고, 단순히 변경하면서 사용할 수 있었던 자료에 불과하다. 그리고 마태복음과 누가복음은 반드시 마가복음에 비추어서 해석해야 한다는 바람직하지 못한 결론에 도달하고 만다. 자세히 살펴보면, 다가와 마태-누가 사이에는 어휘적 연관성이 생각만큼 크지 않다. 그리고 공관복음 사이에 대체로 (사건의 순서에 있어서) 병행이 결여되어 있다. 그리고 복음서의 분량은 복음서 저자 개인의 성향 문제이지, 기록 시점 혹은 의존의 문제로 보기 어렵다. 문체 역시 저자 개인의 성향 문제이다. 신학적인 변형(예. 마가복음의 '랍비'가 마태복음에는 '주님'으로)도 저자 개인의 신학적인 성향 차이로 볼 수 있다. 일찍 기록 된 바울 서신에 나중에 기록된 복음서보다 고등 기독론이 강한 것이 이를 뒷받침한다. 참고로 어거스틴 등이 주장한 '마태복음 우선설'도 문제가 있

228) 파러 가설(the Farrer hypothesis)은 마가-마태-누가복음의 순서를 제시하는 것이다. 그리고 Q를 인정하지 않는다.

다. 왜냐하면 파피아스는 베드로의 비서인 마가가 베드로의 말을 듣고 마가복음을 기록했다고 전하기 때문이다. 사복음서 각 각은 그 자체로 독자적이고 충분한 하나님의 계시인데, 상호의존성과 기록의 선후는 증명하기 어렵다(참고. 오광만, 2010:17-42; 신현우, 2009:72-75).[229)]

### 마가복음 우선설에 대한 대안들

B.C. Butler(1953)는 마태복음 우선설을 주장하면서 Q의 존재를 부인했다. 이것은 한국의 일부 복음주의 입장과 비슷한 주장이다. 가톨릭 학자 L. Vaganay는 마가가 복음서를 기록하면서 초기의 짧게 편집된 마태복음을 사용했다고 주장하면서, 마태복음 우선설의 수정론을 제시한다. 그에 의하면, 공관복음서가 기초한 두 개의 자료들은 아람어로 기록된 마태복음 원본의 헬라어 번역본과 마태와 누가가 사용했던 헬라어로 기록된 말씀 자료집이다. L. Cerfaux도 '원 마태복음 자료'(Proto-Matthew)를 가정하면서도 마가복음을 마태와 누가가 기초하고 있다는 주장도 받아들이고 있다.

평가해 보면, 이상의 대안들 역시 가설에 불과하다. 공관복음의 유래는 여전히 수수께끼이다. 공관복음 유래를 다루면서 성령의 인도하심이 복음서 기자의 자료의 모음과 기록에 있었음을 종종 무시하는 것은 인본주의적인 발상이 아닐 수 없다. 공관복음의 유래를 모른다고(참고. 공관복음 해결 불가론자로는 Fitzmyer, Moo, Dungan, Outler, Walker)우리가 공관복음서를 이해하지 못하는 것은 아니다.[230)]

---

229) 참고로 '역사적 예수 탐구'(1세기 공생애를 사신 예수님은 실제로 어떤 분이셨는가? 무엇이 예수님의 입에서 나온 말씀인가?)와 '공관복음 유래 연구'(어느 복음서가 제일 먼저 기록되었는가?) 사이의 방법론적 유사성이 주는 교훈은 다음과 같다(참고. 신현우, 2008:69-71): (1) 유대적 특징을 증거로 사용하기 어렵다. 왜냐하면 1세기 팔레스틴은 이미 헬라화 되었기 때문이다. (2) 더 짧은 말씀을 선호할 수 없다. 왜냐하면 저자는 때로 늘이거나 압축할 수 있기 때문이다. (3) 생생함(vividness)을 증거로 사용할 수 없다. 왜냐하면 생생함은 글의 원시성(primitiveness)이 아니라 저자의 '창조적 상상력'을 반영할 수 있기 때문이다. (4) 후기 자료에 더 오래된 전통이 담겨 있을 수 있다. 왜냐하면 이런 정보들이 구전, 더 오래된 자료, 신뢰할만한 증인으로부터 입수될 수 있었기 때문이다. 공관복음 유래 연구 방법론을 역사적 예수 탐구에 응용할 수 있는 방법과 그 역에 대해서는 신현우(2008:72-78)를 보라.

## Q

### Q와 연구 역사

마가복음 우선설과 맞물려 있는 것으로서, 다수의 학자들에 의해 공관복음의 자료로 간주되는 것은 Q(샘, 원천, 자료를 뜻하는 'Quelle'의 약자로 1899년에 P. Wernle가 사용함)이다. 1863년 H.J. Holzmann은 정밀한 연구를 통해 Q의 존재를 소위 '검증' 했다고 주장했다. 1907년에 Bernard Weiss가 누가의 Q 의존을 주장했다. 1907년에 Adolf von Harnack은 'The Sayings of Jesus'에서 Q에 가까운 어록집을 출판했다.[231] H.E. Tödt(1965) 이후로 Q가 독자적인 신학(그리고 케뤼그마)을 가지고 있다고 생각되어졌다. 그 이전에는 Q는 복음서 기자의 단순한 '자료' 혹은 '어록 자료'(sayings source)에 불과하거나 교리문답서로 치부될 뿐이었다. 이제 Q는 마가복음처럼 독자적인 '어록 복음서'(sayings gospel)로 여겨진다. 불트만의 제자들은 Q를 기독교의 2차적 영역(J.M. Robinson, 1964) 혹은 이단적 문서(H. Koester, 1965)로 보았다. Kloppenborg는 Q의 양식(form)을 3가지로 구분했다: (a) 첫 번째 형성층(Q1): 지혜 연설들, (b) 두 번째 층(Q2): 묵시문학적 심판의 선포, (c) 세 번째 층(Q3): 시험 이야기. D. Lührmann(1969)과 A. Polag(1966)은 Q를 '편집 비평'으로 분석하여 Q의 편집 과정을 추론했다. Polag은 4단계의 편집 과정을 추론했다: (a) 핵심 전승, (b) 2차적 전승 덩어리, (c) 주요 수집, (d) 후기 편집.

E.P. Meadors (1992)는 Q와 공관복음서 사이의 근친성을 찾음으로써 Q의 정통성을 강조 한다. P.J. Hartin (1991)은 Q와 야고보서 사이에 있는 지혜적 측면의 유사성에 주목 한다. 예수님의 말씀이 비교적 자주 언급된 고린도전서와 Q를 비교하는 작업도 있었다(예. Allison, Tuckett, Koester). 클레어몬트 신학교에서 박사학위를 마친

---

230) 참고로 스티븐 스몰리(1996:32)는 자신의 책『요한신학』(생명의 샘 출판사)에서 요한복음이 공관복음서를 바탕으로 재 서술한 것이 아니라, 독자적인 방식으로 전승과 자료를 참조했다고 주장한다. 복음서가 예수님에 초점을 맞추다 보니, 요한과 공관복음 기자들이 사용한 전승과 자료 사이에 병행이 있었을 것이다.

231) Q에 관한 연구는 클레어몬트신학교의 고대 기독교 연구소에서 James Robinson이 주도하는 'International Q Project'(IQP)와 성경문학협회(Society of Biblical Literature)의 'The Q Project'에 의해 수행되고 있다. 한국의 경우 Q연구에 소기천, 김명수, 김재현 등이 전문적으로 연구한다.

L.E. Youngquist(2003)는 Q와 마태복음을 비교하면서, Q가 확장되어 마태복음이 되었으며, Q, QMt, 그리고 마태복음은 문학적, 사회학적, 신학적 연속성을 가지고 있다고 본다. Q의 (연대기적이며 전기적인) 내러티브적 자료와 내러티브 배열에 주목하면서(예. N.T. Wright, 2003), S.J. Hultgren(2002), H.M. Humphrey(2006), H.T. Fleddermann(2005)은 Q를 역사비평을 넘어 내러티브 방법으로 분석했다(참고. 김재현, 2009:16, 301-302).

이전에는 기록된 문서로서의 Q에 대한 연구가 주류였다면, 최근에는 W. Kelber (1997), J.A. Draper(1999), R.A. Horsley(2006)에 의해 Q의 '구술적 차원'(orality)에 대한 연구가 수행되고 있다. 실제로 AD 1세기 로마 세계는 1-10%정도만 글을 읽을 수 있었던 구술적 사회였다. 그들은 문서적 특징이 강한 마가복음과는 달리 (공동체적 경험으로서의) 구술적 성향이 많이 남은 Q를 비교한다. 그리고 그들은 마가복음과 달리 Q가 예수님의 죽음에 관심이 거의 없는 사실에 주목하면서, Q를 예수님의 삶 그리고 예수님의 계속 살아 있는 음성에 관한 장르로 보기 원한다. 그들은 Q의 예언자적 특징과 구술의 수행 그리고 Q에 내재된 전통을 연구한다. D.C. Allison(2003)은 *Intertextual Jesus: Scripture in Q*(Trinity Press International)에서 Q가 구약 성경을 인용하거나, 구약 성경(창, 출, 레, 신, 삼상, 왕하, 대하, 시, 사, 렘, 겔, 단, 소선지서)을 암시하는 구절을 조사하여, Q가 견유학파나 헬레니즘 문화를 배경으로 하지 않고 구약의 전통에 근거하고 있다고 주장했다. 물론 Horsley와 Draper(1999)는 공동으로 Q 배후에 있는 '이스라엘 전승'을 연구했다(참고. 김재현, 2009:288-298).

### Q의 존재를 주장하는 이유

마태복음과 누가복음에만 공통적으로 발견되고 마가복음에 나타나지 않는 자료인 Q는 250절 정도로 양이 비교적 많은 동시에 언어적 유사성 및 내용의 순서의 유사성을 보이고 있기에 마태와 누가는 어떤 공통 자료를 사용한 것이라고 추측된다. 또 하나의 이유는 마태와 누가복음에는 두 번 등장하는 동일한 말씀이 있는데 한번은 마가복음에서, 다른 한번은 Q에서 인용한 것으로 본다. 학자들은 초대교회의 교리교육을 위해 Q가 만들어 진 것으로 본다. Q 안에는 교회(제자들)의 실질적인 문제를 다루는 내용이 많다. 그리고 T.W. Manson(1956)과 B.H. Streeter(1926)는 Q의 기원을 시리아 안디옥으로 보았고, 연대는 AD 50 혹은 60년 이전으로 본다. Q의 저자를 찾는 것은 더 가설적이다. 혹자는 Q의 존재를 파피아스가 언급한 '로기아'(*ta logia*)에서 추론한다. 이것은 로기아를 (원래는 히브리어로 기록되었다가 헬라어로 번역되었다고 전해진) 예수님의 '어록집'으로 본 결과이다. 하지만 로기아를 문서가 아닌 예수님의 '행적' 혹은 '기록되지 않은 구전'으로 본다면 문제는 달라진다.

여기서 가설에 근거한 'Q 공동체'에 관한 주장들을 살펴보자:

혹자(예. G. Theissen, 1973)는 'Q 공동체'를 예수님의 과격한 삶의 스타일을 모방한 카리스마적인 방랑전도자(itinerant)들로서, 자발적인 빈곤과 구걸 등으로 하나님 나라에 관한 예수님의 말씀을 실천하려고 했다고 주장한다. 다른 한편, 혹자(예. E. Boring, 1982)는 Q 공동체를 황홀경 상태에서 예수님의 이름과 영으로 말하면서 하나님 나라의 도래를 선포하는 예언자들로 보았다. 혹자는 견유학파와 유사한 것으로 본다. 김명수는 Q공동체가 3그룹으로 구성되었다고 본다: (1) 공동체의 지도자들인 떠돌이 예언자들, (2) 지역 동조자들, (3) 선교의 대상자들인 사회적으로 차별 받던 사람들(참고. 김재현, 2009:252-253). 하지만 이 모두 가설에 불과하다.

Q의 내용(참고. 포웰, 2003:26)

- **준비**: 회개를 외치는 요한의 선포(마 3:7-10; 눅 3:7-9)와 예수님의 세례 받으심(마 4:1-11; 눅 4:1-13).
- **말씀들(산상수훈)**: 팔복, 원수에 대한 사랑, 판단에 대해, 말씀을 듣는 자와 행하는 자(마 5-7; 눅 6).
- **기사들**: 백부장의 하인, 세례 요한의 질문과 주님의 대답(마 7; 11; 눅 7).
- **제자도에 관하여**: 제자가 치러야 할 대가, 제자 파송 시 예수님의 명령, 회개치 않는 갈릴리 사람에 대한 저주(마 11:20-24; 눅 10:13-15).

• **예수님의 가르침들**: 기도의 모범, 기도응답, 바알세불 논쟁, 더러운 악령, 선지자 요나의 표적, 빛에 관하여.
• **강화**: 바리새인들에 대한 경고(마 23:1-36; 눅 11:37-21:1).
• **더 자세한 말씀들**: 담대한 신앙고백, 땅 위의 일에 대한 염려, 신실함, 시대 분별을 위한 징조, 대적과의 화해에 관하여.
• **비유**: 겨자씨와 누룩의 비유(마 13:31-33; 눅 12:57-59).
• **그 외의 말씀들**: 이스라엘에 대한 심판, 예루살렘에 대한 부르짖음, 제자들이 치러야 할 대가(마 5:13; 10:37-38; 눅 14:26-35), 두 주인을 섬기는 것, 율법과 이혼, 실족케 함, 용서와 믿음, 인자의 날에 관하여.

평가

무엇보다도 Q의 내용과 관련하여 중요한 질문은 "Q에 예수님의 '수난기사'가 포함되어 있는가?"이다. Q는 복음의 핵심 내용을 포함하지 않는데, 이렇게 중요한 내용이 빠진 이유는 무엇인가? 그렇다면 'Q복음서'라고 부를 수 있는가? 더불어 과연 Q에 주제적인 통일성이 있는가라는 질문도 제기된다. 그리고 기적에 관한 내용은 왜 이렇게 적은가? Q를 연구하는 학자들(예. J.S. Kloppenborg)은 Ur-Q, 그리고 Q1(지혜의 교훈을 구성하는 최고층), Q2(심판의 선언을 주 내용으로 하는), Q3(첨가된 자료들) 등으로 더 세분화시킴으로 더 가설적으로 만들고 있는 현실이다.[232]

## 나오면서

많은 가설에도 불구하고 공관복음의 유래는 여전히 풀 수 없는 신비처럼 보인다. 그리고 우리는 Q에 상응하는 어떤 문서도 가지고 있지 않다.[233] Q라는 단일 문서가 실제로 존재했을 가능성을 의심하는 학자가 증가하고 있다. Q가 복음서가 될 수 없는 이유는 예수님의 수난과 부활 기사가 없다는 이유 때문이다(참고. 포웰, 2003:25). 우리는 Q라는 가설

232) Q와 누가복음 그리고 '도마복음'의 병행구절은 버튼 맥(1999:328-329)을 참고하라.

적인 자료보다는 '마태복음과 누가복음의 간본문성'(intertextuality)을 살펴보는 것이 더 바람직하다. 이것은 "성경이 성경을 해석한다"는 원칙에 부합된다.[234]

---

233) Q의 존재를 부인하는 학자로는 A. Schlatter, J. Jeremias, W.R. Farmer, 그리고 (Farmer의 제자인) D.M. Goulder 등이다. 물론 적지 않은 복음주의와 개혁주의 진영의 학자들도 부인한다.

234) 웨스트민스터 신앙고백 제 1장은 10항에 걸쳐 '성경관'을 다룬다. 그 내용으로부터 추론할 수 있는 바는 여느 성경과 마찬가지로 어느 누구도 복음서의 내용을 수정하거나 다른 내용을 첨가할 수 없다. 공관복음서는 저마다 고유한 문체가 있고, 이것은 성경 저자의 문체이지 기록의 선후관계나 문헌의 의존 문제가 아니다. 복음서는 완전하고 명료하기 때문에, 처음 독자들은 각각의 복음서의 뜻을 분명하게 알아들었을 것이다. 자신이 하나님의 말씀을 기록한다는 것을 알았던 복음서 저자들 역시(참고. 딤전 3:16; 벧후 1:20-21; 3:16), 다른 복음서를 수정하려 하지 않았음이 분명하다. 물론 성경 저자들은 기존의 자료를 사용하는데 있어서 자유를 가졌다. 그래서 인간 저자가 사용한 자료의 표현을 바꾸거나, 자신의 사상을 더 명확하게 하거나, 자신의 목적을 위해서 새로운 변화를 가하기도 한다. 하지만 이런 과정은 성령님의 영감하에 이루어 졌다. 그리고 '마가복음 우선 가설'을 수용하면서, 마치 마태복음과 누가복음이 이전의 자료인 마가복음보다 더 완전한 복음서라는 인식을 가지는 것은 불가능하다. 왜냐하면 설령 마가복음이 공관복음 중에서 가장 먼저 기록되었고, 마태와 누가의 자료로 사용되었다 할지라도 마가복음은 그 자체로 부족함이 없는 하나님의 완전하고도 독자적인 계시이기 때문이다(참고. 오광만, 2010:4).

## 요한복음: 간음하다 잡힌 여자 사건(요 7:53-8:11)에 나타난 예수님의 정체성[235]

간음하다 잡힌 여자를 다루는 단락(*Pericope de Adulterae*; 이하 PA)이 요한복음 원본에 없었다고 판단되어 무시되어왔지만, 적어도 예수님과 유대인들 사이의 점증해 가는 갈등과 고발(lawsuit)을 다루는 요한복음 1-8장의 내러티브 전개 및 전후 문맥에 잘 어울린다.[236] '값 비싼 진주'와 같은 PA가 밝히는 예수님의 정체성은 다양하지만, 가장 두드러진 것은 모세가 예언한 바로 그 종말론적인 선지자이다(참고. 신 18:15). 따라서 어거스틴(AD 354-430)이 자신의『설교 XXXII』에서 '비천한 자에게 긍휼을 베푸시는 예수님'을 설파한 이래로, 그것이 PA가 밝히는 예수님의 정체성의 전부인양 여겨져 온 것은 교정될 필요가 있다. 요한복음 1-7장에서 소개된 예수님의 '선지자직'에 대한 논의는 PA에서 절정에 도달한다. 탁월하신 그 선지자이신 예수님은 앉아서 말씀을 가르치시고, 사람의 내면의 동기를 꿰뚫어 보시고, 사람의 죄악을 율법을 통해서 드러내시고, 죄를 심판하시고, 더 이상 죄를 짓지 말라고 경고하신다. 두 말할 필요 없이, 예수님의 선지자직은 그분의 그리스도직 중에서 중요한 부분을 차지한다. 그리고 이 선지자직과 직접적으로 연결된 예수님의 정체성은 아버지로부터 전권을 위임 받아 의롭게 심판하시는 '하나님의 아들과 인자'이다. PA는 하나님의 아들 그리스도이신 예수님이 믿는 자에게 영생을 주신다는 요한복음의 기록 목적에 부합한다. 그러므로 PA의 사본 상 문제 때문에 '비정경적 복음을 정경으로 설교'(canonical preaching of the non-canonical Gospel)하지 않으려고 하는 자세는 재고될 필요가 있다. 이 이야기는 사도적 가르침에 합당치 않은 내용은 하나도 내포하지 않으므로, 이 본문을 사용하기를 거부할 아무런 이유가 없다.

---

235) 송영목, "간음하다 잡힌 여자 사건에 나타난 예수님의 선지자로서의 정체성,"『신약연구』14(2013, 3), 517-46에서 요약.

236) 더 나아가 PA는 예수님을 신성모독적인 율법 파괴자로 몰아 부치는 유대인들과의 논쟁(요 8:59; 10:31; 11:8)을 배경으로 하는 요 1-12장의 내러티브에 일치한다.

## 요한복음에 나타난 하나님 나라

요한복음에서 '하나님 나라'는 요한복음 3:3, 5에 두 번만 나타난다(참고. 요 18:36의 '내 나라'는 3회 등장). 이것은 요한이 '하나님 나라'라고 자주 표현하는 공관복음의 어떤 자료를 사용한 흔적이라고 보기 어렵다.[237] 대부분의 학자들이 주장하듯이, 요한복음에서 '영생'과 '하나님 나라'는 동의어로 볼 수 있다. 문맥상 요한복음 3:3의 '거듭나다'(γεννηθῆ ἄνωθεν, 참고. 니고데모는 문자적-생물학적으로 '다시 태어나다'로 이해함)는 '위로부터 나다'(born from above)라는 의미인데, '위'(ἄνωθεν)는 하늘 곧 하나님을 가리킨다(요 3:7, 31; 19:11, 23).[238] 따라서 하나님으로부터 태어난 하나님의 가족만 '하나님 나라'를 본다.[239] 여기서 거듭남 즉 하나님으로부터 태어나는 것은 '전인적인 완전한 갱신'을 의미한다.[240] 하나님은 하나님 나라를 보는 사람들의 아버지이시다. "하나님 나라를 본다"는 것은 "하나님의 구원과 통치 그리고 영생을 경험하고 참여하다(혹은 '공유하도록 허락받다'는 의미로 이해할 수 있다(참고. 눅 9:27).[241] 성경에 '보다'라는 동사가 종종 '하나님 나라'처럼 형이상학적 의미를 가진 명사를 목적어로 취한다. 예를 들어, '썩음을 보다'(행 2:27), '죽음을 보다'(눅 2:26; 요 8:51), '생명을 보다'(즉 enjoy life, 전 9:9), '슬픔을 보다'(계 18:7). 이 경우 예들에서 '보다'는 '경험하다'는 의미이다.[242] 공관복음에서 예수님은 주로 "하나님 나라에 들어가다"(마 18:3; 막 10:23) 혹은 "하나님 나라를 상속하다"라고 말씀하셨는데, 단 한 번만 누가복음 9:27에서 "하나님 나라를 본다"라고 말씀하셨다. 변화산에 있던 주님의 세 제자들은 '예수님의 영광'을 보았다(눅 9:32). 요한은 '하나님 나라를 보

---

237) J.G. van der Watt, *Family of the King: Dynamics of Metaphor in the Gospel according to John* (Leiden: Brill, 2000), 174. Contra R.E. Brown, *The Gospel according to John I–XII* (London: Geoffrey Chapman, 1971), 130.

238) J.R. Michaels, *The Gospel of John* (NICNT; Grand Rapids: Eerdmans, 2010), 180–81.

239) Van der Watt는 하나님의 나라에 속한 백성의 육신의 생활을 통하여 하나님 나라가 보여진다고 설명한다. Family of the King, 175.

240) 칼빈, 『요한복음 주석』(크리스챤 다이제스트, 2012), 103.

241) H. Ridderbos, *The Gospel of John* (Grand Rapids: Eerdmans, 1997), 125.

242) J.H. Bernard, *Gospel according to St. John* (ICC; Edinburgh: T&T Clark, 1976), 103. 참고로 Ridderbos는 요 3:3–5에서 '천국' 대신 '하나님 나라'가 사용된 것은 하나님 나라를 이 땅에 도래케 하시고 계시하신 예수님의 인격(person)을 강조하기 위한 것이라고 본다. Ridderbos, The Gospel of John, 125.

다'(요 3:3)와 '하나님 나라에 들어가다'(요 3:5)를 같은 의미로 사용한다. 요한복음에서 '하나님으로부터 태어난 자들'은 '성육하신 예수님의 영광'을 본다(요 1:13-14). 예수님은 갈릴리 가나의 첫 표적에서도 '영광'을 보여주셨다(요 2:11). 그러므로 요한복음에서 '영광을 본다'(요 17:24), '생명을 본다'(요 3:36), '하나님 나라를 본다'는 다 비슷한 의미이다. 이처럼 요한은 중요한 신학적 의미를 가진 '보다'라는 동사를 즐겨 사용한다(참고. 요 9:11).

## 사도행전: 신구약의 중첩 현상: 사도행전 19:1-7을 중심으로[243]

여기서 바울의 제 3차 전도 여행 중인 AD 52년경에 터키의 에베소에 살던 세례 요한의 영향을 받은 제자들에게 임한 성령님을 살펴보자. 이 사건은 신구약의 중첩 시기의 특징을 선명하게 보여준다. 사도행전 19:1-7의 내러티브의 전개 흐름에 따라서 주석해 보자.

### 문맥과 배경

사도행전 19:1은 간략하게 19:1-7의 배경을 소개한다. 아볼로가 그리스의 고린도에 있을 때였다. 누가는 아볼로의 에베소와 아가야 사역(참고. 행 18:24-28)과 바울의 에베소 사역(행 19:1-7)을 붙여 놓음으로써 독자들로 하여금 서로 비교해 보도록 한다. 이 두 단락에 '아볼로'와 '요한의 세례' 그리고 '지식적으로 부족한 그리스도인'이 공통적으로 나타난다. 사도행전 19:1의 바로 앞 구절은 아볼로가 예수 그리스도의 복음으로 아가야 지방의 불신 유대인을 유력하게 이겼다고 말씀한다. 그러므로 사도행전 19:1-7도 바울이 에베소에서 유대적 요소 혹은 옛 것을 이기고 그리스도의 교회 즉 새 것을 세우는 일과 관련이 있음을 알 수 있다. 이것은 계시사의 전진에서 불가피한 일이다.

제 3차 전도 여행 중에 바울은 남 갈라디아 지방의 교회들을 방문한 후에(참고. 행 18:23), 골로새와 라오디게아를 지나지 않고(참고. 골 2:1), 대신 '윗 브루기아'(Upper Phrygia)라고 알려진 지역 즉 카이스터(Cayster) 골짜기를 지나 지름길을 따라 에베소에 도착한다. 거기서 바울은 세례 요한의 영향을 받은 어떤 남자 제자들을 만난다(행 19:1).

---

243) 송영목, "에베소 교회의 종말론적 변혁자, 성령님!: 사도행전 19:1-7의 계시사적 성령 이해," 『신약연구』 7 (2008, 2), 247-72에서 요약. '언약의 중첩기간'은 예수님이 태어나신 BC 6년경부터 성령이 임하신 오순절 사이에서 볼 수 있다. 이때는 분명히 예수 그리스도께서 사역하신 신약 시대이지만 오순절 성령 강림 이전이었기에, 우리 시대처럼 주님의 성령의 교회 안에 내주하시는 역사는 일어나지 않았다(비교. 요 20:22의 쏟아 부어지지 않고 흩뿌려진 성령). 그러므로 오순절 성령 사건은 구약에서 성령이 특정 사람과 시간에 특별한 목적을 위해 일시적으로 임한 것과 성령의 내주하심이라는 중첩-긴장 시대를 종식시킨 사건이다(참고. 사 44:3; 겔 39:29; 욜 2:28). 이것은 일종의 계시 전환적 사건이다. 120문도는 성령의 거듭나게 하신 역사로 이미 신자가 되었지만, 오순절 성령 강림으로 새 언약 시대의 체험을 하게 되었다. 따라서 이들은 구약적 성령의 중생체험과 신약적 성령 체험을 모두 한 사람들이다. 이것은 구원계시사에 있어서 예외적이며 전환적인 경우이다.

이 구절에서 예수님의 선구자인 세례 요한이 언급된 것은 사도행전 전체로 볼 때 5번째이다(참고. 행 1:5; 11:16; 13:25; 18:25). 세례 요한의 명성과 영향력은 팔레스틴을 넘어 멀리 소아시아까지 퍼졌다.

### 바울의 첫 번째 질문과 대답

2절은 일부 오순절파와 은사주의자들의 입장 즉 기독교 입문의 두 단계인 믿음과 회심으로 시작해서 나중에 성령을 받는 일이 뒤 따른다는 주장을 위한 증거 본문으로 사용되었다. 과연 그런가? 바울이 에베소의 제자들에게 다소 갑작스럽게 "너희가 (예수님을 구주로) 믿을 때에 성령을 받았느냐?"라고 묻는다(19:2). '너희가 믿을 때'(πιστεύσαντες)는 성령을 받는 것과 동 시간을 가리키는 '동시 아오리스트 분사'(coincident aorist participle)이다(참고. 엡 1:13). 바울의 이 질문은 "예수님을 믿은 후에 별도로 특별히 받아야 할 성령을 받았느냐?"라는 뜻이 아니라, 성령을 받는 것은 곧 예수님을 믿는 것이고 그것은 곧 구원이라는 뜻이다. 따라서 바울의 질문을 풀어 써보면, "너희가 예수님을 믿어 구원받았을 때 성령님으로 세례를 받았느냐?" 즉 "너희는 성령을 소유한 참 그리스도인인가?"이다.[244) ]바울의 이 질문에는 그들이 예수님을 믿을 때에 성령님에게서 비롯된 은사와 현상이 다른 교회에서와 마찬가지로 그들에게도 주어졌는가도 이차적으로 함축되어 있는 것 같다.

하지만 이 열 둘의 대답은 매우 의아하다: "우리는 성령이 있음도 듣지 못했다"(19:2). 이 세례 요한의 제자들과 이전에 에베소에서 사역했던 (알렉산드리아 출신 유대인 신자) 아볼로(참고. 행 18:24) 사이에는 유사점과 차이점이 동시에 나타난다. 이 12제자들은 아볼

---

244) 1845년에 튀빙겐학파의 수장 F.C. Baur는 예루살렘의 야고보로 대표되는 유대 기독교와 바울로 대변되는 헬라식 기독교 사이의 갈등을 강조하면서, 바울이 예수님의 가르침(특히 기독론과 율법의 유효성)을 떠났다고 보았다. 20세기 초 W. Wrede는 바울의 사상이 예수님이 아닌 유대교의 묵시적 메시아 기대 사상의 영향을 받은 것이라고 주장하면서, 바울을 '기독교의 두 번째 창시자'라고 불렀다. 불트만도 예수님과 바울 사이에는 역사적 관련성이 없다고 보았다. 하지만 행 19장은 바울이 예수님을 구주로 믿고 그분의 가르침을 존중하고 있음을 보여준다. 예수님의 가르침과 바울의 교훈은 토대와 그 위에 지은 건물의 관계와 같다. 바울은 구약은 물론 예수님의 가르침에도 주목했다. 따라서 바울은 기독교의 창시자가 아니라, 예수님의 충실한 추종자였다. Baur와 Wrede에 대한 비판 및 바울 서신에 나타난 예수님의 가르침(예. 최후 만찬, 마 26:30과 고전 11:23-26)을 위해서 다음 자료를 참고하라. 참고. 쾨스텐버그 외, 『신약개론』, 455-456, 461, 465.

로의 미성숙한 목회의 흔적으로 볼 수 있다. 공통점으로는 이 둘 모두 구약의 마지막 주자인 세례 요한의 가르침에 충실했다(참고. 행 18:25). 차이점으로는 아볼로는 ('주 예수님의 이름으로' 세례를 다시 받지 않았고) 예수님을 알고 믿는데 열심을 낸 그리스도인이었지만, 이 12제자들은 성령을 모르고 심지어 예수 그리스도조차 '분명하게' 믿고 있었다고 보기 힘든 면이 없지 않다. 더구나 그들은 스승 세례 요한이 "내 뒤에 오시는 분은 불과 성령으로 세례를 주시리라"(눅 3:16)고 말한 것을 듣고 알았다면, 분명히 성령에 대해서 알고 있었을 법한데 그것조차도 모르고 있다(참고. 막 1:8). 세례 요한의 이 제자들은 스승 세례 요한의 사역조차 제대로 알지 못한 자들이며, 구약에 예언된 성령조차도 모르고 있기에 이방인 출신 성도로 추정된다(참고. 렘 31:31-33; 겔 37; 욜 2; 28-32).

우리는 이전에 고린도에서 바울과 교제하면서(참고. 행 18:1-4) 복음을 배웠던 아굴라와 브리스길라 부부로부터 에베소의 아볼로가 하나님의 도를 더 자세히 배웠지만, 왜 아볼로와 교제가 있었던 것으로 보이는 에베소의 12제자들이 '성령'에 대해서 들어보지도 못했는지 그 이유를 정확히 알 수 없다.

### 바울의 두 번째 질문과 대답

성령에 대해서 들어보지도 못한 이들에게, 바울은 "너희가 진정한 신자인가?"라는 의아한 뉘앙스를 가지고 "너희가 무슨/어떤 세례를 받았는가?"라고 묻는다(19:3). 여기서 바울은 "너희는 누구의 세례를 받았느냐?"라고 물을 만하다. 왜냐하면 성령을 들어보지도 못했다면, 그것은 예수님의 이름으로 시행되는 세례와는 다른 세례였을 수 있기 때문이다. 예수님의 이름으로 시행되는 세례는 성령의 약속과 결부되어 있었기 때문이다. 즉 예수님의 이름으로 세례를 받는 사람은 성령의 이름도 불러야 했기 때문이다(참고. 마 28:19). 아마 바울은 자신의 동역자인 아볼로로부터 세례를 받은 이 12명이 복음에 관해 완전한 설명을 듣지 못했다고는 생각하지 못했을 것이다. 하지만 바울은 '누구의 세례'가 아니라 '어떤 세례'라고 묻는다. 왜냐하면, 다른 한편으로, 이 때 바울은 예수님의 이름 외에 다른 이름으로 세례가 베풀어졌다고는 생각하지 못했을 수도 있었기 때문이다. 그들은 예비적이며 회개의 징표인 "요한의 세례로다"라고 답한다(19:3). 바울은 2절의 '성령'과 3절의 '세례'를 연결한다. 바울에게는 물론, 사도행전의 수신자 데오빌로(와 누가 공동체)에게 있어서 세례를 받는 것과 성령의 역사는 불가분의 관계였을 것이다.

### 바울의 설명과 세례 베풂

세례 요한이 베푼 '회개의 세례'(19:4; 참고. 막 1:4; 눅 3:3; 행 13:24)만 알고 있었던 이 12제자들은 성령을 통한 그리스도의 계시를 온전히 깨닫지 못하고, 이미 임한 천국의 충만한 실체를 경험하지 못한 구약의 백성과 유사한 형편 즉 마치 '반(半) 그리스도인'(semi-Christian)의 형편에 처해있었다. 이들은 예수님을 받아들일 사전 준비인 회개를 목표로 하는 세례 요한의 세례만 알 뿐이다. 바울은 이들에게 세례 요한이 "(한글 개역: 내) 뒤에 오시는 이를 믿어라"라고 말할 때, 그 분은 바로 예수님이시다 라고 설명한다(다수사본은 "이분은 그리스도 예수님이시다"; 19:4). 바울의 이 설명이 암시하는 바는 이 12제자에게 부족한 것은 세례 요한이 예언한 분은 약속된 메시아라는 사실을 '분명하게' 믿지 못한 것이다. 바울은 세례 요한의 세례를 받은 그들에게 "성령의 세례를 받아라"고 말하는 대신에, 세례 요한이 예언한 메시아 예수님을 '분명하게' 믿으라는 의도를 가지고 말하는 듯하다. 따라서 예수님을 믿는 것과 성령의 세례를 받는 것은 밀접한 관련이 있다(참고. 행 11:17). 바울의 설명을 들은 후, 에베소의 12제자들은 "주 예수님의 이름으로 세례를 받았다"(19:5). 이것은 신약에 나타나는 유일한 '재 세례'이다. 바울은 이들이 '재 세례'를 받는다고 생각하기보다는, 그리스도 안으로 '영단번의 세례'를 받는다고 생각했을 수 있지 않을까? 물론 바울의 설명을 들은 이 12명의 제자들이 예수님을 구주로 '분명하게' 믿었기에 바울이 주 예수님의 이름으로 세례를 주었을 것이다. 더 나아가 이들은 이전에 받았던 요한의 세례가 예수님이 주시는 성령 세례의 예비적 성격임을 깨닫게 되었을 것이다. 이제 12명은 오순절 이전의 구약적 세례가 아니라, 주 예수님의 이름으로, 말하자면 그림자가 아닌 실체의 방식 즉 오순절 방식(Pentecostal fashion)으로 세례를 받게 되었다(참고. 요 3:30).[245]

바울이 이들에게 베푼 세례는 세례 요한의 세례와는 달리 '주 예수님의 이름'으로 베푼 것이었다(참고. 기독교 강요, 4.15.7). 이들은 세례를 두 번 받았는데, 특별하고 예외적인 경우이다. 왜냐하면 정상적인 크리스챤은 일평생 세례를 한번만 받기 때문이다. 그렇다면 세례 요한의 세례를 이미 받은 이들에게 왜 바울은 다시 예수님의 이름으로 세례를 주었는가? 1-2절에서 이 12명은 '제자'라고 불리며 믿고 있다고 말씀한다. 누구든지 예수님을 믿을 수 있는 것은 성령님의 역사가 아니고는 불가능하다. 그렇다면 이 12명이 바울로부터 예수님의 이름으로 다시 세례를 받기 전에 이미 성령을 받아서 믿고 있는 성도임이 분명하다. 이들에게 분명히 성령이 거하고 계셨다. 하지만 이들은 자신 속에 거하시는 성령을 느끼지도, 알지도, 심지어 '성령'이라는 말을 들어 보지도 못했던 것이다.

어떻게 이런 희한한 일이 일어날 수 있는가? 계시사적으로 답하자면, 이때는 초대교회가 시작된 지 얼마 지나지 않은 시점이고, 구약과 신약이 중첩되는 시점이기 때문이다. 또한 이미 예수님을 믿어 성령을 소유한 에베소 교회에게 성령이 이렇게 특별히 다시 임한 것은 이들 이방인 성도도 예루살렘에 있는 유대인 성도와 마찬가지로 하나님의 새 언약 백성임을 확증하는 차원에서 볼 수 있다. 그러므로 예수님의 이름으로 시행되는 가시적인 물세례가 다시 필요했을 것이다. 따라서 이 사건은 불신자를 신자로 거듭나게 하는 사건으로 볼 수 없다. 이것은 '표적'(σημεῖον)이다. 왜냐하면 이것은 초대교회가 시작하고 발전하는 단계에서 이방인 성도와 유대인 성도가 동일한 성령의 사람이요, 형제자매임을 가르쳐 주려는 목적으로 일어난 특별한 구속사적 사건이기 때문이다.

### 성령의 임함과 그 결과

바울이 그들에게 두 손으로 안수하니, 성령님이 그들 위에 오셨으므로 , 모두 방언은 물론 예언을 하게 되었다(19:6-7; 참고. 행 2:4, 11; 8:14-17; 10:44-46). 이들이 세례 요한의 예비적인 물세례를 받았을 때는 성령과 성령의 은사를 받지 못했음이 분명하다.

---

245) 하지만 '오순절 이전에서 오순절 이후로 이동하는 과도기 사건'으로 좁게 보는 것은 오해를 초래할 수 있다. 오히려 신구약의 중첩은 오순절을 기점으로 하기보다는, 예수님의 초림에서 AD 70년 까지를 아우른다. 구속사의 전진에서 신구약의 중첩의 특징들(예. 옛 것과 새 것의 공존, 심판과 구원의 동시성, 새 언약이 옛 언약으로부터 선물을 취함, 옛 언약 속의 남은 자를 구원하여 새 시대로 영입하기 위해 동원된 다양한 기적과 표적)을 위해서는 조경락, 『에베소 성령 강림의 그리스도 중심적 이해: 사도행전 19:1-7을 중심으로』(고신대학교 Th.M. 논문; 2006), 42-54를 보라.

누가는 '방언과 예언'을 구체적으로 언급함으로써 기독교의 세례와 세례 요한의 세례 사이의 차이점을 구분하기를 원한다. 흥미로운 점은 바울은 이 사건이 일어난 에베소에서 고린도전서를 기록한 것으로 보이는데, 고린도전서 12:10에서 방언과 예언을 성령의 은사로 언급한다는 점이다. 하지만 사도행전 19:1-7에서 만약 방언과 예언을 규범적이거나 본질적인 것으로 주장한다면 본문이 우리에게 가르치는 것을 넘어 선다. 방언과 예언은 에베소의 12제자들에게 성령이 임하심을 가시적으로 증거 하는 데 동반된 구원의 증거이기 때문이다.[246] 우리는 이 성령이 임한 사건에서 그리스도인으로서 승천하신 예수님을 증거하며 살도록 하시는 성령의 즉각성과 충만함도 볼 수 있다.

혹자는 사도행전 19장의 에베소 교회에 성령님이 임하신 사건을 2장의 예루살렘 교회의 오순절 사건과 비교하여, '에베소의 오순절' 혹은 '작은 오순절'이라고 부르는데, 언약의 중첩은 시간을 두고 점진적으로 해소되기에 가능한 이름이다. 에베소의 12제자들은 마치 포도원에 오후 5시에 일하러 온 나중 되었다가 먼저 된 사람과 같다(마 20:1-16). 이들도 포도원 고용인의 은혜로 일찍 포도밭에 일하러 온 예루살렘 성도와 동일한 품삯(성령과 가시적인 증거인 방언과 예언)을 받았다.

이제 이 12제자들은 그리스도의 선구자인 세례 요한에 속한 시대를 벗어버려야 하며, 옛 언약을 벗어버리고 성령의 역사가 확연히 드러나는 새 언약 백성의 반열에 본격적으로 오르게 된다. 오순절 성령의 강림으로 유대인 성도가 성령의 사람이 되었듯이(행 2), 이제 이들은 마치 후발 주자와 같이 성령의 분명한 역사를 경험하며 사는 사람의 대열에 동참하게 된 것이다. 이제 에베소에서도 '구약과 신약의 중첩기적 현상'이 물러가고 '12명 쯤'이라는 이상적인 제자의 수를 통해서 천국 복음이 확장되기 시작한다.

참고로 여기서 오순절 성령 강림 후 그 '결과'로 발생한 사마리아(행 8:14-17)와[247] 가이사랴의 고넬료 가정(행 10:44-45) 그리고 에베소의 성령 강림(행 19:6) 사이에 어떤

---

246) 성령이 임할 때 동반된 가시적 현상인 '예언'은 정경 완성 전의 상황을 고려해 보면 이해가 간다. 방언은 행 2장의 외국어로 보기 어렵다. 그렇다고 구약에서 방언이 다른 민족이 이스라엘을 쳐들어 올 것이라는 예언에 담긴 심판적 의미로 보기도 힘들다. 본문의 방언은 고전 12-14장의 '천사의 말'로서의 방언으로 보는 게 자연스럽다.

관련이 있는가를 살펴보는 것이 유익하다. 예루살렘의 마가의 다락방에 성령이 이미 임했는데도 불구하고, 이런 성령의 임함이 나중에 다시 몇 차례 일어난 것에는 특별한 목적이 있다. 그것은 예루살렘 교회가 소위 이 '작은 오순절 사건들'의 의미를 바르게 깨닫도록 하기 위해서 일 것이다. 이미 예수님을 믿어 성령을 소유한 이방인 교회에게 성령이 이렇게 특별히 다시 임한 것은 구약의 남은 자와 비슷한 형편에 있었던 이들 이방인 성도 역시 유대인 성도와 마찬가지로 하나님의 새 언약 백성임을 확증하는 차원에서 보아야 할 것이다. 따라서 이 사건들은 불신자를 신자로 회심시키는 차원으로 이해할 수 없으며, 신약 교회의 생일인 단회적인 오순절 성령 세례와 같은 차원으로도 볼 수 없다. 오순절 사건은 교회라는 매개체를 거치지 않은 성령의 주권적 사역인 반면, 그 이후의 성령강림 사건은 오순절 성령을 받은 사람을 통해서 일어난 후속적 사건들이다. 소위 '작은 오순절 사건들'은 '표적적인 차원'을 가진 계시사에 있어서 특수하고 예외적인 경우로 이해해야 한다. 왜냐하면 이것은 교회의 초기 단계에서 주님 안에서 이방인 성도나 유대인 성도나 동일한 형제자매임을 가르쳐 줄 목적으로 일어난 것이기 때문이다.

## 지역과 도시를 중심으로 본 바울의 여행 코스

### 바울의 1차 전도 여행(13:1-14:28)

#### 시리아 안디옥에서 구브로 섬으로(13:4-12)

- 출발지 시리아 안디옥(13:1-3)
- 실루기아 항구(13:4)
- 구브로 섬의 살라미(13:5)
- 바보(13:6-12; 마술사 바예수의 전도 방해; 총독 서기오 바울에게 전도)

---

247) 베드로와 요한이 사마리아 교인을 위해서 성령 받기를 위해 기도하기 전에 이미 그들은 (요한의 세례가 아니라) 주 예수님의 이름으로 세례를 받았다(행 8:16). 사마리아 교회는 성령의 역사로 거듭난 하나님의 참된 백성이기에 성령을 소유한 사람들이다. 그런데 요한과 베드로가 안수했을 때 사마리아 교회는 성령을 받았다고 말씀한다(행 8:17). 이것은 사마리아 교회 가운데 이미 거하고 계셨던 성령이 이제 가시적으로 확실하게 나타난 사건으로 볼 수 있다. 즉 눈에 보이는 '표적적 사건'이다. 요약하면, 하나님의 선물인 성령을 사마리아 교회가 가시적으로 소유하여 유대인 성도와 동일한 지위를 누리며 새 언약 공동체 속에 포함된 것을 천명한 것이다(행 8:20).

바보에서 비시디아 안디옥으로(13:13-50)

- 바보(13:13)
- 밤빌리아 지방의 버가(13:13; 마가 요한이 예루살렘으로 돌아감)
- 비시디아 안디옥(13:14; 회당에서 설교함)

이고니온, 루스드라, 더베로(13:51-14:7)

- 이고니온(13:51-14:5; 회당에서 설교하자, 이방인들과 유대인들이 사도를 돌로 쳐 죽이려함)
- 루가오니아 지방의 루스드라(14:6-10, 19; 두 발 쓰지 못한 사람을 치료한 후 바울 과 바나바는 '헤르메스와 제우스'라 불림; 바울이 돌에 맞아 성 밖에 버려짐)
- 더베(14:6, 20)

돌아오는 길인 루스드라, 이고니온 등을 거쳐 시리아 안디옥으로(행 14:19-28)

- 루스드라(14:21)
- 이고니온(14:21)
- 비시디아 안디옥(14:21)
- 밤빌리아(14:24)
- 버가(14:25)
- 앗달리아 항구(14:25)
- 시리아 안디옥(14:26)[248)]

## 바울의 2차 전도 여행(16:1-18:22)

시리아 안디옥에서 드로아까지(16:1-10)

- 시리아와 길리기아(15:41)
- 더베(16:1)

---

248) 1-2차 전도 여행 중간에, 행 15장은 예루살렘 회의를 다룬다.

- 루스드라(16:2)
- 브루기아와 갈라디아 지방을 거쳐 무시아에 도착(16:6-8)
- 드로아 항구(16:8)

유럽의 첫 전도지 빌립보(16:11-40)

- 사모드라게(16:11)
- 네압볼리(16:11)
- 빌립보(16:2; 바울과 실라가 투옥됨)

데살로니가와 베뢰아에서(17:1-15)

- 암비볼리(17:1)
- 아볼로니아(17:1)
- 데살로니가(17:1, 5; 회당에서 설교함; 유대인들의 방해)
- 베뢰아(17:10, 13; 회당에서 설교함; 유대인들의 방해)
- 아덴(17:16; 회당과 시장에서 토론함)

고린도에서의 행적, 그리고 시리아 안디옥으로 귀환(18:1-22)

- 고린도(18:1-2; 로마에서 추방된 아굴라와 브리스길라를 만남)
- 겐그리아(18:8; 바울이 서원한 것이 있어 머리를 깎음)
- 에베소(18:19; 회당에서 설교함)
- 가이사랴(18:22)
- 예루살렘(18:22)
- 시리아 안디옥(18:22)

### 바울의 3차 전도 여행(18:23-21:16)

갈라디아와 브루기아 지방 순회(18:23)

아볼로의 에베소와 아가야(고린도)지방 전도(18:24-28)

### 바울의 에베소 전도(19:1-41)

- 에베소의 오순절 사건(19:1-7)
- 회당에서 가르침(19:8)
- 두란노 서원에서 가르침(19:9)
- 마술을 행한 유대인 제사장 스게와의 7아들(19:13-16), 마술책을 소각(19:19)
- 은 세공업자 데메드리오가 일으킨 소동(19:23-40)

### 마케도니아와 그리스 여행(20:1-12)

- 고린도(20:1)
- 마케도니아(20:1)
- 빌립보 항구(20:6)
- 드로아(20:6; 죽은 유두고 살림)

### 앗소에서 밀레도까지(20:13-16)

- 앗소(20:13-14)
- 미둘레네(20:14)
- 기오(20:15)
- 사모(20:15)
- 밀레도(20:17-38; 에베소 장로들에게 고별 설교)

### 예루살렘으로(21:1-16)

- 고스(21:1)
- 로도(21:1)
- 바다라(21:1)
- 키프로스 섬을 왼쪽에 두고 항해(21:3)
- 두로(21:3)
- 돌레마이(21:7)

- 가이사랴(21:8; 전도자 빌립의 집에 유숙함)
- 예루살렘(21:17, 21; 예수님의 동생 야고보를 방문함; 성전에서 체포됨)
  (그 후 로마 감옥에서 바울의 석방, 스페인을 포함한 바울의 4차 전도 여행, 로마 대화재, 바울의 두 번째 로마 투옥과 순교)

### 가이사에게 상소한 피고 바울의 로마를 향한 여정(행 27-28)

- 시돈(27:3)
- 루기아 지방의 무라(27:5)
- 그레데 섬의 미항(27:8)
- 유라굴로 광풍(27:14)과 몰타(멜리데)에 도착(28:1; 3절 독사에 물림; 8절 보블리오의 아버지를 고침)
- 시칠리 섬의 시라큐스(수라구사)에 도착(28:12)
- 이탈리아 본토의 레기온에 도착(28:13)
- 보디올(28:13)
- 압비오 시장과 삼관(28:15)을 지나 로마에 도착(28:16)

바울의 전도 여행은 사도행전 1:8에 따라 천국 복음이 점진적으로 확장되는 과정을 보여준다. 이것을 계시록의 구조와 비교해 보면 아래와 같다:

| 사도행전 | 계시록 |
|---|---|
| 한 분 예수님의 승천(1:10) | 한 분 예수님의 계시(1:1) |
| 맛디아를 포함한 12제자(1:26) | 소아시아 7교회(2-3) |
| 오순절 성령 강림 현장의 120제자(1:15) | 24장로(4-5) |
| 3,000명(2:41) | 144,000(7:4), 셀 수 없는 큰 무리(7:9) |
| 남자만 5,000명(4:4) | 새 예루살렘성 곧 어린양의 신부(21:9) |
| 지중해 연안에 바울의 전도로 세워진 교회(13-20) | |

넓게는 사도행전, 좁게는 바울의 선교를 A.J. Greimas의 6개의 행역자(actants) 모델로 볼 때, 아래의 구조를 가진다:

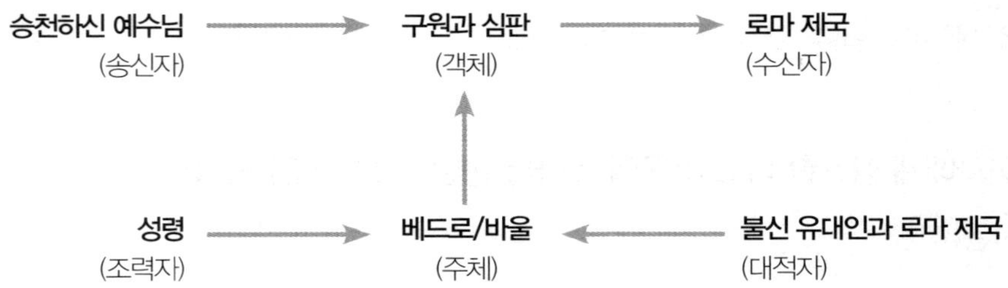

## 로마서: '메시아 왕과 그의 백성 사이의 언약적 결혼'이라는 주제로 볼 때 구조[249)]

### 로마서 1장

- 메시아 왕과 그의 종(1:1-4)
- 메시아 왕과 그의 백성(1:5-7)
- 메시아 왕과 그의 백성의 필요(1:8-15)
- 메시아 왕과 그의 사명(1:16-17)
- 메시아 왕과 인간의 반역(1:18-32)

### 로마서 2장

- 메시아 왕과 그의 인내(2:1-29)

### 로마서 3장

- 메시아 왕과 그의 의로운 심판(3:1-20)
- 메시아 왕과 그의 칭의와 구원 사역(3:21-26)[250)]
- 메시아 왕과 그의 자비(3:27-31)

### 로마서 4장

- 메시아 왕과 그의 왕국의 원리(4:1-25)

### 로마서 5장

- 메시아 왕과 그의 백성의 순례(5:1-11)

---

249) Tom Holland, Romans: *The Divine Marriage* (A Biblical Theological Commentary; Eugene: Pickwick Publications, 2011), vii-viii.

250) 그리스도의 죽으심과 부활과 승천 곧 그리스도 사건은 다음의 결과를 가지고 왔다: 칭의(롬 3:21-26), 구원(롬 5:9; 빌 3:20), 화해(롬 5:10-11; 고후 5:18-20), 속죄(롬 3:25), 속량(롬 8:18-23; 고전 7:23), 자유(롬 8:2; 갈 5:1), 거룩함(고전 1:2, 30; 6:11), 변화(롬 12:2; 고후 3:18), 새 창조(고후 5:17; 갈 2:20; 6:15), 하나님의 영광을 위해서 살고 그분의 영광을 공유하는 영화(롬 8:18, 21, 30; 살전 2:12). 참고. 포웰, 『신약개론』, 273.

• 메시아 왕과 그의 회복 사역(5:12-21)[251)]

### 로마서 6장

• 메시아 왕과 그의 백성의 구원(6:1-10)

• 메시아 왕과 그의 백성의 순종(6:11-25)

### 로마서 7장

• 메시아 왕과 그의 유월절 결혼(7:1-6)

• 메시아 왕과 그의 신부의 비참함(7:7-25)

### 로마서 8장

• 메시아 왕과 그의 신부에게 주는 선물(8:1-16)

• 메시아 왕과 그의 신부의 고난(8:17-39)

### 로마서 9장

• 메시아 왕과 이스라엘의 완악함(9:1-33)

### 로마서 10장

• 메시아 왕과 그의 언약의 목적(10:1-21)

### 로마서 11장

• 메시아 왕과 그의 새 언약 백성(11:1-36)

### 로마서 12장

• 메시아 왕과 그의 제사장적 백성(12:1-8)

---

251) 롬 1-5장의 교차대칭구조에서 본 복음 즉 예수 그리스도로 말미암은 남은 자 확장이라는 의미를 위해서는 최갑종, 『로마서 듣기』(도서출판 대서, 2009)를 참고하라.

• 메시아 왕과 그의 백성의 특성(12:9-21)

### 로마서 13장

• 메시아 왕과 그의 위임 받은 대표들(13:1-14)

### 로마서 14장

• 메시아 왕과 그의 백성의 차이(14:1-23)

### 로마서 15장

• 메시아 왕과 그의 종의 사역(15:1-33)

### 로마서 16장

• 메시아 왕과 로마에 있는 그의 백성(16:1-27)[252)]

252) 2세기 말시온은 롬 16장이 아니라 14장으로 끝나는 사본을 사용했다. AD 200년경 p46은 롬 16:25-27을 롬 15:33 뒤에 배치하고, 롬 16:1-23을 제일 마지막에 둔다. 반면에 A사본은 롬 16:25-27의 송영을 롬 14:23과 16:23 뒤에 각각 배치한다. 더구나 한글 개역개정판은 롬 16:24를 '없음'으로 처리한다. 그렇다면 롬 1-16장 까지 통일된 서신이 맞는가? 바울이 로마서를 오랜 기간에 걸쳐 기록했고, 예배에서 활용하도록 의도했다면 송영을 여러 차례 사용할 수 있었다. 참고. DeSilva, *An Introduction to the New Testament*, 353.

## 고린도전서 12-14장이 설명하는 방언의 효능과 한계

고린도전서 12:7-10의 성령의 9가지 은사들은 완전한 목록이 아니다(참고. 고전 14:6의 '가르침과 계시'). 은사들 중에서 '지혜와 지식'이 제일 먼저 언급되기에, 이 둘은 고린도 교회가 중요하게 여긴 것으로 볼 수 있다. 방언(γλῶσσα)은 '성령의 나타남' 즉 고린도 교회가 함께 모일 때 성령님이 자신을 나타내는 다양한 방식 중 하나이다(고전 12:7). 방언과 같은 은사가 충만했던 고린도 교회 성도는 성령으로 세례를 받아 한 몸이 되었다(고전 12:13). 성령으로 세례를 받는 것(참고. 마 3:11; 막 1:8; 눅 3:16; 요 1:33; 행 1:5; 11:16)은 중생 이후의 체험이 아니라 회심하는 순간 새로운 개종자 안에 성령께서 정결하게 하며 힘을 주시는 사역을 가리킨다(참고. *ESV Study Bible*, 2008:2210).

영으로써(즉 '성령의 능력') 비밀들을[253] 말하는 것인 방언은 사람이 아니라 하나님에게 말하는 것이므로, 아무도 알아들을 수 없다(고전 14:2). 방언하는 자는 방언을 알아들을 수 없는 사람들에게 말하지 않고, 친히 그 방언을 주시고 그것을 알아들으시는 하나님에게 한다. 방언으로 말하는 사람은 자신을 세우지만, 예언하는 자는 교회를 세운다(고전 14:4). 하지만 방언이 통역된다면, 개인의 유익을 넘어 공동체에게 유익을 준다. 따라서 방언 통역에는 방언을 예언으로 바꾸는 효력이 있다.

바울은 방언으로 기도하는 것을 '나의 영'으로 기도하는 것이라고 설명하다(고전 14:14). '나의 영'은 '나의 마음'(고전 14:14)에 대응하는 내면 깊은 곳에 있는 비이성적인 부분(참고. 고전 16:18; 고후 2:13; 예. Grosheide, Garland) 혹은 (가능성이 매우 낮지만) 성령님 자신(예. Heinrich, Holsten),[254] 혹은 성령의 인도를 받아 방언을 하는 사

253) '비밀들'(고전 14:2)은 '모든 비밀들'(고전 13:2)과 연관있다(참고. 고전 4:1; 15:51). 복음을 통해서 알려진 하나님의 종말론적인 목적과 행동에 관한 감추어진 진리들을 가리키는 것 같다(참고. 롬 11:25; 16:25; 엡 3:3-6; 계 10:7; 11:15; 보라. 바레트). 고린도 교회의 방언은 계시 차원을 포함했다고 볼 수 있다.

람의 내적인 영(예. 오스본, Fee, Godet), 혹은 영감 된 말을 불러일으키는 성령님의 은사(고전 14:12)를 가리킬 수 있다(예. 바레트).[255] 올바른 방언 기도는 성령님이 사람의 내면에 역사하심과 은사 그리고 이성적인(방언의 내용을 깨닫는) 마음이 동시에 동반되어야 한다. 고린도 교회의 예배에서 방언과 방언 통역은 찬송의 형태로 진행되기도 했다(고전 14:15). 바울은 방언에 있어서, 성령께서 주시는 영감은 이성적 기능을 사용한다고 주장한다(IVP 성경 배경주석).

방언이 믿지 않는 자들을 위해 의도된 표적인 것(고전 14:22)은 자신을 믿음과 결부시키지 않은 불신자들을 더 완악하게 만드는 '심판의 표적'이 되기 때문이다(참고. 고전 14:23). 살아계신 성령님의 역사로 성도가 하는 방언은 (고린도 교회의 예배에 참석한) 불신자의 불신앙을 확증 한다(참고. 브루스 윈터, Garland, Godet). 방언에는 이런 심판과 부정적인 표적 역할만 있는 것이 아니라, 구원과 긍정적인 기능도 있다. 예를 들어, 고린도 교회당에 찾아온 불신자가 (통역된) 방언에 대해 믿음으로 반응한다면, 그들은 하나님의 살아계심을 가시적으로 보고 듣게 될 것이므로 방언은 구원의 표적이 될 것이다(참고. 오스본).[256] 고린도의 불신자들이 고린도 교회의 예배에 참여하는 것은 어렵지 않았다(참고. 바레트). 고전 12-14장의 방언과 동일한 은사인 사도행전 10:46과 19:6의 방언은 성령님의 현존에 대한 표적이었다.[257] 방언을 했던 고넬료 집안사람들과 에베소의 12제자들은 불신 이스라엘 사람들과 구분되었다(참고. Grosheide). 방언의 은사는 통제 불가능 한 것이 아니다(고전 14:27-28). 방언을 할 때와 하지 말아야 할 때를 조절할 수 있다.

---

254) 바울은 성령님을 '내 영'으로 말하지 않는다.

255) Blomberg는 '나의 영으로 하는 기도'와 '나의 마음으로 하는 기도' 사이의 구분을 '방언'과 '방언의 해석'의 구분과 동등하게 본다.

256) Chester는 고전 14:23의 "너희에게 미쳤다고 하지 않겠느냐"를 긍정적으로 이해하여 "너희가 성령으로 영감 받았다고 하지 않겠느냐"로 이해한다.

257) 하지만 누가는 사도행전에서 방언을 하도록 성령님이 임한 사람들이 그 후로도 지속적으로 방언을 경험했는지, 그들의 삶과 예배와 증거에 어떤 역할을 했는지 침묵한다(막스 터너).

## 오늘 날의 방언

오늘 날도 방언은 지속되고 있는가? 답은 고린도전서 13:10의 '그 온전한 것'(τὸ τέλειον)의 해석에 달렸다. 부분적으로 하는 방언, 예언 그리고 지식의 은사가 온전한 것이 올 때는 폐하여 질 것이다. '그 온전한 것'은 기록된 신약 성경 혹은 (성숙해진) 사도 시대인가? 아니면 예수님의 재림인가? 개혁주의 진영에서도 이것의 해석에서 의견이 나뉜다. 기록된 성경(혹은 교회의 성숙)으로 보는 이들은 바울이 '그 온전한 것' 바로 앞에 언급한 3가지 은사들인 '예언, 방언, 지식'은 구체적으로 하나님의 말씀과 관련된다고 본다(참고. 옥성호). 따라서 그들은 신약이 기록된 이후로는 말씀과 관련된 은사들은 사라진다고 본다.[258] 이 견해는 닫힌 정경이 가지고 있는 권위와 충족성을 인정하는 존중심에서 나온 것이다.

하지만 *ESV Study Bible*(2008:2211)과 Pratt(2003:1863)가 편집한 *Spirit of Reformation Study Bible*에서는 '그 온전한 것'을 '예수님의 재림'으로 본다(참고. 고전 1:7; 그리고 박영돈, 리처드 헤이스, 오스본, Garland, Fee, Grosheide, Robertson & Plummer, Schrage, Lietzmann, 조석민, 이한수 등).[259] 8절과 10절의 미래 동사와 12절의 '지금'과 '그때'의 대조도 놓치지 말아야 한다. 지상에서는 방언을 하는 성도라 할지라도, '완전' 혹은 '목표점'에 온전히 도달할 수 없다. 따라서 방언, 예언, 지식의 말을 하는 사람이 성숙해지거나 온전해질 때에야 그런 은사들이 사라진다고 말할 수 없다. 오히려 예수님의 재림으로 하나님의 나라의 완성이 임할 때 그런 은사들이 필요 없게 되고, 주님

---

258) 하지만 바울이 선택한 이 세 은사들은 고린도 교회의 상황을 고려해 볼 때 적합하다. 여기서 바울은 고린도 교회가 매우 중요하게 여긴 '방언과 지식'의 은사에다가, 바울이 더 큰 은사로 소개한 '예언'을 첨가한다. 하나님의 말씀과 관련된 은사 가운데 '지혜의 말씀'도 있는데, 그것은 고전 12:8절에서 제일 먼저 언급된 중요한 것이다(참고. Garland). 따라서 방언, 지식, 예언만 신약 성경의 기록으로 사라질 하나님의 말씀과 관련된 은사들이라고 주장할 수 없다. 참고로 박영돈은 옥성호가 '은사중지론'이라는 교리에 갇혀서 주장을 전개한다고 비판한다.

259) 칼빈의 말을 들어보자: "온전한 것이 언제 올 것인가? 그것은 참으로 죽음과 함께 시작된다. 왜냐하면 그때에 우리는 육체와 함께 많은 연약함을 벗게 되기 때문이다. 그러나 그것은 심판 날까지 완전히 이루어지지 않을 것이다." 그리고 칼빈은 고전 14장 주석에서 "오늘날 우리는 우리 자신의 빈약한 재능과 결핍을 사실상 보게 된다. 그러나 이것은 틀림없이 우리의 망은(忘恩)에 대한 대가로서 우리가 마땅히 받아야 할 형벌인 것이다. 왜냐하면 하나님의 풍요함은 결코 다함이 없으며, 또한 그의 관대하심이 줄어드는 법이 없기 때문이다"라고 말했다. 위의 진술 자체만 두고 볼 때, 칼빈은 사도 시대 뿐 아니라 항상 은사의 풍요함이 지속된다고 믿었다.

을 얼굴과 얼굴을 마주대하여 보며 온전히 알게 된다(고전 13:12). 신약 성경이 기록된다고 해서 성도의 지식이 온전해 지는 것은 아니다(참고. 김동수).

고린도 교회는 '그러나 아직 아니'의 측면을 간과하고 '이미'의 측면을 지나치게 강조했다. 그들은 이미 부요하고 배부르며 왕 노릇하기 시작했다(고전 4:8). 그들은 방언을 이미 자신들에게 미래가 도래했음을 보여주는 표시로 받아들인 것 같다. 만약 방언을 '천사의 말'과 동일시한다면(고전 13:1), 고린도 교회에게 천사의 말을 하는 것은 자신들이 이미 완전한 영적 존재가 되었음을 의미한다. 하지만 바울은 방언이 미래에 속한 것이 아니라 주님의 재림 이전 즉 현재에만 필요한 것이라고 주장한다. 역설적이게도, 참된 미래가 올 때, 고린도 교회가 미래 존재의 증거라고 보았던 은사들은 사라지고 말 것이다. 바울은 은사의 사용에 있어서 '이미와 아직 아니'의 균형 있는 시각을 제공 한다(참고. 고든 피).

(초자연적이며 기적적인) 은사 중지론자들은 '그 온전한 것'을 '성숙'으로 이해하여, 초대교회가 성숙해지면 은사가 중단되었다고 본다. 하지만 AD 1세기에 (신약 성경의 기록으로) 초대교회가 성숙했을 때, 교회가 하나님을 얼굴과 얼굴을 맞대어 본 것은 아니며, AD 2세기 이후의 교회가 사도시대보다 더 성숙해 진 것도 아니다(고전 13:12; 참고. 김동수, Blomberg). 속사도 시대 및 그 후 교부시대에도 방언과 신유와 같은 초자연적인 은사가 있었다.[260] 하지만 바울이 교회의 덕을 세우는데 더 유익한 은사인 예언을 강조한 것처럼, 교회도 예언을 더 강조하고 장려했다(참고. Robeck).[261]

오늘날 은사 지속론에 입각하여, 수련회에 참석한 청소년들은 방언의 은사를 받아야 은혜를 받은 것처럼 생각하기도 한[262] 은사는 하나님께서 주시는 선물이지 노력으로 되는 것이 아니며, 말과 심리 사이의 부조화 상태에 있거나, 혀가 꼬이거나 몸살 나면 이상한 소

260) 하지만 성경에서 말하는 방언이 오늘 날은 사라졌다고 보는 이들은 AD 2세기 이후의 방언은 이단이나 불건전 집단에서 주로 발생했다고 비판한다(참고. 옥성호).

261) 미국 복음주의 신학생 중 장로교회와 개혁교회 출신의 약 24%가 방언을 한다는 통계가 있다(참고. 데이비드 웰스).

262) 옥성호는 이렇게 연습하면 방언을 할 수 있다고 본다. 하지만 그 방언은 사도행전과 고린도전서가 말하는 방언 (외국어)과 다르다고 본다.

리가 나올 수도 있다.[263] 인위적인 방법으로 방언을 유도하는 것은 비성경적이다(박영돈).

사랑은 최고의 은사가 아니라, 은사들이 시행되는 길이다(고전 12:31; 참고. Witherington). 성령의 은사들도 중요하지만, 사랑이 더 중요하다. 사랑이 교회 내에서 영적 은사들의 사용을 다스려야 한다(참고. 리처드 헤이스). 방언은 자랑거리가 아니다. 정경의 완성 이후로 방언에 계시적 요소가 없으므로, 개인적 용도로 사용해야 한다. 개인적인 방언 기도를 통해서 천상의 예배를 미리 그러나 부분적으로 맛볼 수 있을 것이다(참고. 막스터너). 방언을 하는 사람은 그것이 무슨 뜻인지 알 수 있도록 통역의 은사를 구해야 할 것이다(고전 14:13). 뜻도 모른 채 방언을 하는 것보다 한국어로 기도하는 것이 인격과 삶의 변화에 유익하다(참고. 문효식).

## 나오면서

한국 교회는 방언에 대해서 무관심할 수 없다. 왜냐하면 교파를 초월해서 일반화된 현상이기 때문이다. 방언을 사도 시대 동안에만 유효한 것으로 제한 할 수도 없다. 방언이 오늘에도 유효하다고 해서, 그것을 성도의 신앙 체험의 중심으로 삼거나, 두 번째 성령세례를 위한 조건 혹은 참된 믿음의 징표로 삼아서도 안 된다(참고. 오스본).[264] 구약에도 성령에 의해 영감 받는 예배가 있었다(삼상 10:5). 하지만 그것은 신약의 '신령과 진정의 예배'에 대한 맛보기였다(요 4:24). 은사가 충만했던 고린도 교회의 방언이 예배의 순서 중 하나였다는 사실은 방언이 단순한 기도의 차원 그 이상인 것 같다. 즉 그 방언은 공동체를 향한 하나님의 뜻을 알리는 어떤 계시적 요소를 포함했던 것 같다(pace 박영돈). 하지만 오늘 날 방언은 이런 계시적 요소가 없는 순수한 개인적인 기도 차원이다. 따라서 사도 시대

---

263) "만약 어떤 사람이 방언의 은사를 체험하지 못했다면, 그것을 달라고 구할 것이 아니라 하나님께서 '이미 주신' 은사들이 무엇인지 찾아보아야 할 것이다"(오스본). 그러나 방언은 사모할만한 은사이다. 하나님은 방언의 은사를 사모하는 마음을 주신다. 하지만 방언이 성령 충만이나 구원의 조건은 아니다(오스본). 오순절파 학자인 McGee는 성령에 의한 알아들을 수 없는 방언은 물론 외국어 방언도 오늘 날에 있다고 보면서 외국어 방언으로 의사소통 할 수 있다고 주장한다.

264) 어거스틴, 성 프란시스코, 칼빈, 루터, 조나단 에드워즈, 스펄전, 빌리 그레이엄, 주기철, 손양원, 박윤선, 한경직 등은 방언을 하지 못했지만, 성령 충만한 이들이었다.

의 방언과 그 후의 방언에는 성격과 기능에 있어 차이가 있다고 볼 수 있다. 방언은 지금도 유효한 성령의 은사이며 신비이다. 하지만 방언이 통역을 동반할 때 온전하게 된다. 모든 그리스도인이 방언을 해야 하는 것은 아니다. 방언을 하는 사람은 교만해 지지 말고, 하지 못하는 사람들을 배려해야 한다. 따라서 공적 모임에서 방언을 하는 것은 삼가야 한다.[265)]

방언과 같은 초자연적인 은사에 대한 중단론도 성경적 근거를 가지고 있으므로, 필자는 이 주제를 '열린 결론'으로 두고자 한다. 본문 주해, 목회 현장, 그리고 심리 등을 종합적으로 심도 있게 다루려면 시간이 더 필요하다. 물론 말씀이 체험과 현상을 지배하도록 해야 한다.[266)]

---

265) 박영돈은 방언의 유익으로 이성적인 인식과 이해의 한계를 초월하여 하나님과 영적인 교통을 누리고, 영이 새로워지고, 하나님의 임재를 체험하게 되고, 믿음의 확신이 없는 이들이 자신 안에 성령이 거하심을 확신하게 되고, 동시에 신앙의 열심이 자극된다고 본다.

266) Blomberg, C.L. *1 Corinthians*. NIV Application Commentary. Grand Rapids: Zondervan, 1994.
Chester, S.J. "Divine Madness?: Speaking in Tongues in 1 Corinthians 14.23." *Journal for the Study of the New Testament* 27(4, 2005), 417-446.
*ESV Study Bible*. Wheaton: Crossway Bibles, 2008.
Fee, G.D. *God's Empowering Presence: the Holy Spirit in the Letters of Paul*. Peabody: Hendrickson, 1994.
Garland, D.E. *1 Corinthians*. Baker Exegetical Commentary on the New Testament. Grand Rapids: Baker, 2003.
Godet, F.L. *Commentary on First Corinthians*. Grand Rapids: Krege Publications, 1985.
Grosheide, F.W. *First Corinthians*. NICNT. Grand Rapids: Eerdmans, 1984.
Kildahl, J.P. *The Psychology of Speaking in Tongues*. New York: Harper & Row Publishers, 1972.
McGee, G.B. "The New World of Realities in which We live: How Speaking in Tongues empowered Early Pentecostals." *Pneuma* 30(2008), 108-135.
Meyer, M.M. "Speaking in Tongues-Glossolalia." *Brethren Life and Thought 20*(3, 1975), 133-151.
Mills, W.E. (ed). *Speaking in Tongues: Let's talk about it*. Waco: Word Books, 1973.
Morris, L. *1 Corinthians*. Tyndale New Testament Commentaries. Leicester: IVP, 1985.
Pratt, R.L. (ed). *Spirit of the Reformation Study Bible*. Grand Rapids: Zondervan, 2003.
Robeck Jr., C.M. "Tongues." (In Hawthorne, G.F. Martin, R.P. & Reid, D.G., eds. *Dictionary of Pau and His Letters*. Leicester: IVP. 1993, 939-943.)
Robertson, A. & Plummer, A. *1 Corinthians*. ICC. Edinburgh: T&T Clark, 1978.
Thiselton, A.C. *The First Epistle to the Corinthians*. NIGTC. Grand Rapids: Eerdmans, 2000.
Witherington, B. *Conflict and Community in Corinth: a Socio-Rhetorical Commentary on 1 and*

## 빌립보서: 예수님의 대제사장적 기도와 바울(빌 1:9-11)의 기도 비교[267)]

### 들어가면서

예수님은 '주기도문'(마 6:9-13; 눅 11:2-4)을 가르치셨고, 직접 '대제사장적 기도'(요 17)를 하셨다. '기도의 사도' 바울도 여러 군데서 교회를 위해서 기도했고, 기도에 관해 교훈했다(엡 1:15-19; 3:16-19; 살전 5:23; 참고. 행 9:11; 롬 1:8-12; 15:13; 고전 1:4-7; 고후 12:7-10; 엡 6:18; 딤전 2:12). 여기서 예수님의 대제사장적 기도(필요시

---

*2 Corinthians*. Grand Rapids: Eerdmans, 1995.
고든 피. 『바울, 성령, 그리고 하나님의 백성』. 좋은씨앗, 2000.
고재수. 『성령으로서의 세례와 신자의 체험』. 개혁주의신행협회, 1991.
김동수. 『신약이 말하는 방언』. 킹덤북스, 2009.
데이비드 웰스. 『거룩하신 하나님』. 부흥과 개혁사, 2007.
리처드 개핀, 로버트 소시, 새뮤얼 스톰스 & 더글러스 오스. 『기적의 은사는 오늘날에도 있는가』. 부흥과 개혁사, 2009.
리처드 헤이스. 『고린도전서』. 현대성서주석. 한국장로교출판사, 2006.
문효식. 『방언! 무엇이 문제인가?』. 크리스천서적, 2008.
바레트, C.K. 『고린도전서』. 국제성서주석. 한국신학연구소, 1985.
박영돈. 『일그러진 성령의 얼굴』. IVP, 2011.
반더발, C. 『반더발 성경연구 3』. 줄과추, 1999.
브루스 윈터. 고린도전서. (In 카슨, D.A. & 프란스, R.T., eds. 『IVP성경주석: 신약』. IVP. 2005, 444-480.)
오스본, G. (ed). 『고린도전서』. 성서유니온선교회, 2004.
옥성호. 『방언, 정말 하늘의 언어인가?』. 부흥과 개혁사, 2008.
우르시누스, Z. 『하이델베르크 요리문답해설』. 크리스찬다이제스트, 2006.
이승구. "칼빈과 이단문제: 이단문제에 대한 칼빈 신학의 의의." 제 4회 종교개혁기념 학술세미나. 고신대 개혁주의학술원 (2009, p. 41-89.)
정성구. 『아브라함 카이퍼의 사상과 삶』. 킹덤북스, 2010.
존 월튼, 빅터 매튜스, 마크 샤발라스 & 크레이그 키너. 『IVP성경배경주석』. IVP, 2010.
칼빈, J. 『고린도전후서』. 성서교재간행사, 1993.
터너, M. "언어." (In 데스몬드 알렉산더 & 브라이언 로즈너., eds. 『IVP성경신학사전』. IVP. 2004, 874-877.)

267) 아래의 문헌을 참고하라.
O'Brien, P.T. *The Epistle to Philippians*. NIGTC. Grand Rapids: Zondervan, 1991.
Rogers, C.L. Jr. & Rogers, C.L. III. *The New Linguistic and Exegetical Key to the Greek New Testament*. Grand Rapids: Zondervan, 1998.
아더 핑크. 『바울의 기도 연구』. 생명의 말씀사, 1983.

대제사장적 기도의 근접 문맥인 '고별강화'로 확장함)를 빌립보서 1:9-11의 바울의 기도와 비교해 보자.[268] 예수님과 사도 바울의 기도는 간결하면서도 명료했다(참고. 아더 핑크, 1983:14). 빌립보서 1:9-11에서 바울이 했던 기도의 내용은 4가지로 요약되는데, 예수님의 기도를 염두에 두고 하나씩 살펴보자.[269]

### "너희 사랑이 지혜와 모든 총명으로 더욱 풍성하게 되어"(빌 1:9)

빌립보서 1:9-11의 바울의 기도(intercessory prayer)는 1:1-11의 '서론적 감사' 부분의 절정이다. 바울은 빌립보 성도를 예수 그리스도의 마음(깊은 애정의 좌소로 여겨진 심장, 간, 허파를 가리킴)으로 매우 사모했다(8절). 이런 불타는 애정은 자연스럽게 기도로 이어졌다. 이제 빌립보서 1:3-6에서 언급된 기도의 내용이 밝히 드러난다. 9절과 10절의 ἵνα구문은 '목적'이 아니라 기도의 '내용'이다(참고. O'Brien, 1991:73). 샘물이 흘러넘치듯이(overflow) 빌립보 교회의 더욱 더 풍성하게 되어야 했던 '그 사랑'은 누구를 향한 것인가? 여기서 '사랑'은 목적어를 가지고 있지 않기에 논란이 될 수 있다. 동료와 하나님 모두 포함한다(참고. 살전 3:12; 요일 4:19; 보라. O'Brien, 1991:74).

사랑이 더욱 풍성하게 되는 수단인 '지혜(참고. 엡 1:17; 골 1:9-10; 몬 6)와 모든 총명(NT *hapax*)'은 무엇인가? '지혜'(knowledge)는 그리스도를 통한 하나님과의 개인적이고 친밀한 관계를, '총명'(insight)은 실제 행동과 모든 상황 속에서의 '실제적인 이해'(참고. 잠 5:2; 14:7; 15:7)를 의미하는가?(참고. O'Brien, 1991:73, 77). 빌립보 교회는 '지식'보다 '열정'이 앞서 있었던 것 같다. 예수님은 요한복음 14:17에서 '진리의 영'이신 보혜사 성령님의 가르치시는 사역을 언급 하신다(참고. 요 14:26). 진리를 깨달으면 깨달

---

268) 이 글은 한국동남성경연구원(www.kosebi.org) 정기 월례발표회에서 현광철 목사가 발표한 '바울의 기도, 우리의 기도'(빌 1:9-11)에 기초한 것이다. O'Brien(1991:9)처럼 필자도 빌립보서의 바울 저작을 인정한다. 클레멘트(AD 95), 이그나티우스(107), 허마(140), 순교자 저스틴(165), 무라토리 정경(2세기 후반), 말시온의 정경(160)의 글에도 빌립보서 내용이 나타나기에, 교부들의 마음에 빌립보서의 바울 저작성과 정경성에 대한 의심은 없었다.

269) 흥미롭게도 사도행전에는 사도의 기도가 나타나지 않는다. 사도행전이 경건한 일을 기록하기보다는 더 역사적인 책이기 때문에, 또 성령께서 사도들 '속에서' 행하신 일보다 사도들을 '통해서' 이루신 일에 대해 더 많은 것을 다루기 때문이다. 즉 사도행전에는 그리스도의 사신으로서의 공적인 행실들이 그들의 개인적인 경건의 연습보다 더 두드러진다(참고. 아더 핑크, 1983:8).

을수록 성도와 하나님에 대한 사랑이 풍성해 진다(참고. 살전 4:9; 벧후 3:18). 요한복음 14:21은 계명을 지키는 자가 예수님을 사랑하는 자라고 말씀한다(참고. 요이 1:1). 요한복음 15:17에서 예수님은 "서로 사랑하라"는 새 계명을 주신다. 불신 유대인들은 예수님과 그리스도인들이 참람한 자들이라고 생각했기에, 그들을 죽임으로써 하나님의 일을 한다고 믿었다(요 16:2). 잘못된 지식은 잘못된 사랑과 열심으로 나타난다. 따라서 사랑은 진리로 양육되고 통제되어야 한다(참고. 신 6:5-6).

### "지극히 선한 것을 분별하고"(빌 1:10a)

빌립보 교회가 신중히 검토한 후 인정해야 할(to approve after careful testing, 참고. Rogers & Rogers, 1998:449) '지극히 선한 것들'('그 탁월한 것들', the things which excel, 참고. 롬 2:18)이 무엇인가? 즉 성도는 무슨 탁월한 것들 혹은 필수적인 것들(vital)을 탁월한 것으로 인정해야 하는가? 바울은 빌립보서 3:8과 13-14절에서 예수님 중심으로 가장 탁월한 것이 무엇인지 분별했다. 빌립보서 1:6은 하나님이 '선한 일'을 빌립보 교회 안에 시작하셨고, 그리스도 예수님의 날까지 이루신다고 말씀한다. 5절에 의하면, '선한 일' 중 하나는 빌립보 교회가 바울의 복음 전파 사역에 후원함으로써 동참한 것으로 볼 수 있다(참고. 빌 4:15). 그리고 '선한 일'을 '새 창조'로도 볼 수 있다(참고. O'Brien, 1991:64). 그러므로 '지극히 선한 것들'은 막연하게 좋은 것이 아니라 '복음과 교회 중심'으로 좋은 것들, 즉 예수 그리스도 안에서 새로운 피조물로 변화되어 가는데 있어서 좋은 것들을 가리킨다.

### "그리스도의 날까지 순전하고 흠이 없게 되며"(빌 1:10b)

'그리스도의 날까지'은 언제인가?[270] 문맥상 예수님의 재림으로 보는 게 타당하다(참고, 빌 1:6; 보라. O'Brien, 1991:65, 78). 그리고 '순전하고(moral integrity) 흠이 없게(참고. 행 24:10; 고전 10:32; 보라. 아더 핑크, 1983:355)'는 무슨 뜻인가? 마음과 행실에 있어서 도덕적 순전함과 남에게 걸림돌이 되지 않는다는 것은 빌립보 교회의 성화와

270) O'Brien(1991:79)은 문맥을 고려하여 '그리스도의 날을 준비하여'(in preparation for the day of Christ)라고 이해한다.

관련된다. 왜냐하면 이것은 문맥 상 특히 빌립보서 2:15에 의하면, 어그러지고 부패한 세대 가운데서 책망 받을 것이 없는 하나님의 자녀로 흠 없고 순전하게 사는 것과 다르지 않기 때문이다. 하나님은 성도로 하여금 세상을 떠나지 않고 그 속에 살되, 악한 자(사탄; 참고. 요 14:30)의 공격으로부터 지켜주신다(참고. 요 17:15).[271)]

### "예수 그리스도로 말미암아 의의 열매가 가득하여"(빌 1:11a)

'의의 열매'는 무엇인가? 많은 주석가는 속격을 동격의 속격으로 보면서 '의 즉 열매'로 본다. 환언하면, 의 자체가 열매라는 뜻이다. 하지만 의를 성령의 열매인 사랑, 희락, 평강, 오래 참음과 같은 도덕적인 특성으로도 볼 수 있다(참고. O'Brien, 1991:80).

의를 근원적으로 '법정적 개념'으로 볼 수 있다. 즉 불의한 자에게 의롭다고 선언하시는 것과 관련된다. 이것은 예수님의 의가 성도에게 전가됨으로 가능하다. 그리고 '의의 열매'는 바울의 새 관점주의자들(예. Dunn, Sanders, Wright)이 주장하듯이 '언약적 신실함' 즉 언약 백성이 언약의 내용에 신실하게 맞추어 살 때 맺는 열매이다. 마지막으로 의의 열매는 혹자(예. Tom Holland)가 주장하듯이 '공동체적 개념'으로서 영적으로 출애굽한 공동체(신약 교회)가 구원을 누리며 맺는 예수 그리스도로 말미암는 삶의 열매이다(contra 아더 핑크, 1983:360). 이런 그리스도 중심적인 이해가 분명하게 되면 '의의 열매'를 불신자들의 삶에 나타날 수 있는 일반은총적인 도덕적 삶과 구별할 수 있다. 요한복음 15장의 포도나무 비유에서도 '의 사상'이 나타난다. 포도나무이신 예수님에게 공동체적으로 연결된 가지인 교회가, 포도나무의 영양분을 받기를 거부하여 열매를 맺지 않으면 심판을 받게 된다(요 15:6). 하지만 의로우신 생명의 예수님 안에 있을 때는 열매를 맺을 수 있다(요 15:5, 8; 엡 4:15; 골 1:10).

---

271) 참고로 '교회의 스승'이라 불리는 신학 교수에게 목회 현장이 없는 것이 아니라, 가르침의 현장 즉 신학생들을 대상으로 목회를 해야 한다. 교수는 학생에게 그리스도의 형상이 갖추어 지도록, 흠이 없도록 해산의 수고를 해야 한다. 이를 위해서 강의실 밖에서 학생들을 정기적으로 만나 상담하고 같이 기도해야 한다. '교회'와 '신학교' 사이의 간격만큼이나, 신학교 '강의실'과 '강의실 밖'의 간격도 크다.

그리고 요한복음 16:10에서 예수님은 명시적으로 '의'를 언급하신다. 예수님이 성부께로 가심으로써 지상의 제자들이 주님을 더 이상 보지 못하게 되는 것이 의와 관련된다. 즉 예수님의 승천과 재위 그리고 만유를 통치하심이 하나님의 의이다. 성령은 이것을 믿지 않는 사람들을 심판하실 것이다(요 16:8).[272)]

### 결론(빌 1:11b)

11b의 송영은 빌립보서 1:9-11a의 결론인 동시에 3-11a의 결론이다. 빌립보서 1:1-11은 '기쁨의 서신' 빌립보서의 밝은 분위기를 미리 보여준다(참고. "내가 기뻐한다," 빌 1:18; 2:17, 18, 28; 3:1; 4:4[2회]; '기쁨', 1:25; 2:2, 29; 4:1). 4절에서 밝힌 대로, 바울의 기도는 '기쁨으로 간구하는 것'이다. 참고로 구약에서 송영은 기도를 마칠 때 종종 등장한다(참고. 삼하 22:50; 시 21:13; 35:28; 41:13).

"하나님의 영광과 찬송이 되기를 기도한다"에서 '하나님의 영광과 찬송'은[273)] 빌립보 교회가 바울의 기도대로 살 때 가능한 결과이다. 즉 그들의 삶을 통해서 하나님이 영광을 받으실 뿐 아니라(참고. 빌 4:20), 하나님이 기뻐 노래하신다는 의미로 볼 수 있다. 즉 하나님이 그들의 삶을 보고 감동을 받으신다는 의미이다. 요한복음 15:8에서 예수님은 많은 열매를 맺어 제자가 되면, 하나님 아버지께서 영광을 받으신다고 말씀한다. 요한복음 17:10은 예수님이 자신의 소유된 성도로 말미암아 영광을 받으셨다고 말씀한다. 요한복음 14:13에 의하면, 성도가 예수님의 이름으로 기도할 때, 예수님이 역사하시는데, 이것은 성부께서 성자로 인하여 영광을 받으시게 하려는 것이다. 마찬가지로 사도 바울이 빌립보 교회를 위해서 기도하여 응답되는 것은, 곧 성부께서 성자를 통해서 영광을 받으시는 것이다(요 15:16). '기도와 응답 그리고 성자를 통한 성부의 영광 받으심'은 계속 맞물려서 순환되어야 한다.

---

272) 참고로 아더 핑크(1983:333)는 빌 1:10-11을 기도 내용으로 보는 대신에, 바울의 기도가 응답되면 결과적으로 따라 올 효과로 본다.

273) '하나님의'에서 이 속격을 주격적 속격으로 보면, 하나님이 빌립보 교회를 영화롭게(명예롭게) 하고 그들 때문에 기뻐 노래하시는 의미이다. 목적격적 속격으로 보면, 빌립보 교회가 바울의 기도대로 살 때 하나님을 영화롭게 하고 하나님께 찬송을 돌리는 것이다(참고. 벧전 4:11).

한 걸음 더 나아가, 바울의 기도와 송영에서 '성령론적 적용'이 강조되어야 한다. 즉 바울이 4가지 제목으로 기도한 것도 성령의 역사이며, 빌립보 교회가 그대로 실천할 수 있는 것도 성령의 사역이다. 현대 교회도 성령의 역사로 이렇게 살 수 있다. 따라서 성령의 역사로 말미암아 성부 하나님이 영광을 받으시고, 기뻐하시기에, 삼위의 협동 사역이시다. 빌립보서 1:10의 '그리스도의 날'과 11절의 '예수 그리스도로 말미암아'에서 알 수 있는 것은 승천하신 예수님이 성령으로 사역하신다는 사실이다.

## 나오면서

기도의 사도 바울은 교회의 표준이 되는 예수님의 기도를 알고 있었을 것이다. 넓게는 고별강화, 좁게는 대제사장적 기도가 빌립보서 1:9-11의 바울의 기도와 내용과 간결성과 명료성에 있어 강한 간본문성을 보이기 때문이다.

## 디도서: 목회서신에 나타난 율법관[274)]

목회서신이 다루는 주제는 많지만, 무엇보다 AD 1세기 중반의 교회가 '복음의 순수성'을 위해서 어떻게 싸워왔는가를 탐구할 수 있는 기회를 제공한다. 목회서신의 거짓 선생과 관련하여 분명한 것은 유대 율법주의적 요소가 강하다는 점이다: '율법의 선생들'(딤전 1:7), '할례당'(딛 1:10), '유대인들의 신화'(딛 1:14), '율법에 대한 다툼과 논쟁'(딛 3:9), '허탄한 신화와 끝없는 족보'(딤전 1:4; 4:7; 딛 3:9). 이런 유대-율법주의적 요소가 초기 영지주의와 혼합된 것으로 볼 수 있는 내용도 있다: 음식법에 근거한 금욕주의(딤전 4:3), 거짓된 지식(딤전 6:20). 그리고 목회서신에 묘사된 거짓 교훈 중에 바울의 사역 기간 동안 알려져 있지 않았던 것들은 하나도 없다. 목회서신의 저자가 율법관과 관련하여 사용하는 표현과 제시하는 사상은 대부분 바울의 이전 서신들에 나타난 것이다. 따라서 이런 간본문성에 근거해 볼 때, 목회서신의 바울 저작성을 인정하는 것은 자연스럽다. 예수님과 바리새인 사이에 율법 이해에 있어서 발생했던 대립이 바울/디모데/디도와 거짓 선생들 사이에 거의 비슷한 모습으로 재현되었다고 볼 수 있다. 유대교에서 기독교로 개종함으로써 은혜로 구원을 경험한 바리새인 출신 바울은 목회서신에서도 '바울의 새 관점주의자'의 오류를 드러낸다(참고. 딤전 1:13-14). 왜냐하면 바울이 율법에 열심을 내면서 유대교 안에 머물러 있었을 동안, 그는 구원 안으로 들어오지 못했기 때문이다. 그리고 율법의 문자적인 준수 혹은 왜곡된 준수는 사람을 구원하지도 못하며, 사람이 구원 안에 머물도록 만드는 것도 아니기 때문이다. 하지만 그리스도께서 성취하신 법은 구원 받은 신약 성도의 삶에 규범이 된다. 복음서의 바리새인들과 목회서신의 거짓 선생들에게 공통적으로 나타난 사항은 구약에 대한 그리스도 중심적 해석의 실패(혹은 거부) 및 행위 구원론적 율법주의였다. 따라서 바울이 쓴 목회서신에서 '구원을 획득하기 위한 율법 준수'로부터 벗어나는 것은 독자들에게 주요 이슈라 할 수 있다. 디아스포라를 배경으로 하는 목회서신에서 거짓 선생들의 율법관은 1세기 팔레스틴의 유대교가 견지했던 율법관과 별 차이가 없다고 결론을 내릴 수 있다. 왜냐하면 바울의 사역 동안 초기 영지주의의 영향을 받은 유대인 출신 그

---

274) 송영목, "목회서신의 율법관: 바울의 새 관점과 비교하며," 『교회와 문화』 28(2012), 95-126에서 요약.

리스도인의 율법주의는 복음의 진리에 위협적이었기 때문이다. 예수님과 바울의 가르침을 따라, 은혜로 구원 안에 들어온 신약 교회는 '그리스도의 법'(혹은 '그리스도의 계명', 참고. 마 5:17; 요 14:15, 21; 15:10, 12)을 따라 경건하게 살되, 불필요한 소모적 논쟁을 삼가야 한다. 바울은 이 모든 과정을 위해서 성령님의 사역이 필요하다고 강조한다(딛 3:5-6). 바울, 디모데, 그리고 디도처럼 오늘날의 말씀의 사역자들도 모든 성경을 목표지향점(the telic scopus)이신 구주 예수 그리스도를 중심으로 하여 분명하게, 비 사변적으로, 건강하게 해석해야 한다. 설교자는 특히 구약 율법을 '그리스도 완결적 율법'으로 해석하고 설교해야 한다. 바로 그 때 은혜로 구원 받은 성도가 혼합주의와 거짓 가르침에 미혹되지 않고, 선한 일에 힘쓰게 될 것이다.

## 베드로전서: 시몬 베드로를 베드로전서의 저자로 볼 수 있는 근거는 무엇인가?

- 베드로전서 1:1는 베드로 저작을 명시한다. 베드로를 저자로 첫 절에서 명시하는 것은, 정경적 관점에서 볼 때 이 서신의 메시지의 권위를 위해서 중요하다. 여기서 놓치지 말아야 할 것은 저자 문제를 비롯한 서론 문제를 다룰 때, 베드로전서 자체가 증거하는 내적 증거를 먼저 살핀 후에 외적 증거를 살펴야 한다는 사실이다.
- 베드로가 '그리스도의 고난의 증인'(5:1)이었다는 사실은 신약 성경에서 볼 수 있다(마 26:58, 67-69; 막 14:54; 눅 22:54, 61; 24:44-47; 사도행전의 베드로의 설교). 베드로전서 2:23도 증인 베드로의 기억에서 나온 말씀으로 보인다.
- 구약 본문과 인물들에 대한 지식은 저자가 유대인이었음을 암시한다. 저자는 자신의 논의를 마무리 할 때 단락 마지막에 권위 있는 하나님의 말씀인 구약을 자주 인용한다(1:16, 24-25; 2:6-8; 3:10-12).
- 구원의 궁극적인 주체이신 하나님과 하나님의 종이신 예수님에 대한 강조와 같은 베드로전서의 신학은 초대교회의 전반적인 신학과 일치하며, 특히 사도행전의 베드로의 설교와 일치한다.
- 공평하신 하나님(1:17), 제자도(2:21-24; 5:3), 겸손(3:8; 5:5-6), 그리고 목양 이미지(2:25; 5:2-4)는 복음서와 사도행전에 나타난 베드로의 모습 및 가르침과 연결된다.
- 다소 모호한 점이 있지만 교회 직제의 발달 초기의 모습(5:1-5)과 은사 개념은 베드로 저작성과 이른 연대를 지지한다.
- 베드로는 본도, 갑바도기아, 아시아에서 예루살렘으로 순례 온 디아스포라와 접촉이 있었는데(행 2:9-11), 그 지역의 그리스도인들에게 편지를 썼다.
- 실루아노(5:12)가 베드로의 생존 동안 베드로의 지도하에 대서가로 역할을 했을 수 있다.
- '내 아들 마가'(5:13)라는 표현은 베드로와 마가 요한이 이전에 교제가 있었음을 암시한다(행 12:1-17). 로마에서의 이 둘의 협동 사역은 속사도 이후의 전승에서 볼 수 있다.

- 속사도 이래로 베드로가 로마에서 순교했다고 한 목소리로 전하기에, 베드로가 이 서신을 작성한 장소인 '바벨론'(5:13)을 로마로 볼 수 있다.
- 이 편지에서 저자는 로마제국의 전면적인 박해를 언급하지 않기에, 베드로가 생존했던 네로 황제의 로마에서의 박해 이전의 간헐적 박해 상태로 볼 수 있다.
- 이 편지에서 저자는 자신을 익명으로 언급하지 않으며, 사도 시대가 과거의 사건이었음을 암시하지 않는다.
- 이레니우스(120-202) 이래로 베드로 저작이라고 인정을 받았으며, 오랫동안 베드로 저작성이 도전을 받지 않은 사실.

## 들어가면서

이 글의 목적은 장로교 총회가 조직된 지 100주년을 맞이하는 2012년을 기점으로 한국의 대표적인 4개 장로교단(기장, 통합, 합동, 고신)의 성경 해석을 회고하되,[275] 구속사적 해석에 초점을 두고 장로교의 바람직한 성경해석의 방향을 제시하고자 한다. 이 글은 4개 장로 교단의 신학교 저널에 실린 글 중에서 구속사적 해석과 관련된 논문을 분석하는 방법을 취할 것이다. 이 글을 통해서 필자는 "구속사와 역사비평의 조화를 꾀한 것이 기장과 통합의 흐름이라면, 합동과 고신은 역사비평을 배제한 구속사적 해석을 지속적으로 추구해 왔다"라는 결론을 내릴 것이다.

### 구속사적 성경 해석의 정의 및 특징

하나님의 특별계시역사에 있어 핵심이라 할 수 있는 구속사적 성경해석의 정의를 위해서, '성경신학의 아버지' 게할더스 보스(G. Vos)가 내린 고전적인 정의는 여전히 적실하다.[276] "주경신학의 한 분과로서 성경에 나타난 하나님의 자기 계시의 과정을 다루는 작업이다." '성경신학'보다 '특별계시역사'라는 용어를 더 선호한 보스는 이 둘을 교차적으로 사용하기도 했다. 보스는 성경신학적 해석의 4가지 주요 성격을 다음과 같이 제시한다:[275] (1) 계시 과정의 역사적 점진성, (2) 역사 안에서의 계시의 실제적인 구체화, (3) 계시 안에서 관찰 가능한 역사적 과정의 유기적 성격, (4) 성도의 삶에 적용되는 실제성. 이 성경 해

275) 이 글에서 4개 교단의 선정 기준은 현재의 교단 규모가 아니라, 장로교가 분열되던 1940년대의 상황 및 한국장로교총연합회의 창립총회 당시(1981년 2월 1일)를 염두에 둔 것이다. 참고. http://www.cpck.kr/about/sub03.htm.

276) G. Vos, *Biblical Theology* (Grand Rapids: Eerdmans, 1948), 13. 같은 맥락에서 보스의 제자인 체스터 레만(Chester Lehman)은 성경신학을 "하나님의 계시적 행동과 하나님의 말씀을 들은 인간의 영적 경험들, 성문 말씀의 특성들의 빛 가운데서, 하나님께서 인간에게 주신 계시를 취급하는 성경해석의 한 가지"라고 소개한다. C. Lehman, Biblical Theology, 김인환 역, 『성경신학』(서울: 크리스챤 다이제스트, 2001), 35.

277) Vos, *Biblical Theology*, 14-17.

석법은 판 더 발(C. Van der Waal), 헬베르그(J. L. Helberg), 시드니 그레이다누스(S. Greidanus), 그레엄 골즈워디(G. Goldsworthy), 그레고리 비일(G. K. Beale), 데니스 존슨(D. E. Johnson), 마이클 윌리엄스(Michael Williams) 등에 의해서 계승, 발전되고 있다.[278] 이제 보스가 내린 구속사의 정의와 특징들을 염두에 둔 채, 4개 장로교단의 학술지에 실린 관련 논문들을 분석해 보자. 본 연구에서는, 위에서 밝힌 보스의 성경신학적 정의와 4가지 특징이 직간접적으로 연결되고 반영된 학술지의 글들로 제한한다. 필요한 경우, 구속사와 연관된 성경해석 방법론에 관한 논의도 포함된다. 학술지의 논문 이외의 구속사와 관련된 저술은 본 연구에서 제외되므로, 전체적이고 철저한 분석을 하는데 한계가 있다. 실제로 논문이 아닌 단행본에서 학자들의 구속사적 해석이 더 분명하게 드러나는 경우가 많은데, 동일 저자의 논문과 단행본의 비교는 또 다른 연구 논문을 필요로 한다.

## 구속사적 성경해석의 회고와 평가: 4개 장로교단 신학교의 학술지를 중심으로

### 한국기독교장로회(이하: 기장): 『신학연구』

1939년 3월, 한국인에 의한 신학운동의 자립과 신학의 세계적인 수준 도달을 목적으로 조선신학원이 설립되었으며, 그 신학원은 1946년에 장로회총회 직영신학교가 되었다. 학술지 『신학연구』는 1955년 8월에 창간된 『한국신학대학 학보』의 후신이며, 1960년 7월부터 그렇게 명명되었다.[279] 필자는 한신대 교수의 의견을 소개하고 평가하는 방식으로, 즉 전체가 아니라 학자를 개별적으로 살펴볼 것이다.

기장의 구속사적 성경해석에 나름대로 처음으로 기여한 이는 전경연이라 할 수 있다.[280] 그는 "오직 김재준박사와 한국신학대학이 전통적 칼빈적 신학을 계승하면서도 비평적 연구

---

278) C. Van der Waal, *Search the Scriptures* (Grand Rapids: Paideia Press, 1978); J.L. Helberg, *Die Here regeer: Openbaringslyn deur die Ou Testament* (Pretoria: NGKB, 1980); S. Greidanus, *Preaching Christ from the Old Testament* (Grand Rapids: Eerdmans, 1999); G. Goldsworthy, *Preaching the Whole Bible as Christian Scripture* (Grand Rapids: Eerdmans, 2000) G.K. Beale, *New Testament Biblical Theology* (Grand Rapids: Baker, 2011); D.E. Johnson (ed), *Heralds of the King* (Wheaton: Crossway, 2009); M. Williams, *How to read the Bible through the Jesus Lens* (Grand Rapids: Zondervan, 2012).

279) "한국신학대학 40년의 발자취," 『신학연구』 22 (1980년): 213-215.

방법을 용납하였다. 이것은 한국의 기독교사의 큰 사건이며 한국의 신학이 세계적 조류에 끼어들어 건전한 발전을 하게 된 기연(機緣)이 되었다"고 주장함으로써, 과학적으로 훈련받은 현대인에게 선교할 방도로 역사비평에 기초를 둔 칼빈적 신학(구속사적 해석?)을 추구했음을 알 수 있다.[281] 전경연은 정통신학은 독단에 빠져 성경의 인간적 차원을 고려하지 못한 채, 성경의 권위와 영감을 주장함으로써 과학적인 현대인들에게 설득력을 가지지 못했다고 비판한다.[282] 전경연은 개혁교회의 신학이 성서해석학에 끼칠 공헌은 성경의 인간적 측면을 고려하여 언어적, 시대사적, 여러 학문적 연구를 동원하려는 인간적 노력과 함께, 이런 노력이 자신에게 최후적 가치와 정통성을 돌리지 않고 성령에게 그것을 미루는 태도를 학문적으로 확립하는 길이라고 본다.[283]

전경연은 구속사적 성경해석에서 의미 있는 자리매김을 하는 '모형론'이 성서의 논리를 파악하는데 있어서 중요한 요소를 이룬다는데 동의한다: "구속사에 일어난 일로서 전에 있었던 일 이후에 일어난 일과 동일함을 지적하여 하나님의 구속 사업의 일관성 또 구원의 사실로서의 확실성을 논증하는 방도가 동형론(typology)이다."[284] 그가 모형론을 지지하는 이유는 다음과 같다: "성서는 과연 선민과의 계약이란 기본적 관계로 엮어지는 구속사이며 그리스도가 그 역사의 통일 원리이며 중심이란 이해에 도달한다면, 하나님의 활동 때문에 일어나는 여러 사건들의 서로의 관련과 의미를 예표와 완성의 관계에서 찾는 것의 정당성을 볼 것이다."[285] 더 나아가 그는 모형론적 해석에서 역사비평이나 종교사연구도 의미

---

280) 전경연 이전에, 구속사적 해석과 관련된 논문으로 윤주택, "마가복음의 기독론," 『신학연구』 1 (1955년): 155-171 ; 유시욱, "바울의 구약성서해석," 『신학연구』 3 (1957년): 149-183이 있다. 윤주택은 마가복음 우선설을 지지하며, 마가복음은 마가복음의 편집자가 그 당시 통용하던 로마서를 참고하고 '보도를 모집'하여 예수님이 메시아요 인자이심을 증명한 책이며 '원시 교회의 신앙'으로 본다. 그리고 그는 '메시아 비밀'을 주장한 브레데(W. Wrede, 1901)와 달리, 예수님이 십자가 사건 이전에 메시아 의식을 가지고 있었음에 동의한다. 유시욱은 바울의 회심이 그의 율법관에 미친 영향, 구약 예언의 성취자이신 그리스도, 모형론적 해석, 바울이 행한 구약의 기독론적 설교 등을 긍정적으로 파악한다.

281) 전경연, "성령과 성서해석," 『신학연구』 9 (1965년): 58.

282) 전경연, "성령과 성서해석," 64.

283) 전경연, "성령과 성서해석," 74. 한신대의 강원용(1961)은 그 당시 한국의 신학을 '확고한 근본주의'라고 비판했지만, 간하배는 그런 보수주의적 신학과 신앙을 한국에 온 선교사들의 성과로 본다. 참고. 간하배, "한국장로교 신학에 관한 연구(II)", 『신학지남』33 (1966년, 4): 36.

284) 전경연, "로마서 5장의 그리스도와 아담 동형론과 그 타당성," 『신학연구』 7 (1961년): 63.

를 얻는다고 주장한다.[286)]

전경연의 위의 주장은 비평이 필요하다. 성경에 나타난 사건의 역사성과 초역사성에 대해 회의적인 태도를 취하는 역사비평과 성경에 영감을 주신 성령의 사역이 실제로 조화되는지 의문이다.[287)] 그리고 성경의 유기적 통일성을 강조하는 모형론과 역사비평을 어떻게 결합할 수 있는지는 의문이다.[288)] 또한 성경의 역사적이며 인간적 측면을 합리적으로 밝히려는 역사비평으로 성경을 제대로 해석 할 수 있다면, 성경을 그런 전문적인 방법에 무지한 일반성도로부터 단절시키는 역효과가 발생하고 말 것이다.

문익환은 오경의 문서설(J, E, D, P)을 수용하면서 구약을 '구속'으로만 보지 말고, '새창조' 즉 창조의 회복으로 볼 것을 제안한다. 그는 구약을 '창조'에서 출발하여 '구속'을 거쳐 '재창조'로 전개되는 내러티브로 이해한다.[289)] 문익환은 구속의 역사는 창조의 회복이며, 성경이 천지의 창조에서 시작되어 신천신지의 창조로 끝나는 것은 성경의 구조뿐 아니라, 내용이라는 면에서 중요하다고 본다.[290)] 하지만 문익환의 주장처럼 문서설에 근거한 재창조의 구속사가 가능한지 의문이다. 환언하면, 창조-구속-재창조라는 성경의 구속사적 해석의 결론은 정당하지만, 그 결론에 도달하도록 인도하는 방법론에 의문을 제기할 수밖에 없다.

비교적 최근에 오영석은 그리스도의 삼중직론 중에서 예언자직과 제사장직을 중심으

285) 전경연, "로마서 5장의 그리스도와 아담 동형론과 그 타당성," 73.

286) 전경연, "로마서 5장의 그리스도와 아담 동형론과 그 타당성," 75.

287) 전경연은 예수님의 입에서 나온 말씀과 복음서 저자의 기록 사이를 날카롭게 구분한다. "또 한 가지 명심해야 하는 것은 복음서의 기술이 글자대로 예수의 말씀이 아니라는 것이다. ... 복음서 기술이 그리스도인들의 증언이라는 성격을 잘 파악한 오늘날에는 그같이 단순하게 생각할 수 없다." 전경연, "신국 선교와 종말론," 『신학연구』 5 (1959년): 36.

288) 역사비평의 인식론적인 기초에 자리 잡고 있는 회의론과 무신론적 측면에 대해서는 N.T. Wright, *Scripture and the Authority of God*, 박장훈 역, 『성경과 하나님의 권위』 (서울: 새물결플러스, 2011), 146-147을 보라.

289) 라이트도 유사하게 말한다. "우리는 천국으로 가는 것이 아니라, 새 창조 속으로 들어간다." Wright, *Scripture and the Authority of God*, 214.

290) 문익환, "구속사와 창조사," 『신학연구』 10 (1967년): 50, 65, 70. 참고로 문익환은 역사비평을 배제한 채 구약의 그리스도 중심적 해석을 주장한 David M. Hay의 "신약에 사용된 구약"을 번역하여 소개한 바 있다. 『신학연구』 11 (1968년): 35-42.

로 다루었다. 그는 구약의 예언자직과 제사장직을 성취하신 그리스도의 사역을 구속사적으로 밝혔다. 하지만 방법론에서 '제 2이사야서의 전승사적 맥락'이라는 용어에서 볼 수 있듯이 전승사를 사용했고, 적용에서는 '사회적 악을 고발하고 추방하는 운동', '민중 해방', '민족 분단과 갈등의 치유' 등을 강조함으로써 민중신학적 뉘앙스가 강하게 묻어나는 어조로 마무리했다.[291]

오래 전에 로마서 1장 주석을 통해서 강한표는 구속사적 해석이 하나님의 구원 역사를 다루지만, 그분의 노(怒)도 다룬다고 정확히 간파한바 있다. 그에 의하면, '구원'은 단순한 구출(救出)이라는 의미, 즉 믿는 자에게 주어지는 의가 지금 이미 상실된 세계 위에 계시된 하나님의 진노에서 그들을 보호한다는 소극적 의미 뿐 아니라, 동시에 '구원'(Heil)이라는 적극적 의미를 가지고 있다. 더 나아가 구속사적 해석은 심판 혹은 하나님의 노(怒)도 다룬다. 이 구원하는 하나님의 의의 계시가 구속사의 '현재'에 실현되는 종말론적 사건이기 때문에, 이 동일한 순간에 인간의 모든 불의에 대하여는 '하늘로부터' 하나님의 노가 계시된다.[292]

기장의 성경해석은 한편으로는 역사비평을 적극 수용하면서, 다른 한편으로는 구속사적 해석을 시도하는 일종의 부조화가 느껴진다. 더구나 이런 구속사적 연구는 본격적으로 민중신학이 발현되기 이전인 1950-60년대에 국한되는 듯하다.

### 대한예수교장로회(통합): 『장신논단』

장신대 신학노선은 '좌도 우도 아닌 중도보수', '색깔이 분명치 않은 신학', '회색신학교'라는 평가를 받아 왔다.[293] 하지만 이종성과 김이태는 장신의 노선을 '성서적 복음주의 신학' 혹은 '복음전통의 중심에 선 (개혁)신학'이라고 밝힌 바 있다.[294] 1985년 '장로회신학대

291) 오영석, "예수 그리스도의 삼중직론: 예언자직과 제사장직을 중심으로," 『신학연구』 31 (1990년): 346, 358, 370-372. 이와 유사한 주장을 오래 전에 한, 서남동, "구속의 의미에 관한 탐구," 『신학연구』 6 (1960년): 13에서도 볼 수 있다. "창조의 조화가 회복되고, 사회관계의 화해가 성립되고, 영혼의 구속이 이루어질 때 우리는 이사야와 같이 구속받은 찬송을 부르게 될 것이다."

292) 강한표, "하나님의 의의 계시와 노의 계시: 로마서 1:18f 연구," 『신학연구』 8 (1962년): 164-165.

학 신학성명'은 복음적, 성경적, 개혁주의적, 에큐메니칼적, 대화적, 세계적, 선교적, 사회참여적 신학으로 교회와 하나님 나라를 섬기는 신학이라고 천명한 바 있다.[295]

장신의 성경 해석의 특징 중 하나는 '역사비평'의 수용 정도를 두고 고민하는 것이라 할 수 있다. 1964년 호주 장로교 선교사 변조은(John P. Brown)이 성서비평학을 조심스럽게 장신대에 소개했으며, 1966년 미국 장로교 선교사 김기수(Keith R. Crim)는 요나서의 상징적(비역사적) 해석으로 인해 물의를 일으킨 적 있었다. 1972년 이래 문희석도 이 입장을 이어 받아 교수했다.[296] 1980년대에 들어, 성종현은 하나님의 말씀이 시대와 상황을 초월한 형이상학적인 것이 아니고, 구체적으로 매 시대와 역사와 상황 속의 인간을 위해서 주어진 것이기 때문에, 새로운 시대와 상황과 인간에 맞는 해석이 나오기 마련이라고 주장한다. 따라서 그는 역사비평의 종말을 선언한 게하르트 마이어(G. Maier)를 극단적이며 근본주의적인 성경해석자로 분류하여 비판하지만, 신구약 성경을 하나의 전승사적 통일체로 이해해야 한다고 보는 슈툴마허(P. Stuhlmacher)와 게제(H. Gese)는 중도적이고 긍정적 역사비평학자로 높이 평가한다. 성종현은 신중하고 건설적인 방식으로 역사비평을 사용할 것을 제안한다.[297] 이런 입장을 성경이 하나님의 말씀인 동시에 인간의 말이라는 측면을 가진 것에 주목한 박수암에게서도 볼 수 있다: "성서 자체가 역사적인 사건에서 행하여진 것의 소산이기 때문에, 계시가 일어났던 그 역사적 사건을 가능한 한도 내에서 재구성하는 데에는 비평적이면서 역사적인 연구가 필요하게 된다."[298] 박수암은 역사비평은 성경해석의 유일한 방법이 아니며, 성령의 역사를 배제한 순수한 이성적 작업으로 빠질 우려가 있기에, 적절하고 신중히 사용해야 한다고 주장한다.[299] 김재준이 평양장로회신학교의 신학을 '극단적인 정통주의' 혹은 '근본주의'라 부른 것을 거부하는 김중은의 입장도

---

293) 참고. 김중은, "장신대의 신앙과 신학노선,"『장신논단』 18 (2002년): 16.
294) 김중은, "장신대의 신앙과 신학노선," 16-17.
295) 김중은, "장신대의 신앙과 신학노선," 42.
296) 김중은, "장신대의 신앙과 신학노선," 41.
297) 성종현, "크리스찬과 성서해석,"『장신논단』 2 (1986년): 7-8, 9, 17, 22; 그리고 김중은, "장신대의 신앙과 신학노선," 43, 45.
298) 박수암, "역사비평방법의 가능성과 문제점,"『장신논단』 2 (1986년): 26.
299) 박수암, "역사비평방법의 가능성과 문제점," 33-34.

위의 고민과 맥을 같이 한다: "성경 문자의 우상화를 방지하고 가현설적 이해를 경계하기 위해서 성경의 역사적 성격과 그 형성사를 이해하는 것은 당연하나, 성경의 저자가 인간이기 때문에 성경에 오류가 있다고 주장하며 가르치는 것은 전혀 다르다."[300] 김지철도 "우리의 성서연구는 지상적 예수에게 이르는 전승사적 연구와 성서 본문이 지닌 양식사적 비판을 통해서 교회 공동체의 신앙을 밝히는 편집사적 연구가 동시에 추구되어야 한다"라고 밝힌바 있다.[301] 그는 역사비평에 호의적 입장을 보이는 동시에, "우리의 신학은 개혁신앙의 본질인 성서로 돌아가며, 구약과 신약의 기본적인 관계인 예언과 성취의 구속사적 구조를 염두에 두고, 그 맥락에 대한 올바른 해석에 개방성을 지녀야 한다"고 주장한다.[302] 김창선도 "성서를 대하는 사람은, 성서의 역사 가운데는 역사적/종교사적인 방법만으로 설명할 수 없는 초월적이며 신적인 차원이 존재한다는 사실을 기억할 필요가 있다"고 주장함으로써, 역사비평과 신학적 해석의 통합을 강조한다.[303] 장신의 성경해석의 유연성 혹은 통전성은 "포스트모던에는 포스트모던에 대응하는 성경관과 성경해석으로 대응하여야 할 것이다"는 강사문의 최근의 말에서도 확인할 수 있다.[304] 실제로 장신 교수들은 성경 해석에 있어서 'J, E, D, P', '신화화된 전승', '율법 전승',[305] '신명기적 역사가의 자료', '제 1, 2, 3 이사야', 'Q', '예수 전승', '바울 학파', '제 2 바울 서신', '바울 이전 초대교회 신앙전승문'과 같은 가설적인 자료와 개념을 수용한다.[306]

일부 장신 교수들은 보스(Vos)의 정의에 부합되는 구속사적 해석을 시도하기도 했다. 강사문은 MT, LXX, 신약 본문을 비교하여 신약의 구약 사용을 연구하면서, 신약 저자들

---

300) 김중은, "장신대의 신앙과 신학노선," 21, 34. 김지철도 장신대의 신학은 바리새적 배타주의(교조주의적인 신학적 수구주의)와 이데올로기적으로 정향된 행동주의를 배격한다고 밝힌다. 김지철, "장신대 신학 정립을 위한 하나의 시도: 몇 개의 성서 신학적 명제들," 『장신논단』 4 (1988년): 32. 김지철의 평가에 고신이나 합동의 신학이 수구주의로 분류되고, 기장의 신학은 행동주의로 분류되는 듯하다. 하지만 김중은과 김지철의 평가가 정당한지는 이 글의 결론 부분에서 확인할 수 있을 것이다.

301) 김지철, "장신대 신학 정립을 위한 하나의 시도," 22.

302) 김지철, "장신대 신학 정립을 위한 하나의 시도," 24-25.

303) 김창선, "역사적 성서해석과 신학적 성서해석: 양자택일의 문제인가?," 『장신논단』 22 (2004년): 91.

304) 강사문, "포스트모던 시대의 성경관과 성경해석(2)," 『장신논단』 25 (2006년): 31, 34.

305) 구약에서 시작하여, 초기 유대주의, 예수님을 거쳐 (율법을 그리스도 중심으로 재정립한) 바울로 이어지는 율법 전승의 연속성을 위해서 성종현, "성서신학의 주요 주제로서의 율법," 『장신논단』 16 (2000년): 147, 153을 보라.

이 구원사적, 모형론적, 기독론적, 권위 있는 영적 해석을 시도했다고 보면서, 신구약의 이해가 기독론적 관점에서 해석되는 것은 필수조건이라고 주장했다.[307] 장영일은 출애굽 사건 등에서 볼 수 있는 부활신학을 모든 구약 신학들(창조신학, 구속신학, 계약신학 등)의 종합이요 절정이며 최후 종착점으로 본다. 구약 부활의 성취인 그리스도의 부활을 염두에 두면서 장영일은 이스라엘 백성이 이 부활신학에서 하나님의 구원계획의 마지막 목표를 확인했으며, 부활신학은 메시아 사상과 더불어 구약성경이 도달한 최후의 목표였다고 주장한다.[308]

김지철은 창조질서를 회복하는 메시아적 구원행위(치유, 선포, 축귀 등)를 하신 예수님이 창조신학과 구속신학을 연결한다고 본다: "창조신학은 자연에 대한 고찰이나 관찰에서 창조주 하나님이 발견된다기보다는, 하나님이 아버지로서 인간을 사랑하고 자유케 하고 구원하시려는 계시의 빛 아래서 비로소 인간은 자연만물을 바르게 볼 수 있는 것이다. 이런 측면에서 창조신학은 예수에게서 자연스럽게 구속신학과 연결된다."[309] 성종현에 의하면, 종말 메시아적 인자이신 예수님은 구약의 모든 종말론적 예언을 성취하여, 천국 즉 하나님의 종말론적인 새 통치를 이 땅에 가지고 오셨다.[310]

이상에서 살펴본 대로 통합의 경우 성경해석에서 역사비평의 수용 정도에 관한 해석학적 혹은 방법론적 논의는 비교적 활발했지만, 구속사적 해석 자체에 대한 연구는 활발한 편이 아니었다고 평가할 수 있다.[311] 1950-60년대의 기장과 마찬가지로, 1980년대 이

---

306) 강사문, "고대 이스라엘의 삼대 명절과 기독교 축제," 『장신논단』 1 (1985년), 187-188; 성종현, "신구약성서와 유대문헌에 나타난 하나님의 성호와 예수의 이름에 대한 고찰," 『장신논단』 8 (1992년): 122; 장영일, "유배자의 유토피아: 이사야 35장 주석," 『장신논단』 15 (1999년): 37, 40-43; 강사문, "성경에서의 광야(사막)주제," 『장신논단』 16 (2000년): 12, 30; 김창선, "신약성서가 선포하는 '복음'," 『장신논단』 23 (2005년): 75-76, 94; 장영일, "초막절과 계약갱신 축제," 『장신논단』 21 (2004년): 45; 이동수, "야훼의 날: 스바냐 1:7-18의 공시적 통시적 연구," 『장신논단』 17 (2001년): 23-25; 성종현, "예수의 죽음과 부활," 『장신논단』 6 (1990년): 230-231.

307) 강사문, "신약성경에 나타난 구약 인용문 연구," 『장신논단』 8 (1992년): 28.

308) 장영일, "구약의 종말론(II): 부활사상," 『장신논단』 9 (1993년): 269.

309) 김지철, "예수에게 나타난 창조신학," 『장신논단』 8 (1992년): 93-94; 그리고 사 35장의 새 출애굽과 새 창조를 기독론적으로 적용하는 장영일, "유배자의 유토피아," 53.

310) 성종현, "신약성서의 종말론," 『장신논단』 14 (1998년): 57; "하나님 나라와 예수의 비전," 『장신논단』 30 (2007년): 88.

후 통합의 경우 역사비평을 조심스럽게 수용하면서 동시에 구속사적 해석을 어떻게 할 수 있는지 의문을 일으키게 한다. 장신논단에 이런 의문을 시원하게 해소할만한 글은 많아 보이지 않은 것 같다.

### 대한예수교장로회(합동): 『신학지남』, 『총신대 논총』, *Chongshin Theological Journal, Chongshin Review*

복음이 조선에 전래된 지 약 30년이 지난 1918년에 창간된 '신학지남'의 초기 집필진은 주로 선교사들이었다(곽안련, 나부열, 어도만, 소열도 등).[312] 1928년 조선인 남궁혁 박사가 편집인이 된 후 신학지남은 발전기에 돌입했다.[313] 해방 전 신약 관련 글의 특징은 성경 강해와 관련된 글과 공관복음 문제가 압도적으로 많았다는 점이다. 해방 후에는 신약신학과 관련하여, 언어학이나 해석학과 관련된 논문이 자주 등장했다. 그 무렵 박윤선은 '신학지남'을 통해서 논문발표보다는 주로 성경 주석에 몰두했던 것 같다.[314]

총신 신약학의 본격적인 발전기는 1984년 박영희, 1988년 권성수, 1989년 김세윤, 이한수, 정훈택이 교수로 임용될 때 부터였다.[315] 정훈택은 신학지남의 (신약관련) 글들이 성경의 영감에 대한 어떤 부정적인 비평도 (현재까지) 허용하지 않았고,[316] 공관복음과 바

---

311) 통합의 (역사비평에 근거하지 않은 개혁주의에 충실한) 구속사적 해석은 장신대 교수들에게서보다는 주석가 이상근에게서 볼 수 있다. 이상근은 교회를 위한 신학, 하나님의 예정과 섭리에 대한 강조, 성경의 중심이신 그리스도를 통해서 계시된 성부, 구약은 그 자체가 신약의 예언이며 준비이며 그림자임을 강조했다. 참고. 배재욱, "정류(靜流) 이상근 박사의 신학과 사상," 『장신논단』 36 (2009년): 86-92.

312) 참고. 박형룡, "신학지남 50년," 『신학지남』 35 (1968년, 1): 3; 정훈택, "신학지남에 나타난 총신 신약신학 90년," 『신학지남』 74 (2007년, 3): 74. 참고로 1920년대에 모형론적 해석이 소개되었다. 소열도, "쥬 예수님의 그림자," 『신학지남』 5 (1923년, 3): 85-98.

313) 참고. 박형룡, "신학지남 50년," 5. 참고로 사 7:14 및 9:6의 성취로서의 구주 예수님의 탄생을 위해서는 남궁혁, "성탄설교: 은혜로 주신 아들," 『신학지남』 13 (1931년, 1): 59-62 그리고 김희보, "이사야 선지가 본 메시야의 동정녀 탄생: 이사야 7:14의 Almah에 관한 소고," 『신학지남』 31 (1964년, 1): 35-41을 보라. 사 53장의 성취인 메시아의 고난을 위한 글은 리태학, "메시아에 대한 그림자," 『신학지남』 8 (1926년, 2): 73-74에 이미 나타났다.

314) H.N. Ridderbos를 주로 의존하면서 박윤선은 산상보훈을 언약의 관점에서 다룬바 있다. 박윤선, "산상보훈에 나타난 계약사상: 마태 5:1-7, 29," 『신학지남』 31 (1964년, 2): 15-20. 박윤선은 사 11:1의 그리스도적 성취를 논할 때에도 H. N. Ridderbos를 의존한다. 박윤선, "그리스도의 탄생과 계약사상," 『신학지남』 31 (1964년, 1): 164.

울신학 연구에 있어서 방법론이 후퇴했고,[317] 전(前)근대적인 해석 방법과 주제에 몰두했다고 다소 부정적으로 평가한다.[318] 신학지남에서 가장 각광을 받으며, 초기부터 지금까지 일관성 있게 다루어진 신학사상은 '칼빈주의'인데, 1970년부터 '개혁주의'라는 용어로 바뀌었다.[319] 참고로 1960년에 에큐메니칼적 성격을 지닌 통합과의 분리(1959년) 직후 '보수주의'라는 표현이 신학지남에 종종 나타났다.[320]

20세기 신학지남에 실린 논문의 계량서지적 분석에 의하면, 구약의 신학적 주제로 '모형론,[321] 언약,[322] 예언의 성취'와[323] 같은 구속사적 표현이 자주 등장했고, 신약의 경우 '설교,[324] 강해, 바울'이 자주 등장하지만 기독론과 종말론[325] 등에 관한 연구는 미비했다.[326]

---

315) 정훈택, "신학지남에 나타난 총신 신약신학 90년," 76, 79, 85. 박윤선이 바울신학의 언약사상을 논할 때 H.N. Ridderbos를 의존한 것을 위해서는 박윤선, "바울신학의 언약사상," 『신학지남』 43 (1976년, 1): 11-13을 보라.

316) 총신대 신학교수 일동, "총신의 신학적 입장," 『신학지남』 46 (1979년, 3): 6, 8; 김정우, "개혁주의 성경 해석학에 대한 제안," 『신학지남』 76 (2009년, 3): 98; 서요한, "개혁신학의 전통과 한국 장로교," 『신학지남』 78 (2011년, 1): 143. 김길성은 성경의 영감을 강조하는 합동과 그렇지 않은 기장의 성경관에는 1940년대부터 큰 차이가 있었다고 강조한다. 김길성, "총신 100년과 그 신학적 정체성," 『신학지남』 68 (2001년, 2): 100, 136.

317) H. N. Ridderbos, R. Gaffin Jr., 그리고 G. Vos를 의존하여, 박형용은 고후 6장이 개인의 회심보다는 그리스도 사건으로 말미암아 가능해진 종말론적이며 우주적인 새 창조를 의미한다고 지적했다. 박형용, "바울의 구속사관: 고후 5:17, 6:2에 나타난," 『신학지남』 39 (1972년, 1): 40, 42, 47. G. Vos의 바울의 종말론을 의존하는 글로는 신성종, "신약에 나타난 '하나님 나라'의 개념," 『신학지남』 47 (1980년, 4): 41을 보라.

318) 정훈택, "신학지남에 나타난 총신 신약신학 90년," 87, 99. 권성수는 양식비평의 Sitz im Leben을 역사적 해석이라는 원리로 사용할 수 있으며, 편집비평을 저자의 예리한 시각을 밝히는데 사용할 수 있다고 주장한다. 권성수, "박윤선 박사의 성경해석학," 『신학지남』 56 (1989년, 4): 135. 하지만 신학지남에서 역사비평을 조심스럽게 수용하는 글을 찾기란 쉽지 않다. 참고. 권혁정, "복음서 속의 시 118(117 칠십인경): 22-23, 25-26의 인용," 『신학지남』 76 (2009년, 4): 266.

319) 정훈택은 합동교회가 통일성 없는 예전, 교회당 안팎 생활의 이중성, 신비주의와 영적 체험에 몰입하는 것 등을 들어 칼빈주의로 보기 미흡한 면이 있다고 지적한다. 정훈택, "우리는 장로교/깔뱅주의/개혁신학인가?," 『신학지남』 76 (2009년, 3): 7.

320) 김정우, "신학지남에 나타난 총신 신학의 회고와 전망(II)," 『신학지남』 68 (2001년, 3): 9, 25. 물론 1970년대에도 '보수주의신학'이라는 용어를 '청교도적 개혁주의 정통신학'과 더불어 사용했는데, 합동교회의 신학이 문화개조적 행동성의 결여, 박형룡 1인에 대한 지나친 의존 및 수입신학이라는 문제점도 인식했다. 박아론, "해방 30년의 한국 보수주의신학," 『신학지남』 42 (1975년, 4): 41-42, 44-45. 참고로 안인섭은 합동과 통합이 1959년에 분열된 후, 합동교회의 칼빈신학 고수와 교세의 성장을 높게 평가한다. 안인섭, "'합동'과 '통합'의 교단 분열 이후 역사적, 신학적 발전 연구," 『신학지남』 76 (2009년, 4): 198, 206.

321) 예를 들어, 김희보, "선지자직과 제사장직의 구약신학적 고찰 및 그 현대적 의의(II)," 『신학지남』 44 (1977년, 4): 45-46 그리고 주성준, "히브리서에 나타난 예수 그리스도의 구속에 대한 조망," 『총신대 논총』 27 (2007년): 36.

김정우에 의하면, 전승사 비평이 성경에 나타난 사건의 역사성에 대한 회의와 확인 불가능한 구전과 자료들에 대한 신뢰에 기초해 있다면,[327] 구속사적 해석에 있어서 정경은 초기 단계와 성장 단계에 있어서도 최종적인 문학적 맥락에서와 마찬가지로 정확하고, 권위가 있으며 영감되었다. 따라서 그는 원저자의 의도가 정경 형성 과정에서 손상되지 않고, 명확해 졌다고 본다.[328] 김인환은 출애굽기에 반영된 창조 주제를 연구하여, 구원 사건인 출애굽을 이스라엘의 재창조로 본다.[329]

차영배는 "구속사란 그리스도의 죽음과 부활을 중심으로 하는 하나님의 구원 행동사를

---

322) 박형룡은 구약 교회와 신약 교회의 통일성(혹은 연속성)을 '언약' 개념으로 이해한다(요 17; 히 2:9-17; 13:20). 박형룡, "구약과 신약의 신앙적 통일," 『신학지남』 36 (1969년, 2): 9; 그리고 박형룡, "대제사장으로서의 예수 그리스도," 『신학지남』 46 (1979년, 3): 87, 89; 한제호, "신구약 계시의 계속성: 영감의 전이과정에 관한 고찰," 『신학지남』 41 (1974년, 1): 47-58; 김의원, "선지서에 나타난 언약신학 연구," 『신학지남』 64 (1997년, 4): 76; 김의원, "성경신학적 관점에서 본 안식일 개념," 『신학지남』 70 (2003년, 3): 9-54. 다른 한편 김정우는 신구약 율법의 불연속성을 강조한 세대주의와 연속성을 강조한 신율주의(theonomy) 둘 다를 비판하면서, 연속성은 물론 불연속성을 동시에 고려해야 한다고 주장한다. 김정우, "구약 율법과 신약 윤리의 연속성과 불연속성," 『신학지남』 58 (1991년, 1): 41. 김인환은 창 1:28, 아브라함 언약, 그리고 출 1:7 사이의 언약적 연속성과 발전에 주목한다. I.W. Kim, "Continuity of the Covenant of Creation in the Abrahamic Covenant Reflected in Ex. 1:1-7," *Chongshin Review* 7 (2002년): 36, 40.

323) 김정우는 다윗 언약을 예로 들면서, "무조건적 다윗 언약의 약속 안에서 다윗 계통의 왕들은 주께 대한 언약의 의무와 조건을 수용해야 했다. 만약 성실히 이것을 준수하지 않는다면 그는 심판 아래에 있게 될 것이다"고 무조건적인 언약 안에 담긴 조건성의 수수께끼를 설명한다. 김정우, "시편 89편의 성경신학적 기여: 무조건적 언약 속에 있는 조건성의 수수께끼," 『신학지남』 57 (1990년, 4): 49. 그리고 김정우, "요엘 2:28-42(MT 3:1-5)에 나타난 성령강림의 약속과 그 신약적 성취," 『신학지남』 60 (1993년, 4): 25.

324) 류응렬은 '거룩'을 성경신학적으로 주석한 후, 거룩한 삶을 촉구하는 교의학적 설교로 전개한다. E.Y. Ryoo, "Biblical Theology of Holiness and Its Doctrinal Preaching," *Chongshin Theological Journal* 13 (2005년): 251.

325) 계 20장을 나름대로 주석하면서 박아론은 '7년 휴거', '재림 후 대 환난'과 같은 세대주의 교리만 제외한다면 (대환난 후) '역사적 천년기전 재림론'(historical premillenial view)이 합동교회의 종말론이라고 본다. 박아론, "역사적 천년기전 재림론의 타당성," 『신학지남』 63 (1996년, 1): 142, 152, 159; "합동측 장로교회의 신학," 『신학지남』 58 (1991년, 4): 7. 비교. 명신홍, "주 예수의 천국관(I)," 『신학지남』 35 (1968년, 1): 2-4: "(천국은) 전천년설을 믿는 사람들의 말과 같이 종말론적이거나 또는 국가적인 것이 아니고, 이미 역사의 과정에 속한 것으로 현재적이며 불가견적인 실재라는 것이다." 참고로 간하배도 단 9:24-27의 70이레의 그리스도 (특히 초림) 중심적 해석을 통해서 세대주의를 비판한다. 간하배, "다니엘서 9:24-27 해석," 『신학지남』 36 (1969년, 3): 66-68; 그리고 간하배, "다니엘서 2장에 관한 소고," 『신학지남』 32 (1965년, 3): 42. 참고로 최낙재는 G. Vos를 의존하여 1970년대 한국에서 팽배했던 미래지향적인 종말론을 비판한 바 있다. 최낙재, "바울의 종말론," 『신학지남』 4 (1979년, 2): 72. 역사적 전 천년주의가 합동의 초기의 전통적 입장이었다면, 무 천년주의를 주장하는 입장도 이후에 공존한 것으로 볼 수 있다.

이름인데, 성경은 단순한 말씀이나 추상적 진리를 담은 것이 아니고, 창조라는 큰 역사적 사건을 시발점으로 하여 재창조의 완성에 이르기 까지 그리스도를 중심으로 한 신(神)의 일련의 행동사를 기록했다"고 설명한다.[330] 최낙재는 성경은 항상 구속사의 진행의 빛에 비추어 해석되어야 하는데, 구약부터 전개된 계시의 절정은 십자가와 부활 사건이라는 점을 강조했다.[331] 한편 김인환은 구속사에 나타난 '저주'의 역할에도 주목하면서, 그것은 우상숭배 같은 죄악을 돌이키시는 하나님의 은혜의 다른 일면임을 지적한다.[332]

신약 복음서의 구속사적 해석에 있어서 유상섭의 공헌은 간과될 수 없다. 그는 주기도문을 성경신학적 관점에서 주석하여, 이 땅에 재창조의 구원 사역을 감당하기 오신 예수님은 마지막 아담이며 동시에 새 이스라엘이신데, 주기도문은 주님에게 속한 신자의 기도와 삶을 긴밀하게 연결시킨다고 이해한다. 그리고 주기도문은 광야 이스라엘의 사명과 삶과도 연결되어 있고, 하나님의 형상으로 지음을 받아 만물 지배권을 수여 받은 아담의 사명과도 직결되어 있다고 설명한다. 결국 주기도문은 예수님을 마지막 아담과 참 이스라엘이라는 구원 계시사적 해석을 통해서 제대로 이해할 수 있다는 것이다.[333] 그리고 유상섭은 신

---

326) 김정우, "신학지남에 나타난 총신 신학 전통의 회고와 전망(I): 20세기 신학지남의 계량서지적 분석," 『신학지남』 68 (2001년, 2): 21, 23.

327) 덧붙여 신성자는 오경의 문서설(과 신명기 학파 가설)의 회의주의를 비판한다. 신성자, "문서설비판," 『신학지남』 62 (1995년, 4), 208, 211.

328) 김정우, "개혁주의 성경 해석학에 대한 제안," 97. 이 원칙은 신약 신학의 경우 첫째로, 역사적 예수님 탐구에도 적용된다. "역사적 예수와 믿음의 그리스도 사이에 메울 수 없는 간격이 있는 것이 아니고." 김세윤, "예수의 하나님 나라 선포와 그리스도인의 정치적 실존," 『신학지남』 56 (1989년, 4): 29, 49. 이 글에서 군사정권 시절에 김세윤은 천국 시민인 그리스도인의 정치적 실존에 대해 고민한 바 있다. 둘째로, 공관복음 문제(혹은 유래)에도 적용된다. 박영희는 4복음서에 나타난 인자의 대속적 죽음을 연구한 후, 다음과 같이 결론을 내린다. "참으로 복음서 기자는 인자의 수난 사건을 그 사역의 목적으로 채택하고 있다. 때때로 그들의 구조가 개인적인 강조점으로 다를 수도 있지만, 예수의 말씀은 축어적 어투를 그대로 유지하고 있으며 그것들이 나타나는 배경보다 더 자주 인용되고 있다. 우리는 공관복음 기사에는 공통된 자료, 즉 그리스도의 사역의 생애와 고난, 죽음이 틀림없이 있다는 것을 주장할 수 있다." 박영희, "인자의 대속적 죽음," 『신학지남』 53 (1986년, 4): 23.

329) I. W. Kim, "Creation Motif Reflected in the Book of Exodus," *Chongshin Review* 7 (2004년): 47, 49, 54.

330) 차영배, "구속사 신학," 『신학지남』 43 (1976년, 2), 20, 24, 28. 그는 화란의 H. N. Ridderbos와 K. Schilder 등을 높이 평가한다.

331) 최낙재, "신약 해석학과 구속사," 『신학지남』 40 (1973년, 3): 60, 64.

332) 김인환, "구속사에 나타난 저주의 역할(I): 신 32:19-25를 중심으로," 『신학지남』 50 (1983년, 2): 143.

약의 구약 인용을 그리스도 중심적인 구속사로 이해하기 위해서, MT, LXX, 신약 헬라어 본문을 세밀하게 비교했다.[334] 덧붙여 유상섭은 공관복음서의 신학적 통일성을 훼손하지 않으면서도, 각각의 독특성과 강조점을 문법-역사적 해석 및 구속사적 주석을 통해서 밝혔다는 점에서 복음서 연구에 공헌했다.[335]

신약의 구속사적 해석 가운데 바울 신학과 관련하여, 신성종은 예수님과 바울 사이의 사상적 연속성을 강조했다: "십자가는 바울신학의 중심으로써 어떤 면에서 볼 때에 바울신학은 기독론이요, 따라서 기독론의 중심인 십자가는 바울 신학의 중심이기도 하다."[336] 다른 한편 이한수는 '바울의 새 관점'과 전통적 해석을 모두 비판한다.[337] 이한수는 김세윤, 김경식 등을 언급하면서, AD 1세기 유대교가 행위구원 종교였다는 전통적 주장에 이의를 제기하면서, 전통적인 주장이 생각하는 것보다 유대교의 스펙트럼이 넓다고 본다: "전통적 유대교 연구는 율법이 신분 규정의 표준으로서 지닌 이러한 측면들을 소홀히 하고, 오로지 삶의 방편으로만 접근했던 것은 잘못이 아닐 수 없다. 이런 잘못된 접근으로 인해 유대교는 행위로 구원을 확보하려는 '행위구원의 종교' 또는 행위로 하나님 앞에서 의를 얻어내려는 공적주의의 행위의(行爲議) 종교로 간주 될 수밖에 없었다."[338] 이한수는 바울 당대의 유대교가 하나님의 은혜와 인간의 자율이 나란히 작용하는 '신인협력적 신율주의'(synergistic nomism)라고 보는 절충적 입장에 동의하는 것 같다.[339] 동시에 이한수는 유대교가 은혜 종교임을 언급하는 제 2성전 시대 유대문헌들을 중요시하여 논리를 편 새 관점주의자들의 주장에도 문제점이 있음을 제기한다: "바울 당대의 유대인들은 모세 언약을 아브라함 언약

---

333) 유상섭, "성경 신학적인 관점에서 본 주기도(마 6:9-13; 눅 11:2-4)," 『총신대 논총』 21 (2002년): 216.

334) S.S. Yoo, "The Distinctive Uses of the LXX's Translation of Jer 33:31-34 in Heb 8:8-12 and 10:16-17," 『Chongshin Review』 5 (2000년): 138-139.

335) 유상섭, "문둥병자의 정결 기사에 대한 각 복음서의 강조점." 『총신대 논총』 29 (2009년): 290.

336) 신성종, "바울 신학에 있어서 십자가의 의미," 『신학지남』 48 (1981년, 1): 43.

337) 이한수, "이방선교의 전망에서 본 율법 문제," 『신학지남』 69 (2002년, 3): 91, 101. 하지만 기장, 통합, 고신에서 바울의 새 관점을 나름대로 비평한 글을 보기는 쉽지 않다.

338) 이한수, "율법과 성령(I): 구원사적 대조 속에 나타난 그 실천적 의의들," 『신학지남』 66 (1999년, 1): 190; 그리고 이한수, "언약의 성취자 그리스도: 로마서 4:13-25에 나타난 바울의 언약신학 탐구," 『신학지남』 76 (2009년, 3): 120; 이한수, "언약신학 패러다임의 비교 연구: 롬 8:12-17과 신 30:15-20에 나타난 언약적 사고들에 대한 탐구," 『신학지남』 73 (2006년, 1): 91-92.

과 같은 성질의 것으로 간주하였기에, 아브라함의 언약에 속한 모든 복은 당연히 모세 언약에 속한 자들에게 귀속되어야 한다고 보았다. 바로 이 점 때문에 유대인들은 할례와 율법 없는 바울 복음을 유대인들의 우월한 자의식과 유대교의 중심적 정체성을 공격하는 이단적 주장으로 여기고 그의 복음과 사역을 핍박하게 되었다."[340] 이한수에 의하면, 이에 맞서 바울은 아브라함 언약이 지닌 보편성과 그 보편성을 인종을 초월하여 적용하시는 성령의 사역을 제시하여 변증했다(롬 4:14):[341] "로마서 4:13-25의 경우, 바울의 "유대인 논적들이 비평받을 점이 있다면, 그들이 율법을 행위구원의 수단으로 삼았기 때문이 아니라, 율법이 죄인들에게 진노를 이룰 뿐이라는 사실을 깨닫지 못하고, 그것을 특권적 신분의 발판으로 삼았으며, 또한 율법을 통해서 아브라함 언약의 복을 경험할 수 있는 길이 막혀있다는 사실을 깨닫지 못하고, 율법 언약의 구성원이 되면 자동적으로 아브라함의 언약의 상속자가 될 수 있을 것으로 오해하였기 때문이다."[342]

합동의 구속사적 신학은 성경의 유기적 영감과 통일성에 기초하여, 헤르만 리덜보스, 게할더스 보스, 리차드 개핀 Jr.과 같은 화란 및 구 프린스턴의 전통을 계승-발전시키는 것으로 볼 수 있다. 역사비평에 개방적인 기장이나 조심스럽게 수용하려는 통합과 달리, 합동은 역사비평을 성경의 영감성과 일치 할 수 없는 것으로 여겨 거부하며, 대신에 문법(문예)적-역사적-정경적 해석을 고수한다. 하지만 특정 주제(예. 자살)를 교의학이 아닌 성경신학적으로 다루려고 시도한 공헌을 빠뜨릴 수 없는 이한수를 제외하면, 유대문헌에 대한 연구가 통합에 비해 활발하지 못한 것 같다. 그리고 구속사와 관련하여, 종말론에 있어서 기존의 전천년설과 다른 입장이 공존한다.

---

339) 이한수, "언약신학 패러다임의 비교 연구," 92. 다른 한편, 총신대 신학과의 주성준 교수는 바울의 새 관점을 전통적인 개혁주의 입장에서 비판한다. 주성준, "로마서에 나타난 구원에 대한 소고: 바울 복음 이해에 관한 새로운 관점 비판." 『총신대 논총』 28 (2008년): 250.

340) 이한수는 율법에 대한 바울의 부정적 사상의 출처를 4에스라서와 같은 유대문헌보다는 구약의 후기 예언서 및 바울의 다메섹 사건에서 찾는다. 이한수, "율법과 성령(I)," 175, 188.

341) 이한수, "율법과 성령(I)," 199.

342) 이한수, "언약의 성취자 그리스도," 117. 참고로 이한수는 자살자의 구원 문제를 성경신학적으로 설명하기도 했다. 자살자의 구원의 여부는 하나님만 아시지만, 자살은 구원의 은혜와 조화되기 어렵다고 본다. 이한수, "성경신학적 측면에서 본 자살," 『신학지남』 76 (2009년, 1): 53-54.

**대한예수교장로회(고신): 『고신신학』, 『개혁신학과 교회』**

고신대 신학과 중심의 저널인 『고신신학』(전신은 『고려신학보』)에 실린 글을 먼저 살펴보자.[343] 구약의 구속사적 해석과 관련하여, 신득일은 해석자가 고안한 신학적 전제가 아니라 성경 자체가 요구하는 전제인 점진적으로 펼쳐지는 '구속사'를 구약의 가장 포괄적인 중심주제로 제시한다.[344] 신득일은 구약 안에서의 구속사의 발전에 주목한다. 그는 여리고성의 재건 시에 임할 저주 예언(수 6:26)이 아합 왕 때에(왕상 16:34) 어떻게 성취되었는가를 구속사적으로 다룬다.[345] 이 논문의 결론 부분에서 신득일은 아합을 그리스도 왕국을 대적하는 자로 해석함으로써, 구약 본문을 세밀하게 기독론적으로 주석하는 대신에 적용 부분을 기독론적으로 마무리한다.[346] 이런 특징은 그의 아모스 주석에서도 나타나는데, 열국에 대한 심판은 아브라함 언약의 성취이며, 새 언약 시대에는 아브라함의 언약이 그리스도의 교회에 적용된다고 주장한다.[347]

1985년 이후 20여 년간 고신대학교 신약학에서 구속사적 해석을 주도한 이는 황창기이다. 그는 구속사적 해석(언약적 해석)의 기둥으로 그레이다누스가 제시한 구약에서 그리

---

343) 고신대학교는 1999년 이래로 '고신신학'을 신학대학원과 별도로 발행하고 있다. 이 학술지의 창간은 1998년에 고신대 신학대학원이 부산에서 천안으로 옮겨간 것과 무관하지 않을 것이다. 따라서 이 글에서 고신의 경우 편의상, 구속사적 해석을 연대기적으로 논하지 않고, 저널 '고신신학'과 '개혁신학과 교회'를 순서대로 연구하되 구약과 신약의 순서로 다룬다.

344) 신득일, "구약 중심주제의 논쟁점과 신학적 주석관점으로서의 구속사," 『고신신학』 4 (2002년): 39-64. 참고로 신득일은 성경의 문학적 유형을 현대의 다양한 문학적 해석으로 이해할 필요가 있지만, 그런 방법들이 내용보다는 형식에 치중하는 우를 범하는 것을 비판한다. 그는 문학적 해석은 본문의 내용을 파악하기 위한 수단이지 목적 자체가 될 수 없는 부차적인 것으로 본다. 신득일, "Modern Literary Approaches to the Old Testament Interpretation and Its Assessment," 『고신신학』 1 (1999년): 71-120.

345) 신득일, "여리고성 재건에 나타난 저주," 『고신신학』 10 (2008년): 289-309.

346) 신득일, "여리고성 재건에 나타난 저주," 308; 참고. 신득일, "희년의 윤리," 『고려신학보』 13 (1987년): 37; "광야의 놋뱀: 민수기 21:4-9 주석," 『개혁신학과 교회』 1 (1993년): 54.

347) 신득일, "아모스의 열국에 대한 심판," 『고신신학』 13 (2011년): 259-85. 참고로 신득일은 '법궤와 그 위의 그룹'의 기능 탐구하면서, 종교사학파나 고고학적 자료를 일차적으로 의존하는 대신에 구약 본문에 근거하여, 일방적인 '보좌' 개념보다는 하나님의 여러 속성들(전능, 편재, 선하심, 거룩하심, 주권, 위엄)을 계시한다고 주장한다. 신득일, "법궤 위의 그룹에 대한 주석적 고찰," 『고신신학』 7 (2005년): 231-49; "하나님의 속성을 계시하는 도구로서의 법궤," 『고신신학』 12 (2010년): 36-57. 그리고 "엘리야 서신에 관한 연구," 『고신신학』 16 (2014년): 4-26도 참고하라.

스도에게로 나아가는 7가지 길(점진적 구속사, 약속-성취, 모형론, 유추, 통시적 주제들, 신약 관련 구절 사용, 대조)과 구약 해석의 열쇠인 그리스도의 역할을 강조하는 에드문드 클라우니(E.P. Clowney)의 사각형(구약 진리, 구약 사건, 그리스도의 성취, 현대 적용)을 중요시 한다. 그리고 그는 구약의 여러 언약들 사이의 중첩(overlapping), 신구약의 중첩, 신약 성도 안의 중첩에도 주목한다.[348] 황창기는 종말론에 큰 관심을 보였는데, 개혁주의 종말론을 '때'보다는, '그리스도의 인격'을 중심으로 이해하도록 제안한다. 그는 종말론의 시간적 틀인 '이미'와 '아직 아니'를 고수하지만, 종말이신 그리스도의 '온 교회적 인격' 및 '만유적 인격'을 강조한다. 성도와 연합된[349] 만유이신 그리스도의 구속 사역의 결과는 개인, 세상(천국),[350] 만유가 하나님과 변혁을 거쳐 화목한 것이다.[351] 황창기는 특정 주제(예. 경건, 딤전 3:16)도 그리스도 중심적, 종말론적 교회론(엡 3:3-6) 및 성령론과 연관된 구속사(고전 15:44-46; 고후 3:17)에 근거하여 이해한다.[352] 그는 2006년에는 '그리스도 완결적(Christotelic) 해석'을 제시한다. 그는 시편 68:11이 에베소서 4:8에서 변경된 이유는 구속사의 절정이자 완성이라 할 수 있는 그리스도의 십자가와 부활이라는 종말론적 관점에서 구약을 해석하여 신약 독자의 상황에 맞도록 조정한 것이라고 본다.[353] 그리고 그는 그리스도께서 원형(archetype, 그리고 '원초 모형'[prototype])이라는 기독론적

---

348) 황창기, "구속사적 성경해석의 기둥들," 『고신신학』 11 (2009년): 11-35. 하지만 길성남은 AD 70년이 아니라 오순절 성령강림 까지를 신구약의 과도기로 본다. 길성남, "신약성경에 나타난 안식일과 주일," 『개혁신학과 교회』 16 (2005년): 33. 그러나 구약의 핵심이 성전이므로 그 성전이 파괴된 AD 70년 사건을 옛 세상과 새 세상을 나누고 중첩기간을 끝내는 전환점으로 보는 게 타당하다.345) 신득일, "여리고성 재건에 나타난 저주," 『고신신학』 10 (2008년): 289-309.

349) 그리스도와 교회의 연합 사상을 제시한 송영목, "칼빈의 영성 이해: 기독교강요와 그의 신약 주석을 중심으로," 『고신신학』 13 (2011년): 314-316에서도 볼 수 있다.

350) 고신대 국제문화선교학과의 이복수는 천국을 일반적인 하나님의 통치라기보다는, 그리스도의 대속을 통한 화해에 기초한 하나님의 복된 통치라고 구체적으로 정의한다. 이복수, "'대속을 통한 복된 통치'로서의 하나님 나라," 『고신신학』 4 (2002년): 89-119.

351) 황창기, "개혁주의 종말론 이해의 새로운 전형," 『고신신학』 1 (1999년): 11-48. 라이트는 성경을 창조, 타락, 이스라엘, 예수님, 교회라는 5막으로 된 하나님 나라의 구속사로 보는데, 예수님에게서 그 절정에 도달했으며, 신약 교회는 절정이후의 시대적 특성에 맞추어 살아야 한다고 주장한다. N.T. Wright, *Scripture and the Authority of God*, 207, 212. 참고로 고신 교단에서 신약학으로 박사학위를 받은(1985년) 첫 번째 인물인 황창기 교수의 신학에 대해서는 송영목, "황창기 교수의 신학" (『황창기 교수 정년퇴임기념 논문집: 하나님 나라와 신학』, 황창기 교수 은퇴 기념논문 편집위원회, 부산: 고신대 출판부, 2008년): 78-105를 보라.

352) 황창기, "신약 '경건'의 기독론적 이해," 『고신신학』 2 (2000년): 13-35.

353) 황창기, "에베소서 4:7-10의 그리스도 완결적 해석," 『고신신학』 9 (2007년): 144-271.

예표론(Christological typology)을 제시한다. 사건은 시대별로 이해하되, 적용은 그리스도 중심적 혹은 그리스도 완결적으로 할 것을 제안한다. 예를 들어, 출애굽의 원형을 모세 당시의 구속사건이 아니라 그리스도의 출애굽(눅 9:31)으로 보기에, 그리스도 완결적인 모형론적 해석이 가능하게 된다고 주장한다.[354]

임영효는 양식비평의 하부분과로 1950년대에 태어난 '편집비평'은 특히 네 문서 가설과 역사적 회의주의에 근거해 있으므로, 복음주의 학자들이 사용하기에 부적절한 해석 방법으로 본다.[355]

구약과 그것이 사용된 신약 사이의 대화에 나타난 연속성과[356] 불연속성에 주목하면서 송영목은 요한계시록의 간(間)본문적 해석을 시도한다. '부분적 과거론'으로 계시록을 해석하면서[357] 그는 간본문들의 불연속성은 그리스도 사건으로 인한 구속사의 확대-상승에서 주요 요인을 찾는다.[358] 또한 송영목은 요한계시록의 여성주의적 해석의 전제와 이데올로기를 비판하면서, 패미니스트들이 계시록의 구약 간본문과 저자의 의도를 무시한 점을 부각시킨다.[359] 그는 레위기의 그리스도 완결적 해석과 칼빈의 계시록 해석을 칼빈 저작을 통해서 추론한 흥미로운 작업도 수행했다.[360]

이제 고신대 신학대학원의 저널인 『개혁신학과 교회』(전신은 『고려신학보』)에 실린 글을

---

354) 황창기, "올바른 기독론적 예표론을 향하여," 『고신신학』 10 (2008년): 49-70.

355) 임영효, "편집비평에 대한 반성," 『고신신학』 1 (1999년): 49-69. 그리고 그는 고린도후서의 통일성을 주장하면서 '단편가설'을 비판한다. 임영효, "고린도후서 구성의 통일성," 『고신신학』 2 (2000년): 101-26. 이와 맥을 같이하여 구약의 경우, 역사문헌비평(문헌비평+역사비평) 그리고 (양식사와 종교사학파에 맥이 닿은) 전승사 비평에 대한 부정적 평가를 신득일, "모세의 선지자적 권위," 『고신신학』 11 (2009년): 101-120; "역사문헌비평에 대한 평가," 『고신신학』 8 (2006년): 151-181; "전승사 비평에 대한 평가," 『고신신학』 5 (2003년): 199-223에서 볼 수 있다.

356) 약속과 성취에 근거한 구약과 신약의 연속성에 대한 강조는 고신대 기독교교육학과의 류기철, "메시야 예언 성취의 성격과 의미," 『고신신학』 11 (2009년): 37-62에서 볼 수 있다.

357) 송영목, "요한계시록을 어떻게 읽을 것인가?: 부분적 과거론과 이상주의 비교," 『고신신학』 11 (2009년): 63-100.

358) 송영목, "세 선지자의 간본문적 대화: 계 1장을 중심으로," 『고신신학』 10 (2008년): 251-287 그리고 "요한계시록에 나타난 구약," 『개혁신학과 교회』 28 (2014년): 190-207.

359) 송영목, "요한계시록의 여성주의적 해석 비평," 『고신신학』 12 (2010년): 7-33. 그는 시사 문제를 다루기도 했다. "세월호 사건을 구속하기: 신약의 관점에서," 『고신신학』 16 (2014년): 27-50.

살펴볼 차례다. 오병세는 하나님 나라를 정의할 때, 하나님의 역동적인 주권과 현재성 및 미래성을 균형 있게 강조한다. 그는 구약에서 하나님 나라는 이스라엘을 통해서 나타났지만, 신약에서는 교회를 통해서 역사한다고 본다. 즉 하나님 나라는 교회를 창조하고, 교회를 통하여 세상에 역사한다고 본다.[361] 그리고 그는 구속사에서 출애굽 사건이 차지하는 중요성을 강조하지만, 출애굽과 십계명이 신약에서 어떻게 발전되고 성취되었는가에 대해서 논하지 않는다.[362] 홍반식은 구약의 메시아 예언(사 9:1-6; 52-53; 슥 12:10)이 예수님에게서 성취된 것을 부인하는 유대인의 해석을 비판한다.[363]

고신교회에 있어서 구속사적 해석의 본격적인 발전을 위해서 화란 개혁교회가 파송한 교의학 교수 고재수 선교사의 역할을 간과할 수 없다.[364] 구속사를 간단히 "모든 시대를 포괄해서 하나님께서 인간을 구원하시는 사역"이라고[365] 정의하는 고재수의 말을 들어보자: "구약을 기독론적으로 읽는 것은 그저 재미있는 주제에 불과한 것이 아니다. 그것은 영생이 걸려있는 죽음과 생명의 문제이다."[366] 구약의 도덕적 해석의 한계를 인지하면서, 그는 지엽적이거나 표면적 유사성이 아니라, 구약 본문의 문맥과 전체 의도를 고려한 채 (모형론을 통해) 기독론적으로 해석해야 한다고 주장한다.[367]

고재수와 동시대에, 박종칠은 신구약의 통일성에 기초하여 기독론적 구속사적 해석을

360) 송영목, "교회의 거룩과 삶의 예배: 레위기 16:7-22의 그리스도 완결적 해석," 『고신신학』 14 (2012년): 457-479 그리고 "How would John Calvin have commented on the Book of Revelation?," *Kosin Journal of Reformed Theology* 1 (2010년): 62-96.
361) 오병세, "하나님 나라에 대한 이해," 『고려신학보』 9 (1984년): 22, 26.
362) 오병세, "출애굽의 구속과 십계명," 『개혁신학과 교회』 1 (1993년): 7-35.
363) 홍반식, "유대인과 메시야 예언," 『고려신학보』 19 (1990년): 16-21.
364) 고재수, "구약의 역사적 본문에 대한 기독론적 해석," 『고려신학보』 17 (1989년): 49-73.
365) 고재수, "성경의 역사적 본문에 대한 구속사적 해석," 『고려신학보』 16 (1988년): 24.
366) 고재수, "구약의 역사적 본문에 대한 기독론적 해석," 51, 59, 73.
367) 고재수는 모범적 설교의 필요성도 인정한다. "본문이 인간의 행동을 우리에게 모범으로 제시할 때 우리는 그것을 교인들에게 설교해야 한다. 또 그리스도의 행동은 우리에게 그리스도의 유일한 사역을 보여주지만, 어떤 때는 모범적인 요소도 제시되고 있다." 참고. 고재수, "성경의 역사적 본문에 있어서 모범의 기능," 『고려신학보』 14 (1987년): 131. 이승미는 인간의 모범이 성경의 주된 강조점이 될 수 없으며, 구약의 여러 훌륭한 인물을 통하여 하나님과 예수 그리스도를 보여준다고 주장한다. 이승미, "계시 내용의 목표(Scopus)와 성경해석," 17.

강조했다. 그는 구속사를 “예수 그리스도의 아버지 하나님이 자기 백성과 더불어 사랑의 교제 가운데서 살려고 하시며, 또 자기 계획을 실현하려고 하는 모든 역사적인 사실들의 총체”라고 정의한다.[368] 그리고 그는 “구약은 …그리스도를 지향하는 성경으로서, 오실 것으로 선포된 그리스도 안에 있는 하나님의 계시를 성문화한 것인데, 말씀과 기록으로 구약이 생긴 것은 오로지 오실 그리스도의 영 곧 성령 자신으로 말미암기 때문이다”고 설명한다.[369]

“우리는 성경을 단순한 사실을 기록하는 역사책이 아니라, 하나님이 세상을 어떻게 구속해 가셨는가를 기록하는 신학적인 책이라는 것을 명심해야 한다”라고[370] 강조하는 한정건은 역사적 전천년주의에 입각하여 선지서(특히 이사야서)를 구속사적으로 해석한다.[371] 따라서 그는 구약 예언에서 예수님의 재림 직전에 ‘혈통적 이스라엘’의 회복을 주장한다.[372] 그 결과 그는 구약 예언이 그리스도의 초림으로 결정적으로 성취된 것을 덜 강조하는 경향이 있다.[373] 한정건은 계시역사의 가장 큰 주제를 ‘하나님 나라’로 보면서, ‘언약’은 천국의 완성 과정에서 중요한 역할을 하는 주제라고 본다.[374] 한정건이 적지 않은 관심을 둔 ‘언약

---

368) 박종칠, “구속사적 성경해석,” 『고려신학보』 13 (1987년): 138.
369) 박종칠, “구약의 본질과 신약과의 관계,” 『고려신학보』 6 (1984년), 13, 27-28.
370) 한정건, “아담과의 언약에 대한 고찰,” 『개혁신학과 교회』 4 (1997년): 41.
371) 한정건, “신약에 나타난 이스라엘의 회복,” 『고려신학보』 15 (1988년): 62-74; “이사야 8:11-18에 나타난 이스라엘의 징계와 회복에 관한 예언,” 『개혁신학과 교회』 5 (1995년): 7-37; “이사야 36-39장의 재해석과 그 의미,” 『개혁신학과 교회』 15 (2004년): 7-44; “구속역사에 뛰어드는 여호와의 종,” 『개혁신학과 교회』 16 (2005년): 5-29; “바벨론과 바벨론 왕에 대한 신탁의 의미,” 『개혁신학과 교회』 17 (2004년): 5-50; “‘종의 노래’(사 52:13-53:5) 연구(1),” 『개혁신학과 교회』 18 (2005년): 5-33; “‘종의 노래’ II: 이사야 53:6-13 연구,” 『개혁신학과 교회』 특집호 (2007년): 119-149; “마지막 전쟁과 구원: 사 59:15-21 연구,” 『개혁신학과 교회』 24 (2010년): 11-32.
372) 한정건은 아브라함의 언약(창 15:7-21)이 그리스도와 (혈통적으로 이방인이 다수인) 신약 성도를 통해서 성취되었다고 단정하면 안 된다고 주장한다. 신약 시대에도 아브라함의 육체적인 후손을 향한 특별한 언약 성취가 남아 있다고 보기 때문이다. 한정건, “아브라함의 언약과 약속,” 『개혁신학과 교회』 11 (2001년): 35. 반면에 황창기는 구약이 예언한 구원과 심판의 날인 ‘야웨의 날’이 그리스도의 초림과 얽혀 있음이 확실하다고 보면서, AD 70년 사건의 계시사적 중요성을 강조한다. 황창기, “구약에 나타난 하나님의 심판,” 『고려신학보』 10 (1985년): 40-41. 황창기와 비슷한 견해를 기동연도 주장하는데, 그는 스바냐서의 야웨의 날이 신약 교회와 무관하지 않다고 본다(눅 17:22, 26, 30; 고전 5:5; 벧후 3:3, 10). 기동연, “스바냐서의 여호와의 날 신학,” 『개혁신학과 교회』 24 (2010년): 52. 참고로 전천년주의를 지지하는 이로는 고신 교수 가운데 한정건이 유일하다.
373) 한 예로 사 11:6-9, 65:25, 겔 34:25-31 등은 그리스도의 초림으로 임한 평화로운 하나님 나라가 이루어지고 있음을 예언하는 것이 아니라, 인류 역사의 마지막에 도래할 창조 세계의 회복과 평화를 예언한다고 본다. 한

의 발전' 역시 전천년주의에 근거한다. 예를 들어, 그는 단편가설이나 자료비평을 반대하면서, 유다 지파에 대한 예언(창 49:8-12)은 유다의 궁극적 왕권 회복을 예언하는 신명기 33:7을 거쳐, 에스겔 21:27에서 동일 주제가 다시 등장하는데, 메시아적이며 종말론적인 예언이라고 본다(계 5:5). 여기서 '종말론적'이라는 말은 그리스도의 초림보다는 재림으로 임할 평화롭고 풍성한 메시아 시대라는 미래적 뉘앙스가 강하다.[375] 한정건은 아담 언약을 행위언약이 아니라(웨스트민스터 신앙고백 7.1-6; 대교리문답 20문), 종주권적인 '은혜언약'의 범주에 포함시키며, '생명과 사망의 언약'이라고 명명한다(참고. 롬 5:17; 계 22:2, 19).[376] 그리고 그는 안식과 완성된 하나님 나라의 장소이자 창조의 극치였던 에덴 동산이 보여준 미래 종말론적인 안식의 모습을 이사야 11:1-5, 에스겔 34:25, 히브리서 4:1을 거쳐, 완성은 계시록 21-22장에서 볼 수 있다고 주장한다.[377] 위의 주장을 짧게 평가를 해 보면, 역사적 전천년에 입각한 해석인데, 구약의 예언들이 그리스도의 재림이 아니라 초림으로 성취된 측면을 약화시킨다. 또한 한정건은 창세기의 창조기사는 구속역사의 서론에 해당하며 안식으로 끝을 맺으며, 창조기사는 안식을 향한 구속의 구도였고(신 5:14), 더 나아가 안식년(레 25:3-5)과 희년(레 25:8)도 단지 일에서 쉼보다는 구속의 의미를 가진다고 이해한다.[378]

신약의 구속사적 해석과 관련하여, 이승미는 성경의 영감성을 강조하면서 성경 계시 내용의 목표(scopus)는 그리스도의 죽으심과 부활이라고 본다.[379] 변종길은 로마서 3:25의 힐라스테리온을 '속죄제물'(참고. 헬라어 '힐라스모스', 요일 2:2)이 아니라, 그리스도

---

정건, "창조질서 속에서 본 여자의 위치에 대한 고찰: 창세기 3:16을 중심으로 한 성경신학적 해석," 『개혁신학과 교회』 8 (1998년): 25; 한정건, "성경신학적 관점에서 본 노아의 언약(창세기 6:18; 9:1-17)," 『개혁신학과 교회』 9 (1999년): 42.

374) 한정건, "성경신학적 관점에서 본 노아의 언약(창세기 6:18; 9:1-17)," 7.

375) 한정건, "유다에 대한 축복의 예언(창세기 49:8-12)," 『개혁신학과 교회』 10 (2000년): 9-48.

376) 한정건, "아담과의 언약에 대한 고찰," 24.

377) 한정건, "아담과의 언약에 대한 고찰," 50, 57.

378) 한정건, "창조에서의 안식의 의미," 『개혁신학과 교회』 6 (1996년): 28, 48, 59; 그리고 길성남, "신약성경에 나타난 안식일과 주일," 65. 한정건은 창 3:16의 창조 순서에 따른 질서를 통해서 교회에서의 여성의 역할을 제한한다. 창 3:16과 관련된 구절들(고전 11:6-9; 딤전 2:12-14)에서 바울은 특수한 문화적 상황 속에 제한되는 말씀이 아니라, 영원한 원리를 밝혔다고 본다. 한정건, "창조질서 속에서 본 여자의 위치에 대한 고찰," 12.

379) 이승미, "계시 내용의 목표(Scopus)와 성경해석," 『고려신학보』 16 (1988년): 11-18.

의 대속의 희생을 예표하는 '법궤 두껑'(혹은 贖罪壇)으로 이해하면서(참고. 히 9:5), 이 명사가 구약과 신약을 잇는 '구속사적 고리'일 뿐 아니라, 신약의 빛 아래서 구약을 이해하는 '해석학적 고리'라고 말할 수 있다고 본다.[380] 또한 변종길은 하나님 나라를 이해함에 있어서, 하나님의 '통치'는 물론 '영토' 개념도 강조한다. 그리고 천국의 '이미'와 '아직 아니'를 '긴장' 관계로 보지 않는다. 오히려 긴장이 있다면 천국 백성이 되었지만, 불완전한 사람에게 존재한다고 본다.[381]

길성남은 고린도전서 10장에서 바울이 회고적 방식으로 모형론을 사용했다고 본다. 즉 바울이 그리스도 사건으로 가능해진 기독교의 세례(그리스도 안에서 주어진 새로운 계시)를 출발점으로 하여 모세 당시의 출애굽을 회상했다고 해석한다. 그리고 구약의 모형은 대형(antitype)을 내다보는 전망적 성격을 가진다고 본다.[382] 길성남은 그리스도에 의해서 종말론적인 의도가 완전하게 만족된 구약의 율법 전체가 그리스도인에게 계속적이고 직접적인 구속력을 갖지 못한다 해도, 율법의 본질적 내용은 신자의 삶에 적용되어야 한다고 주장한다.[383] 따라서 그는 구약과 신약의 연속성과 불연속성을 모두 인정했다.

고신의 구속사적 해석은 합동의 경우처럼 성경의 영감성에 근거하여, 역사비평을 허용하지 않는다.[384] 구속사적 연구에 있어서, 초기에 화란 선교사 고재수의 긍정적 역할은 논

---

380) 변종길, "로마서 3장 25절의 힐라스테리온," 『개혁신학과 교회』 10 (2000년): 77, 102. Contra 성종현, "신약성서의 종말론," 59.

381) 변종길, "하나님 나라와 성령의 사역," 『개혁신학과 교회』 3 (1993년): 65, 71. 이와 약간 달리 말하는 입장은 Wright에게서 볼 수 있다. "성경 저자들은 다음과 같은 두 가지 내용을 동시에 믿어야 하는 '긴장감' 가운데 살았다. 하나는 하나님은 항상 세상을 주권적으로 다스린다는 믿음이다. 다른 하나는 이러한 하나님의 주권, 즉 구원을 이루시는 하나님의 통치는, 타락과 부패와 죽음의 세상, 그리고 이와 밀접하게 연결되어 있는 인간의 불순종, 우상숭배, 죄가 가득한 세상을 새롭게 부수고 들어와야 한다는 것이다." N.T. Wright, *Scripture and the Authority of God*, 55.

382) 길성남, "신령한 반석이신 그리스도: 고린도전사 10:1-11에 나타난 바울의 모형론 연구, " 『개혁신학과 교회』12(2001년): 61, 65, 79, 80.

383) 길성남, "그리스도인의 자유, 사랑, 그리고 모세 율법: 갈라디아서 5:13-15의 주석적 연구," 『개혁신학과 교회』 9 (1999년): 129, 143.

384) 김의환은 고신 신학의 역사는 1901년 평양신학교로부터 면면이 이어져 내려온 것이라고 본다. 김의환, "고신 신학의 역사적 조명," 『총신대 논총』 14 (1995년), 30.

문과 설교를 통해서 실제적이었다. 그리고 언약의 중첩에 대한 분석과 적극적인 모형론적 해석 및 그리스도 중심적 해석을 넘어서, 그리스도 완결적 해석과 간 본문적 해석(그리고 화행론)에 이르기 까지 방법론적인 발전을 거듭해 왔다. 하지만 고신의 경우, 최신 성경 해석의 경향(예. 바울의 새 관점)과 제 2성전 시기의 유대문헌에 대한 연구가 미흡하다. 종말론에 있어서는 언약의 승리 종말론(후천년설)은 물론, 무천년설과 전천년설 등 다양한 입장이 상호 존중 가운데 공존한다.

평가

장신대의 김중은은 총신을 '칼빈주의에 역점을 둔 근본주의 신학'으로, 고신을 '근대 화란 개혁주의에 기초한 근본주의 신학'으로, 기장을 '자유주의적 신정통주의 신학-진보주의 신학-신정통주의 문화신학-민중신학'으로 평가한 바 있다.[385] 하지만 개혁주의를 표방하는 고신과 합동은 '근본주의'라는 표현과 그 범주에 자신이 있다는 김중은의 평가에 동의하지 않을 것이다.

4개 교단의 학술지에 실린 전체 논문 중 구속사적 성경해석이 차지하는 비율은 그리 높지 않은 것으로 보인다. 흥미롭게도 모형론적 해석은 4개 교단 전체에 등장한다. 구속사적 성경해석 중 언약, 하나님 나라, 구원과 같은 주제어가 차지하는 비율은 기장이나 통합보다는 합동과 고신에서 다소 높게 나타난다. 구속사적 해석의 연도별 분포도를 분석해 보면, 기장은 1950-60년대에 절정에 달했고, 통합은 1990년대 초까지, 반면 합동과 고신은 지금까지 꾸준한 분포를 보인다.

한국의 4개 장로교단의 성경해석은 나름대로의 특징을 가지고 있다. 먼저 기장과 통합은 각각 세계 수준의 신학과 에큐메니칼적 신학을 표방하면서, 역사비평과 구속사적 해석을 조화시키려 한다. 그러나 이 조화의 성공 가능성은 아직 미지수다. 기장과 통합의 구속사적 해석은 폰 라트(G. von Rad)가 실제 역사(historie)의 가치를 평가절하하면서 추구

385) 김중은, "장신대의 신앙과 신학노선," 46.

했던, 하나님의 구원 행동에 관한 이스라엘의 증언이라는 전승사적 해석과 맥을 같이한다고 볼 수 있다.[386] 다른 한편, 합동과 고신은 구속사적 해석에 있어서 성경의 영감과 인간의 역사 속에 실제로 발생한 구원 역사의 점진적인 발전을 강조한 면에 있어서 대동소이하다. 고신보다 더 풍부한 인적 자원을 가진 합동이 구속사적 해석을 더 넓은 범위와 주제에 걸쳐서 시도했으며(예. 공관복음 본문들의 구속사적 비교, 새 창조로서의 출애굽, 성경 주제들에 관한 성경신학적 연구, 바울의 새 관점에 대한 비평 등), 국제화 시대에 맞춰 영어 저널을 활성화 시켰다면, 고신은 구속사적 해석을 다소 더 세밀한 방법으로(예. 언약의 중첩, 그리스도 완결적 해석, 간본문적 해석, 그리스도 인격 중심의 종말론 등) 시도해 온 것으로 평가할 수 있다.

## 나오면서: 한국 장로교의 구속사적 성경해석 전망

하나님의 특별계시 역사의 핵심인 구속사적 성경해석은 구식 혹은 골동품으로 취급 받을 신학이 아니다. 구원의 역사는 성경의 광맥이기에, 칼빈의 전통을 이어 받은 장로교회가 마땅히 발전시켜야 할 해석법이며, 장로교회의 강단에서 핵심으로 자리를 잡아야 할 내용이다.[387] 이를 위해서, 상호 존중하는 가운데 장로교단들은 물론이거니와, 학회들(예. 개혁신학회, 한국성경신학회, 한국장로교신학회) 사이에 학술적 토론이 촉진되기를 바란다. 구속사와 관련하여 '신약의 구약 사용'에 관한 간(間)본문적 연구가 더 필요하고,[388] 이 주제를 전문적으로 다루는 분과의 설립도 필요하다. 구속사적 해석을 위해서 현대의 다양한 성경해석 방법들이 보조적으로 접목된다면, 이전보다 더 풍성하고 적실한 메시지가 강단에서 전해 질 것이다.

---

386) G. von Rad, *Old Testament Theology*. Volume I & II (Peabody: Prince Press, 2005), 187.

387) 송영목, 『칼빈과 신약교회』(부산: 고신대 기독교사상연구소, 2012년): 34-67; 이우재, "균형 잡힌 성경신학적 설교를 위한 제언," 『신학지남』 71 (2004년, 3): 298.

388) 참고. 김희석, "An Intertextual Study of Psalm 88 in the Context of Psalms 84-89," 『개혁논총』 17 (2011): 9-40.

## 참고문헌

간하배. "다니엘서 2장에 관한 소고."『신학지남』32 (1965년, 3): 36-48.

_____. "다니엘서 9:24-27 해석."『신학지남』36 (1969년, 3): 54-72.

_____. "한국장로교신학에 관한 연구(II)."『신학지남』33 (1966년, 4): 32-39.

강사문. "고대 이스라엘의 삼대 명절과 기독교 축제."『장신논단』1 (1985년), 183-210.

_____. "성경에서의 광야(사막)주제."『장신논단』16 (2000년): 10-33.

_____. "신약성경에 나타난 구약 인용문 연구."『장신논단』8 (1992년): 7-34.

_____. "포스트모던 시대의 성경관과 성경해석(2)."『장신논단』25 (2006년): 11-34.

강한표. "하나님의 의의 계시와 노의 계시: 로마서 1:18f 연구."『신학연구』8 (1962년): 160-166.

고재수. "구약의 역사적 본문에 대한 기독론적 해석."『고려신학보』17 (1989년): 49-73.

_____. "성경의 역사적 본문에 대한 구속사적 해석."『고려신학보』16 (1988년): 19-36.

_____. "성경의 역사적 본문에 있어서 모범의 기능."『고려신학보』14 (1987년): 115-131.

권성수. "박윤선 박사의 성경해석학."『신학지남』56 (1989년, 4): 100-137.

권혁정. "복음서 속의 시 118(117 칠십인경): 22-23, 25-26의 인용."『신학지남』76 (2009년, 4): 264-283.

기동연. "스바냐서의 여호와의 날 신학."『개혁신학과 교회』24 (2010년): 33-52.

길성남. "그리스도인의 자유, 사랑, 그리고 모세 율법: 갈라디아서 5:13-15의 주석적 연구."『개혁신학과 교회』9 (1999년): 101-145.

_____. "신령한 반석이신 그리스도: 고린도전서 10:1-11에 나타난 바울의 모형론 연구."『개혁신학과 교회』12 (2001년): 54-81.

_____. "신약성경에 나타난 안식일과 주일."『개혁신학과 교회』16 (2005년): 31-68.

김길성. "총신 100년과 그 신학적 정체성."『신학지남』68 (2001년, 2): 99-137.

김세윤. "예수의 하나님 나라 선포와 그리스도인의 정치적 실존."『신학지남』56 (1989

년, 4): 6-49.

김의원. “성경신학적 관점에서 본 안식일 개념.”『신학지남』70 (2003년, 3): 9-54.

_____. “선지서에 나타난 언약신학 연구.”『신학지남』64 (1997년, 4): 50-85.

김의환. “고신 신학의 역사적 조명.”『총신대 논총』14 (1995년): 29-49.

김인환. “구속사에 나타난 저주의 역할(I): 신 32:19-25를 중심으로.”『신학지남』50 (1983년, 2): 143-159.

김정우. “개혁주의 정경적 성경 해석학에 대한 제안.”『신학지남』76 (2009년, 3): 80-99.

_____. “구약 율법과 신약 윤리의 연속성과 불연속성.”『신학지남』58 (1991년, 1): 9-42.

_____. “시편 89편의 성경신학적 기여: 무조건적 언약 속에 있는 조건성의 수수께끼.”『신학지남』57 (1990년, 4): 11-53.

_____. “신학지남에 나타난 총신 신학 전통의 회고와 전망(I): 20세기 신학지남의 계량서지적 분석.”『신학지남』68 (2001년, 2): 7-29.

_____. “신학지남에 나타난 총신 신학의 회고와 전망(II).”『신학지남』68 (2001년, 3): 7-44.

_____. “요엘 2:28-42(MT 3:1-5)에 나타난 성령강림의 약속과 그 신약적 성취.”『신학 지남』60 (1993년, 4): 9-26.

김중은. “장신대의 신앙과 신학노선.”『장신논단』18 (2002년): 11-53.

김지철. “예수에게 나타난 창조신학.”『장신논단』8 (1992년): 83-101

_____. “장신대 신학 정립을 위한 하나의 시도: 몇 개의 성서 신학적 명제들.”『장신논단』4 (1988년): 18-35.

김창선. “신약성서가 선포하는 ‘복음’.”『장신논단』23 (2005년): 73-98.

_____. “역사적 성서해석과 신학적 성서해석: 양자택일의 문제인가?”『장신논단』22 (2004년): 69-91.

김희보. “선지자직과 제사장직의 구약신학적 고찰 및 그 현대적 의의(II).”『신학지남』44 (1977년, 4): 44-51.

______. “이사야 선지가 본 메시야의 동정녀 탄생: 이사야 7:14의 Almah에 관한 소고.” 『신학지남』 31 (1964년, 1): 35-41.

김희석. "An Intertextual Study of Psalm 88 in the Context of Psalms 84-89 and Its Theological Implications." 『개혁논총』 17 (2011년): 9-40.

남궁혁. “성탄설교: 은혜로 주신 아들.” 『신학지남』 13 (1931년, 1): 59-62.

류기철. “메시야 예언 성취의 성격과 의미.” 『고신신학』 11 (2009년): 37-62.

리태학. “메시야에 대한 그림자.” 『신학지남』 8 (1926년, 2): 73-74.

명신홍. “주 예수의 천국관(I).” 『신학지남』 35 (1968년, 1): 2-4.

문익환. “구속사와 창조사.” 『신학연구』 10 (1967년): 45-70.

박수암. “역사비평방법의 가능성과 문제점.” 『장신논단』 2 (1986년): 23-36.

박아론. “역사적 천년기전 재림론의 타당성.” 『신학지남』 63 (1996년, 1): 142-157.

______. “합동측 장로교회의 신학.” 『신학지남』 58 (1991년, 4): 4-7.

______. “해방 30년의 한국 보수주의신학.” 『신학지남』 42 (1975년, 4): 41-47.

박영희. “인자의 대속적 죽음.” 『신학지남』 53 (1986년, 4): 6-24.

박윤선. “그리스도의 탄생과 계약사상.” 『신학지남』 31 (1964년, 1): 15-20.

______. “바울신학의 언약사상.” 『신학지남』 43 (1976년, 1): 11-13.

______. “산상보훈에 나타난 계약사상: 마태 5:1-7, 29.” 『신학지남』 31 (1964년, 2): 25-44.

박종칠. “구속사적 성경해석.” 『고려신학보』 13 (1987년): 137-150.

______. “구약의 본질과 신약과의 관계.” 『고려신학보』 6 (1984년), 11-28.

박형룡. “구약과 신약의 신앙적 통일.” 『신학지남』 36 (1969년, 2): 7-10.

______. “대제사장으로서의 예수 그리스도.” 『신학지남』 46 (1979년, 3): 78-97.

______. “신학지남 50년.” 『신학지남』 35 (1968년, 1): 3-8.

박형용, “바울의 구속사관: 고후 5:17, 6:2에 나타난.” 『신학지남』 39 (1972년, 1): 40, 35-49.

변종길. “로마서 3장 25절의 힐라스테리온.” 『개혁신학과 교회』 10 (2000년): 73-102.

______. “하나님 나라와 성령의 사역.” 『개혁신학과 교회』 3 (1993년): 61-80.
배재욱. “정류(靜流) 이상근 박사의 신학과 사상.” 『장신논단』 36 (2009년): 71-101.
서남동. “구속의 의미에 관한 탐구.” 『신학연구』 6 (1960년): 3-13.
서요한. “개혁신학의 전통과 한국 장로교.” 『신학지남』 78 (2011년, 1): 111-145.
성종현. “성서신학의 주요 주제로서의 율법.” 『장신논단』 16 (2000년): 133-153.
______. “신구약성서와 유대문헌에 나타난 하나님의 성호와 예수의 이름에 대한 고찰.” 『장신논단』 8 (1992년): 102-125.
______. “신약성서의 종말론.” 『장신논단』 14 (1998년): 56-83.
______. “예수의 죽음과 부활.” 『장신논단』 6 (1990년): 218-239.
______. “크리스챤과 성서해석.” 『장신논단』 2 (1986년): 7-22.
______. “하나님 나라와 예수의 비전.” 『장신논단』 30 (2007년): 79-109.
소열도. “쥬 예수님의 그림자,” 『신학지남』 5 (1923년, 3): 85-98.
송영목. “교회의 거룩과 삶의 예배: 레위기 16:7-22의 그리스도 완결적 해석.” 『고신신학』 14(2012년): 457-479.
______. “세 선지자의 간본문적 대화: 계 1장을 중심으로.” 『고신신학』 10 (2008년): 251-287.
______. “세월호 사건을 구속하기: 신약의 관점에서.” 『고신신학』 16 (2014년): 27-50.
______. “요한계시록에 나타난 구약.” 『개혁신학과 교회』 28 (2014년): 190-207.
______. “요한계시록을 어떻게 읽을 것인가?: 부분적 과거론과 이상주의 비교.” 『고신신학』 11 (2009년): 63-100.
______. “요한계시록의 여성주의적 해석 비평.” 『고신신학』 12 (2010년): 7-33.
______. “칼빈의 영성 이해: 기독교강요와 그의 신약 주석을 중심으로.” 『고신신학』 13 (2011년): 287-317.
______. 『칼빈과 신약교회』. 부산: 고신대 기독교사상연구소, 2012.
______. “황창기 교수의 신학” (『황창기 교수 정년퇴임기념 논문집: 하나님 나라와 신학』, 황창기 교수 은퇴 기념논문 편집위원회, 부산: 고신대 출판부, 2008년):

78-105.

______. "How would John Calvin have commented on the Book of Revelation?," Kosin Journal of Reformed Theology 1 (2010년): 62-96.

신득일. "광야의 놋뱀: 민수기 21:4-9 주석."『개혁신학과 교회』1 (1993년): 37-59.

______. "OPP vs NPP."『고신신학』17 (2015년): 79-113.

______. "구약 중심주제의 논쟁점과 신학적 주석관점으로서의 구속사."『고신신학』4 (2002년): 39-64.

______. "모세의 선지자적 권위."『고신신학』11 (2009년): 101-120.

______. "법궤 위의 그룹에 대한 주석적 고찰."『고신신학』7 (2005년): 231-249.

______. "아모스의 열국에 대한 심판."『고신신학』13 (2011년): 259-285.

______. "여리고성 재건에 나타난 저주."『고신신학』10 (2008년): 289-309.

______. "역사문헌비평에 대한 평가."『고신신학』8 (2006년): 151-181.

______. "엘리야 서신에 관한 연구."『고신신학』16 (2014년): 4-26.

______. "전승사 비평에 대한 평가."『고신신학』5 (2003년): 199-223.

______. "하나님의 속성을 계시하는 도구로서의 법궤."『고신신학』12 (2010년): 36-57.

______. "희년의 윤리."『고려신학보』13 (1987년): 28-39.

______. "Modern Literary Approaches to the Old Testament Interpretation and Its Assessment."『고신신학』1 (1999년): 71-120.

신성자. "문서설비판."『신학지남』62 (1995년, 4), 204-228.

신성종. "바울 신학에 있어서 십자가의 의미."『신학지남』48 (1981년, 1): 27-43.

______. "신약에 나타난 '하나님 나라'의 개념."『신학지남』47 (1980년, 4): 32-41.

안인섭. "'합동'과 '통합'의 교단 분열 이후 역사적, 신학적 발전 연구."『신학지남』76 (2009년, 4): 176-206.

오병세. "하나님 나라에 대한 이해."『고려신학보』9 (1984년): 20-26.

오영석. "예수 그리스도의 삼중직론: 예언자직과 제사장직을 중심으로."『신학연구』31 (1990년): 333-373.

윤주택. "마가복음의 기독론."『신학연구』1 (1955년): 151-177.

유상섭. “문둥병자의 정결 기사에 대한 각 복음서의 강조점.”『총신대 논총』 29 (2009년): 265-291.
_____. “성경 신학적인 관점에서 본 주기도(마 6:9-13; 눅 11:2-4).”『총신대 논총』 21(2002년): 214-255.
유시욱. “바울의 구약성서 해석.”『신학연구』 3 (1957년): 149-186.
이동수. “야훼의 날: 스바냐 1:7-18의 공시적 통시적 연구.”『장신논단』 17 (2001년): 10-29.
이복수. “‘대속을 통한 복된 통치’로서의 하나님 나라.”『고신신학』 4 (2002년): 89-119.
이승미. “계시 내용의 목표(Scopus)와 성경해석.”『고려신학보』 16 (1988년): 11-18.
이우재. “균형 잡힌 성경신학적 설교를 위한 제언.”『신학지남』 71 (2004년, 3): 296-313.
이한수. “성경신학적 측면에서 본 자살.”『신학지남』 76 (2009년, 1): 29-54.
_____. “언약신학 패러다임의 비교 연구: 롬 8:12-17과 신 30:15-20에 나타난 언약적 사고들에 대한 탐구.”『신학지남』 73 (2006년, 1): 89-115.
_____. “언약의 성취자 그리스도: 로마서 4:13-25에 나타난 바울의 언약신학 탐구.”『신학지남』 76 (2009년, 3): 100-125.
_____. “율법과 성령(I): 구원사적 대조 속에 나타난 그 실천적 의의들.”『신학지남』 66 (1999년, 1): 172-200.
_____. “이방선교의 전망에서 본 율법 문제.”『신학지남』 69 (2002년, 3): 84-120.
임영효. “고린도후서 구성의 통일성.”『고신신학』 2 (2000년): 101-126.
_____. “편집비평에 대한 반성.”『고신신학』 1 (1999년): 49-69.
장영일. “구약의 종말론(II): 부활사상.”『장신논단』 9 (1993년): 247-271.
_____. “유배자의 유토피아: 이사야 35장 주석.”『장신논단』 15 (1999년): 34-55.
_____. “초막절과 계약갱신 축제.”『장신논단』 21 (2004년): 45-70.
전경연. “로마서 5장의 그리스도와 아담 동형론과 그 타당성.”『신학연구』 7 (1961년): 62-75.

______. "성령과 성서해석." 『신학연구』 9 (1965년): 57-74.

______. "신국 선교와 종말론." 『신학연구』 5 (1959년): 36-48.

정훈택. "신학지남에 나타난 총신 신약신학 90년." 『신학지남』 74 (2007년, 3): 73-99.

______. "우리는 장로교/깔뱅주의/개혁신학인가?" 『신학지남』 76 (2009년, 3): 4-7.

주성준. "로마서에 나타난 구원에 대한 소고: 바울 복음 이해에 관한 새로운 관점 비판." 『총신대 논총』 28 (2008년): 219-251.

______. "히브리서에 나타난 예수 그리스도의 구속에 대한 조망." 『총신대 논총』 27 (2007년): 13-37.

편집부. "한국신학대학 40년의 발자취." 『신학연구』 22 (1980년): 213-218.

차영배. "구속사 신학." 『신학지남』 43 (1976년, 2), 20-29.

총신대 신학교수 일동. "총신의 신학적 입장." 『신학지남』 46 (1979년, 3): 6-12.

최낙재. "바울의 종말론." 『신학지남』 4 (1979년, 2): 67-76.

______. "신약 해석학과 구속사." 『신학지남』 40 (1973년, 3): 59-66.

한정건. "구속역사에 뛰어드는 여호와의 종." 『개혁신학과 교회』 16 (2005년): 5-29;.

______. "마지막 전쟁과 구원: 사 59:15-21 연구." 『개혁신학과 교회』 24 (2010년): 11-32.

______. "바벨론과 바벨론 왕에 대한 신탁의 의미." 『개혁신학과 교회』 17 (2004년): 5-50.

______. "성경신학적 관점에서 본 노아의 언약(창세기 6:18; 9:1-17)." 『개혁신학과 교회』 9 (1999년): 7-43.

______. "신약에 나타난 이스라엘의 회복." 『고려신학보』 15 (1988년): 62-74.

______. "아담과의 언약에 대한 고찰." 『개혁신학과 교회』 4 (1997년): 7-60.

______. "아브라함의 언약과 약속." 『개혁신학과 교회』 11 (2001년): 9-44.

______. "유다에 대한 축복의 예언(창세기 49:8-12)." 『개혁신학과 교회』 10 (2000년): 9-48.

______. "이사야 8:11-18에 나타난 이스라엘의 징계와 회복에 관한 예언." 『개혁신학과 교회』 5 (1995년): 7-37.

______. "이사야 36-39장의 재해석과 그 의미." 『개혁신학과 교회』 15 (2004년): 7-44.

______. "'종의 노래'(사 52:13-53:5) 연구(1)." 『개혁신학과 교회』 18 (2005년): 5-33.

______. "'종의 노래' II: 이사야 53:6-13 연구." 『개혁신학과 교회』 특집호 (2007년): 119-149.

______. "창조에서의 안식의 의미." 『개혁신학과 교회』 6 (1996년): 27-66.

______. "창조질서 속에서 본 여자의 위치에 대한 고찰: 창세기 3:16을 중심으로 한 성경신학적 해석." 『개혁신학과 교회』 8 (1998년): 7-27.

한제호. "신구약 계시의 계속성: 영감의 전이과정에 관한 고찰." 『신학지남』 41 (1974년, 1): 47-58.

홍반식. "유대인과 메시야 예언." 『고려신학보』 19 (1990년): 16-21.

황창기. "개혁주의 종말론 이해의 새로운 전형." 『고신신학』 1 (1999년): 11-48.

______. "구속사적 성경해석의 기둥들." 『고신신학』 11 (2009년): 11-35.

______. "구약에 나타난 하나님의 심판." 『고려신학보』 10 (1985년): 25-42.

______. "신약 '경건'의 기독론적 이해." 『고신신학』 2 (2000년): 13-35.

______. "에베소서 4:7-10의 그리스도 완결적 해석." 『고신신학』 9 (2007년): 144-171.

______. "올바른 기독론적 예표론을 향하여." 『고신신학』 10 (2008년): 49-70.

Beale, G.K. New Testament Biblical Theology. Grand Rapids: Baker, 2011.

Goldsworthy, G. Preaching the Whole Bible as Christian Scripture. Grand Rapids: Eerdmans, 2000.

Greidanus, S. Preaching Christ from the Old Testament. Grand Rapids: Eerdmans, 1999.

Hay, D.M. "신약에 사용된 구약." 문익환 역. 『신학연구』 11 (1968년): 35-42.

Helberg, J.L. Die Here regeer: Openbaringslyn deur die Ou Testament. Pretoria: NGKB, 1980.

Johnson, D.E. (ed). Heralds of the King. Wheaton: Crossway, 2009.

Kim, I.W. "Creation Motif Reflected in the Book of Exodus." Chongshin Review 7 (2004년): 42-56.

________. "Continuity of the Covenant of Creation in the Abrahamic Covenant Reflected in Ex. 1:1-7." Chongshin Review 7 (2002년): 30-46.

Lehman, C. Biblical Theology. 김인환 역, 『성경신학』. 서울: 크리스챤 다이제스트, 2001.

Ryoo, E.Y. "Biblical Theology of Holiness and Its Doctrinal Preaching." Chongshin Theological Journal 13 (2005년): 231-258.

Van der Waal, C. Search the Scriptures. Grand Rapids: Paideia Press, 1978.

Von Rad, G. Old Testament Theology. Volume I & II. Peabody: Prince Press, 2005.

Vos, G. Biblical Theology. Grand Rapids: Eerdmans, 1948.

Williams, M. How to read the Bible through the Jesus Lens. Grand Rapids: Zondervan, 2012.

Wright, N.T. Scripture and the Authority of God. 박장훈 역, 『성경과 하나님의 권위』. 서울: 새물결플러스, 2011.

Yoo, S.S. "The Distinctive Uses of the LXX's Translation of Jer 33:31-34 in Heb 8:8-12 and 10:16-17." Chongshin Review 5 (2000년): 118-146.

*이 논문은 송영목, "한국장로교회 100년 회고와 전망: 4개 장로교단의 구속사적 성경해석을 중심으로," 『개혁논총』 22(2012), 33-70에 실렸다.

# 바이블 키 성경대학 신약탐구 스케줄 표

신약탐구(16주 / 111과)

## 복음서(6주 / 42과)

| 주차 | 과 | 성경 | 과수 |
|---|---|---|---|
| 1주 | 마태복음 1과 -7과 | 마 1 – 15장 | 7 |
| 2주 | 마태복음 8과 -14과 | 마 16 – 28장 | 7 |
| 3주 | 마가복음 1과 -7과 | 막 1 – 16장 | 7 |
| 4주 | 누가복음 1과 -7과 | 눅 1 – 15장 | 7 |
| 5주 | 누가복음 8과 -요한복음 3과 | 눅 16 – 24장, 요 1 – 6장 | 7 |
| 6주 | 요한복음 4과 -10과 | 요 7 – 21장 | 7 |

## 역사서(2주 / 12과)

| 주차 | 과 | 성경 | 과수 |
|---|---|---|---|
| 7주 | 사도행전 1과 - 6과 | 행 1 – 14장 | 6 |
| 8주 | 사도행전 7과 - 12과 | 행 15 – 28장 | 6 |

## 서신서(7주 / 49과)

| 주차 | 과 | 성경 | 과수 |
|---|---|---|---|
| 9주 | 로마서 1과 - 6과 | 롬 1 – 16장 | 6 |
| 10주 | 고린도전서 1과 - 4과 | 고전 1 – 16장 | 8 |
| | 고린도후서 1과- 4과 | 고후 1 – 13장 | |
| 11주 | 갈라디아서 1과 - 3과 | 갈 1 – 6장 | 6 |
| | 에베소서 1과 - 3과 | 엡 1 – 3장 | |

| | | | |
|---|---|---|---|
| 12주 | 빌립보서 1과 - 2과 | 빌 1 – 4장 | 7 |
| | 골로새서 1과 - 2과 | 골 1 – 4장 | |
| | 데살로니가전서 1과 - 2과 | 살전 1 – 5장 | |
| | 데살로니가후서 1과 | 살후 1 – 3장 | |
| 13주 | 디모데전서 1과 - 3과 | 딤전 1 – 6장 | 7 |
| | 디모데후서 1과 - 2과 | 딤후 1 – 4장 | |
| | 디도서 1과 | 딛 1 – 3장 | |
| | 빌레몬서 1과 | 몬 1장 | |
| 14주 | 히브리서 1과 - 6과 | 히 1 – 13장 | 8 |
| | 야고보서 1과 - 2과 | 약 1 – 5장 | |
| 15주 | 베드로전서 1과 - 2과 | 벧전 1 – 5장 | 7 |
| | 베드로후서 1과 | 벧후 1 – 3장 | |
| | 요한1 1과 - 2과 | 요일 1 – 5장 | |
| | 요한2,3 – 1과 | 요이 1장, 요삼 1장 | |
| | 유다서 – 1과 | 유 1장 | |

## 묵시예언서(2주 / 8과)

| 주차 | 과 | 성경 | 과수 |
|---|---|---|---|
| 16주 | 요한계시록 1과 - 8과 | 계 1 – 22장 | 8 |